심리치료의 비밀

뇌, 마음, 관계를 바꾸는 대화

심리치료의 비밀

뇌, 마음, 관계를 바꾸는 대화

초판 1쇄 펴낸날 | 2018년 8월 31일
초판 6쇄 펴낸날 | 2023년 10월 1일

지은이 | 루이스 코졸리노
옮긴이 | 하혜숙·황매향·강지현
펴낸이 | 고성환
펴낸곳 | (사)한국방송통신대학교출판문화원
　　　　03088 서울특별시 종로구 이화장길 54
　　　　대표전화 1644-1232
　　　　팩스 02-741-4570
　　　　홈페이지 http://press.knou.ac.kr
　　　　출판등록 1982년 6월 7일 제1-491호

출판위원장 | 백삼균
책임편집 | 이현구
교정 | 이현구·김경민
본문 디자인 | 홍익 m&b
표지 디자인 | 최원혁
ⓒ Louis Cozolino, 2018
ISBN 978-89-20-03122-9 03180

값 16,000원

이 도서의 국립중앙도서관 출판예정도서목록(CIP)은 서지정보유통지원시스템 홈페이지(http://seoji.nl.go.kr)와 국가자료공동목록시스템(http://www.nl.go.kr/kolisnet)에서 이용하실 수 있습니다. (CIP제어번호: CIP2018025248)

심리치료의 비밀

뇌, 마음, 관계를 바꾸는 대화

루이스 코졸리노 지음

하혜숙 · 황매향 · 강지현 옮김

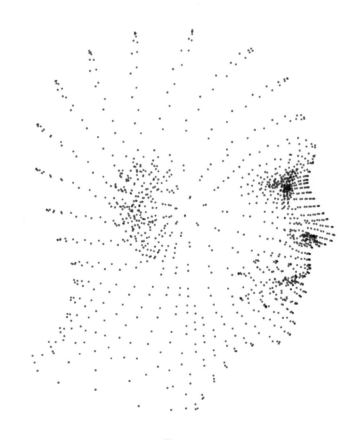

지식의날개

위대한 인간이자 스승이었던
렌나르트 하이머(Lennart Heimer)에게 이 책을 바친다.

서문

12년 동안 대학에 다니고, 수천 시간의 수련을 마치고, 엄청나게 많은 책과 자료를 읽고 나서야 나는 마침내 심리치료자로서 실무를 시작할 수 있었다. 모든 일에 한심할 정도로 서툴렀지만 나는 능숙하고 노련해 보이려고 애썼다. 하지만 오래지 않아 현실적인 사업가였던 한 내담자에게 다음과 같은 단도직입적인 질문을 받고 당혹감을 느끼게 되었다. "심리치료라는 작업은 어떻게 진행되는 건가요?"

그래서 나는 그에게 앞으로의 상담 일정, 비용, 치료중지 절차 등에 대해 설명하기 시작했다. 그는 답답한 듯 한숨을 쉬며 내 말을 가로막았다. "아니, 그런 것 말고, 심리치료가 어떻게 한 사람을 더 나아지게 만드는지 궁금하다는 말입니다."

나는 질문을 잘못 이해한 것에 대해 사과했다. 그리고 우리가 먼저 관계를 맺어야 하고, 그는 가능한 한 열린 마음으로 정직하게 이야기해야 한다고 말했다. 또 그다음에는 그의 무의식적인 문제를 밝혀내기 위해 함께 노력하고 그의 정서와 행동을 확장하기 위해 여러 가지 실험을 하게 될 것이라고 설명했다. 내 말을 들으면서 그는 점점 실망하는 것처럼 보였고, 한마디를 덧붙였다. "아니요, 나는 심리치료가 어떤 건지는 아주 잘 알고 있어요." 그는 뭔가 다른 말을 생각해 내려고 고민한 끝에 내 마음속에 아직까지도 남아 있는 질문을 던졌다.

"심리치료는 어떤 원리로 작용하는 건가요? 또 그것이 어떻게 내게 필요한 변화를 일으키게 되나요?"

나는 적절한 답변을 생각해 낼 시간을 벌기 위해 "좋은 질문입니다"라고 말했다. 내가 할 수 있는 답변은 그동안 배워 온 여러 가지 심리치료 양식에 대해 설명하는 것이었다. 나는 심리치료가 어떻게 작용하는지에 대해 체계 이론(systems theory)[1], 대상관계 이론(object relations theory)[2], 인지행동치료의 용어를 빌려 설명하려다 그만두었다. 나는 이런 설명으로는 나 자신조차 만족할 수 없었다는 것을, 그리고 언제부터인가 심리치료의 원리를 찾는 일을 포기했다는 것을 떠올렸다. 그는 제대로 대답하지 못하는 나에게 실망하는 것 같았고, 나 역시 스스로에게 실망감을 느꼈다. 바로 그때 나는 심리치료의 근본적인 기제에 관한 논리적인 설명을 찾아야 할 필요성을 느끼게 되었다.

심리치료가 효과적이라는 것은 내가 받아 온 수련 과정의 기본적인 전제였다. 그 모든 수련 과정은 '심리치료를 어떻게 실행할 것인가'에 초점을 두고 있었다. 수도사나 군인들처럼, 심리치료자들은 신이 자기편이라고 가정한다. 여러 가지 심리치료 기법은 '효과가 있는 것'과 '그렇지 않은 것'에 관한 경험을 바탕으로 확립되었다. 치료를 어떻게 적용해야 하는지에 대해 배우면서도 심리치료의 작용 원리에 관한 만족스러운 설명을 들은 적은 없었다. 따라서 어느 정도는 신념에 기대야만 했다.

나는 그동안 공부해 온 여러 가지 심리치료 기법이 증상을 극복하고 활동 수준을 향상시키며 행복과 통찰을 얻는 데 도움을 준다는 확신을 갖고 있었다. 그리고 여러 학파들의 파벌주의가 심리치료의 근본적 요소들을 이해하는 데 방해가 된다고 생각했다.

마침내 나는 심리치료가 어떻게 작용하는지를 이해하기 위해서는 밑바닥부터 시작해야 한다는 결론을 내리게 되었다. 다시 말해, 우리는 뇌에서 시작해야 한다. 인간의 뇌가 진화해 온 과정, 특히 학습하고 학습한 것을 버리고 다시 학습하도록 진화해 온 과정부터 살펴보아야 하는 것이다. 우리는 뇌가 스트레스에 어떻게 반응하는지, 그러한 반응이 어떻게 증상과 고통을 초래하는지를 이해해야 한다. 그리고 뇌는 사회적 기관(器官)이며 대인관계의 힘을 이용하여 불안감을 완화하고 학습을 촉진할 수 있다는 것을 깨달아야 한다.

만약 그 내담자가 오늘 다시 찾아와 심리치료가 어떻게 작용하는 것인지 묻는다면, 나는 여전히 완벽한 답변을 제시할 수 없을 것이다. 그러나 수많은 치료 기법을 관통하는 과학적 원리를 바탕으로 나름의 설명을 할 수는 있을 것 같다. 과학은 여러 가지 면에서 또 다른 은유일 뿐이지만 인간이 겪는 고통의 원인과 심리치료의 원리에 관한 실마리를 제시해 줄 수 있다. 이러한 관점에 따른다면, 우리는 사례 개념화[3]의 범위를 뇌의 기능까지 확장하고 다양한 학문 간의 협력적 연구의 가치를 인정할 수 있을 것이다.

이 책은 크게 세 부분으로 나뉜다. 제1부 '생각하는 뇌 : 의식과 자기인식'은 진화가 어떻게 우리의 정신적 고통을 야기하고 다른 한편으로는 치유의 도구를 제공했는지에 관한 폭넓은 과학적 설명을 제시하고 있다. 나는 용어와 진단기준, 내담자가 호소한 문제를 뛰어넘어 긍정적인 변화에 이르는 길을 발견하기 위해 인간이라는 종의 심오한 역사와 내담자 개인의 내적 역사를 살펴보아야 할 이유를 제시했다.

제2부 '사회적 뇌 : 체화와 내재화'는 인간의 뇌가 사회적 기관으로 진화한 과정과 우리의 대인관계가 고통과 힘의 원천이 되는 이유에 초점을 맞추고 있다. 나는 우리의 뇌가 애착 도식에 따라 친밀한 관계를 추구하도록 프로그램되는 과정, 그리고 사회적 지위 도식을 통해 집단 구성원으로서 맡은 역할을 수행하도록 프로그램되는 과정을 설명하기 위해 노력했다. 그리고 애착 도식과 사회적 지위 도식이 정신적 건강뿐만 아니라 취약성과도 밀접한 관련이 있다는 점에 주목했다. 이 책은 집단 내의 협력, 조화 및 통제를 강화하는 원시적 본능의 결과물인 '핵심 수치심(core shame)'에 대해서도 설명하고 있다. 나는 많은 사람들이 건강한 삶을 누리며 사랑하고 일할 수 있도록 돕는 심리치료의 목적을 이루기 위해서는 수치심을 관리해야 한다는 것을 밝히고자 했다.

마지막인 제3부 '해리와 통합 : 심리치료에 대한 적용'에서는 불안, 스트레스와 트라우마의 원인과 결과를 탐구하고 있다. 이러한 작업의 중심 주제는 부정적인 경험이 뇌, 마음, 관계에 미치는 악영향을 치유하는 것이다. 나는 흔히 경험하는 일시적인 스트레스와 일부 내담자들이 갖고 있는 만성 스트레스 사이에는 큰 차이가 있음을 밝혔다. 그리고 자기조절, 신경망 통합, 긍정적 변화와 관련된 내러티브(narrative)의 중요성에 초점을 맞추었다. 마지막으로 과학이나 인문학 같은 다른 분야의 여러 가지 관점을 수용할 수 있도록 이끌어 준 불교의 기본적인 철학에 대해 언급하였다.

　　심리치료를 통해 얻게 되는 변화의 근원적 과정을 밝히기 위해서는 특정한 치료 기법을 뛰어넘어 인간의 진화, 생명작용, 경험에서 발견되는 공통성에 주목해야 한다. '심리치료가 어떻게 작용하는가'라는 질문에 대한 해답은 우리의 뇌, 마음, 관계의 근원적인 적응과 변화의 기제 속에 숨겨져 있기 때문이다.

옮긴이의 글

　세상에는 보이는 것과 보이지 않는 것이 있다. 심리치료가 보이지 않는 마음의 작용에 대한 것이라면 뇌과학은 심리학의 담론을 보이는 세계로 옮겨 준다. 저자는 이 책을 통해 심리치료가 과연 어떠한 원리로 작용하고 어떻게 효과를 나타내는지에 대해 질문하고 답하고자 노력했다. 이 책에는 심리치료에 관심 있는 이들이 흥미를 느낄 만한 주제들이 대거 등장한다. 마음과 뇌, 기억, 애착, 수치심, 불안과 스트레스, 트라우마 등은 이미 익숙하고 흥미로운 개념들이다. 하지만 또 한편으로는 그동안의 심리치료 서적들과는 달리 신경과학, 유전학, 생화학 등의 개념을 통해 보이는 과학의 세계로 보이지 않는 마음의 작용을 비춰 보고자 노력했다. 다시 생각해 보면 매우 당연하게도 보이지 않는 것과 보이는 것은 연결되어 있다. 우리의 뇌, 마음, 내러티브, 정체성이 모두 서로 얽혀 있는 것이다.

　최근 뇌과학은 나쁜 소식과 좋은 소식을 동시에 전한다. 생애 초기에 우리 뇌에 생성된 잘못된 길을 복구하는 것이 거의 불가능하다는 연구 결과들은 절망적인 소식이다. 그렇지만 삶을 살아가면서 우리의 뇌에 언제든 새로운 길을 낼 수 있다는 것은 힘을 주는 소식이다. 뇌의 구조의 화학적 작용에 영향을 주는 것은 지속적으로 맺는 관계다. 심리치료자로서 또는 내담자로서 그동안 심리치료의 효과성에 대한 회의로 지쳐 있다면, 이 책을 통해 다시 한 번 앞으로 나아갈 연료를 보충하기를 바란다.

서문 _ vi
옮긴이의 글 _ x

제1부 생각하는 뇌 : 의식과 자기인식

1장 인간에게 심리치료가 필요한 이유 _ 3
심리적 스트레스를 초래한 진화 전략들 _ 4

2장 심리치료는 왜 효과적인가 _ 17
치유의 도구 _ 18
'무지(無知)'의 추구 _ 26
마음을 활용해 뇌를 바꾸기 _ 27

3장 호소하지 않는 문제 _ 33
원시적인 뇌와 공존하기 _ 34
표면 아래로 뛰어들기 _ 36
보이지 않는 충성심 _ 39
성기야 가라! _ 40
건전한 영성과 불건전한 영성 _ 43
초자연적 신념 _ 46

4장 마음을 활용해 뇌를 바꾸기 _ 49
마음이 더 이상 내 친구가 아닐 때 _ 51
무의식을 잠식하는 것 _ 52

목격자 되기 _ 54

자기인식의 확장 _ 56

붓다라면 어떻게 할까 _ 59

마음챙김 _ 61

당신 자신의 CEO가 되라 _ 63

5장 기억하지 못하지만 결코 잊을 수 없는 것 _ 67

기억의 복잡성 _ 68

편도체 대 해마 _ 70

의식적 자각으로 침투하는 암묵적 기억 _ 73

머리가 끼이는 꿈 _ 75

기억의 가소성 _ 79

제2부 사회적 뇌 : 체화와 내재화

6장 사회적 뇌와 성장장애 _ 83

양육과 생존 _ 85

인간의 세포자멸 : 프로그램된 자기파괴 _ 88

해산된 배심원단 _ 91

자해, 자살 암시, 그리고 버림받음에 대한 분노 _ 95

자해에서 벗어나 자기표현으로 _ 97

7장 애착과 친밀한 관계 _ 101

애착이란 무엇인가 _ 102

애착 도식 _ 105

애착의 가소성 _ 107

심리치료에서의 애착 _ 109

대뇌피질에서 편도체까지 이어지는 억제 회로 만들기 _ 112

8장 핵심 수치심 _119

안 돼! _120

핵심 수치심의 원인 _121

적절한 수치심 대 핵심 수치심 _122

자존감 대 핵심 수치심 _125

심리치료와 핵심 수치심 _126

지켜볼 거야! _130

나체촌에서 보냈던 일요일 _132

9장 사회적 지위 도식 : 세상에서 우리가 차지하는 위치 _137

자신의 위치와 역할을 깨닫기 _138

우리가 사회적 지위 도식을 갖고 있는 이유 _139

알파의 것과 베타의 것 _142

네 가지 도식 _145

알파와 베타의 뇌와 마음 _149

사회적 지위 도식 바꾸기 _152

심리치료와 사회적 지위 _155

10장 알파가 되고 싶은 내담자를 돕는 방법 _157

알파 되기 _159

분노의 심리치료 _169

머신 건 켈리 _171

기계에 대한 격분 _174

제3부 해리와 통합 : 심리치료에 대한 적용

11장 불안과 스트레스 _ 183
편도체, 해마, 그리고 스트레스 _ 186
학습의 스위트 스폿 _ 190
심리치료와 신경가소성 _ 194

12장 트라우마의 이해와 치료 _ 197
트라우마 : 자극장벽의 붕괴 _ 199
외상후 스트레스장애 _ 201
PTSD의 신경화학 _ 203
신경의 재통합과 기억 _ 206
지향반사와 기억의 재통합 _ 208
EMDR과 친해지기 _ 210
트라우마 : 결코 끝나지 않는 재앙 _ 216

13장 복합적 트라우마와 아동기 발달 _ 219
아주 어린 시절의 스트레스 _ 220
복합 외상후 스트레스장애 _ 221
경계선 성격장애와 어린 시절의 애착 트라우마 _ 224
경계선 성격장애와 뇌 _ 226
경계선 성격장애와 사회적 뇌 _ 228
안전한 장소의 부재 _ 230
자기혐오 _ 233

14장   일관성 있는 내러티브의 힘 _ 237

　　　문화와 정체성 _ 238

　　　좌뇌와 우뇌의 통합, 개인과 개인의 통합 _ 239

　　　정서 조절 _ 241

　　　통합된 내러티브와 안정 애착 _ 242

　　　존재할 능력 _ 244

　　　영웅의 여정 _ 247

15장   고난은 필연이지만 고뇌는 선택이다 _ 253

　　　나이아가라 폭포 _ 254

　　　너를 내동댕이친 말에 다시 올라타라 _ 256

　　　나의 문제는 무엇일까 _ 259

　　　유한과 무한 _ 263

편집자 후기　265

편집자 주석　271

찾아보기　291

〈일러두기〉

- 원서의 client는 '내담자'로 옮겼다. 내담자는 국어사전에 등재된 단어는 아니지만 심리
  치료의 대상, 즉 '내방하여 심리치료를 받는 사람'을 뜻하는 말로서 국내 심리상담계에
  서 널리 쓰이고 있다.
- 외국 인명 및 용어는 가능한 한 외래어 표기법에 따라 표기하였으나 원어의 발음이나
  통상적인 용례에 따라 표기한 경우도 일부 있다.
- 편집자 주석은 대상 용어나 개념, 기법 등에 관한 표준적인 기술이 아니며, 독자들이 별
  도의 자료를 살펴보지 않고도 본문을 개략적으로 이해할 수 있도록 돕기 위해 작성된
  것일 뿐이다. 그러므로 좀 더 정확하고 세부적인 이해를 위해서는 해당 분야의 문헌을
  참고하기 바란다.

제1부

생각하는 뇌

– 의식과 자기인식 –

1장
인간에게 심리치료가 필요한 이유

> "진화는 문제를 해결하는 과정일 뿐 아니라
> 문제를 만들어 내는 과정이기도 하다."
> – Jonas Salk

필요가 발명의 어머니라면, 과연 어떤 필요가 심리치료라는 발명품을 낳았을까? 그 답을 찾으려면 인간이 진화해 온 역사를 살펴보고, 그러한 진화가 우리의 생명작용, 관계, 일상생활 속에서 어떻게 발현되는지를 관찰해야 한다. 진화는 적응의 과정이지만 하나의 적응은 새로운 문제를 야기하므로 또 다른 적응이 필요해진다. 처음엔 좋은 아이디어처럼 보였던 것이 예측하지 못한 결과를 맺거나 시간이 지난 후 문제를 낳기도 한다.

인간의 마음은 유전, 생명작용, 관계로 얽힌 직물과도 같으며, 이러한 요소들로 인해 우리는 가족, 부족, 문화라 불리는 초개체(superorganism, 6장 참조)의 일부가 된다. 인류가 지나온 장구한 진화의 역사는 우리 몸과 마음, 그리고 대인관계의 본질과 특성 사이에서 발견되는 심오한 연관성을 설명해 준다. 그리고 심리치료를 통해 타인을 치유할 수 있는 능력을 제공하기도 한다.

해부학적으로 현대인은 약 10만 년 전에 영장류 조상으로부터 진화했다고 말할 수 있다. 우리의 뇌와 문화가 언어를 사용하고, 계획을 세우고, 무엇인가를 창조할 만큼 복잡한 수준으로 진화하는 데는 그 후로도 5만 년 정도가 더 걸렸다. 하지만 이러한 극도의 복잡성 때문에 우리는 또 다른 난관에 부딪치게 되었다. 상대적으로 나중에 출현한 논리, 상상,

공감의 힘은 인간 뇌의 원시적 부분인 '파충류 뇌'와 '포유류 뇌'의 기초 위에 구축된 것이다.[1] 파충류 뇌와 포유류 뇌는 우리를 공포와 미신, 편견으로 몰아넣어 왔다. 각기 다른 진화 단계에서 나타난 여러 신경망들이 서로 조화를 이루면서 지나치게 복잡해진 인간의 뇌는 조절장애, 해리장애, 사고와 판단의 오류 등을 일으키기 쉬운 취약성을 갖게 되었다.

박물관에 전시된 유골, 장신구, 석기 같은 선사시대 유물은 우리 머릿속에 들어 있는 진정한 유산과 비교하면 보잘것없는 것들이다. 수백만 년에 걸친 보존, 혁신, 돌연변이를 통해 인간의 뇌는 낡은 체계들과 새로운 체계들이 뒤섞인 일종의 누더기가 되었고, 그러한 체계들 중 상당수는 서로 다른 언어와 작동 방식, 처리 속도를 갖게 되었다. 인류 진화 과정의 각 지점에서 생존을 위한 선택이 이루어진 덕분에 우리는 여러 가지 문제에 적응할 수 있었다. 그리고 이러한 적응은 미래에 발생할 새로운 문제의 원인이 되기도 했다. 그렇다면 진화는 미래를 내다본 전략적인 계획이 아니라 현재의 조건에 대한 적응일 뿐이다.

이러한 진화의 유물들이야말로 우리가 겪는 심리적 고통의 원인이라고 할 수 있다. 이 책에서는 개념을 명확하게 정의하기 위해 구분하여 설명하겠지만, 뇌의 기능을 형성하는 요소들은 서로 의존적이고 보완적이다. 이러한 핵심 원리는 앞으로 이어질 장의 개념적 기초가 될 것이다.

심리적 스트레스를 초래한 진화 전략들

#1 생존의 0.5초

> 인간이란 '단순함'이 부족하기 때문에 죽을 수도 있는
> 극도로 복잡한 유기체다.
> – Ezra Pound

지그문트 프로이트(Sigmund Freud)[2], 장 마르탱 샤르코(Jean Martin

Charcot)[3], 그리고 그 이전의 많은 사람들이 인식한 것처럼, 인간의 뇌는 의식적 정보와 무의식적 정보를 처리하는 복수의 평행 경로를 갖고 있다. 그중 첫 번째 유형은 진화 초기에 발달한 것으로서 '빠른 체계'라고 불리는데 주로 감각, 근육 운동, 신체 대사 작용 등을 관장한다. 인간과 그 밖의 동물들이 공유하는 이 원시적 체계는 비언어적 특성을 갖고 있고 의식적으로 접근하기 어렵기 때문에 암묵적 기억, 무의식, 신체 기억 등으로 불리기도 한다. 그것은 우리가 '의식적으로 기억하지 않는 기억'이지만, 결코 잊을 수 없는 기억이기도 하다. 빠른 체계는 의식적 자각(conscious awareness)[4]이 출현하기 전까지는 인간의 조상이 갖고 있던 전부였다.

그보다 나중에 진화된 두 번째 체계인 '느린 체계'는 의식적 자각과 관련이 있으며, 궁극적으로는 내러티브(narrative)[5], 상상력, 추상적 사고 등의 토대가 되었다. 복잡한 사회적 상호작용과 그에 필요한 큰 뇌의 부산물인 느린 체계 덕분에 인간은 스스로를 인식하고 성찰할 수 있었다. 빠른 체계와 느린 체계의 처리 속도 차이는 약 0.5초다. 바로 이 '생존의 0.5초' 때문에 심리치료가 필요하다. 그 이유를 설명하면 다음과 같다.

0.5초는 아주 짧은 순간처럼 보이지만, 뇌에게는 충분히 긴 시간이다. 뇌의 활동을 의식적으로 자각하기까지는 500~600ms, 즉 약 0.5~0.6초가 소요된다. 하지만 뇌는 감각, 운동, 정서에 관한 정보를 10~50ms 안에 처리한다. 이러한 차이가 나타나는 것은 의식적 정보 처리에는 훨씬 더 많은 뉴런(neuron, 신경세포)과 신경망들이 관여하기 때문이다. 빠른 체계가 작동한다는 것은 일상생활에서도 쉽게 확인할 수 있다. 무심코 뜨거운 난로를 건드리거나 운전 중에 옆 차가 갑자기 끼어들면 의식적으로 알아차리기 전에 몸이 먼저 반응한다. 그러나 우리 마음은 이런 반사작용을 의식적으로 통제하고 있다는 환상을 만들어 내기 때문에 이런 현상을 제대로 이해하기는 쉽지 않다.

신경망의 신호 전달 측면에서는 0.5초가 꽤 긴 시간이지만 의식적으로 알아차리기는 매우 어렵다. 0.5초 동안 우리의 뇌는 마치 인터넷 검색 엔진처럼 작동하고 필요한 정보를 찾기 위해 무의식적으로 기억, 몸, 정서를 탐색한다. 대뇌피질에 입력되는 정보의 90%는 사실 외부 세계가 아니라 몸 안의 신경망 처리 과정에서 생산된 것이다. 생존의 0.5초로 인해 뇌는 마음이 객관적 현실이라고 믿는 과거를 바탕으로 현재의 경험을 구성한다. 그 결과로 우리는 0.5초 전의 과거를 현재로 인식하며 살게 된다. 빠른 체계와 느린 체계의 처리 속도 차이는 많은 사람들이 거듭되는 좌절을 겪으면서도 비효과적이고 낡은 행동 양식을 고수하는 이유를 설명해 준다.

우리가 하나의 경험을 의식적으로 알아차리는 시점은 그 경험이 이미 여러 차례의 '처리 과정'을 거치고 관련된 기억을 활성화하며 복잡한 행동 양식을 촉발한 이후다. 이러한 처리 과정의 예로 애착 도식과 전이(transference)를 들 수 있다. 애착 도식과 전이는 뇌가 타인의 생각, 감정, 의도에 관한 지각을 형성할 때 과거의 관계를 참고하기 때문에 일어나는 현상이다. 이러한 심리적 투사(projective)[6]의 과정에 내재된 왜곡은 우리가 미처 알아차리지 못하는 사이에 대인관계를 영구적으로 손상시킨다. 의식적 경험 중 상당수가 뇌의 무의식적 정보 처리 과정에 기초하기 때문에 인간은 자신의 마음이 진실이라고 가정하는 잘못된 인식과 정보에 아주 쉽게 끌려간다. 왜곡이 클수록 사랑하고 일하기가 어려워지는 것이다. 무의식을 의식으로 전환하는 것이 프로이트의 주된 과제였다면, 무의식적 정보 처리의 왜곡을 수정하는 것은 인지행동치료(Cognitive-Behavioral Therapy)[7]의 핵심이라고 할 수 있다. 모든 심리치료 기법은 '생존의 0.5초'로 인한 왜곡을 바로잡기 위한 노력인 것이다.

#2 초기 학습의 중요성

현재도 미래도 없다.
끊임없이 반복되는 과거가 있을 뿐이다.
- Eugene O'Neil

빠른 체계는 인류의 뇌 체계들 중 가장 먼저 진화했을 뿐 아니라, 개인의 아동기(childhood)에도 가장 먼저 발달하는 체계다. 빠른 체계는 뇌와 마음이 의식적 경험을 구성하는 방식을 평생에 걸쳐 학습하고, 기억하고, 좌우한다. 배운 것을 기억하는 것은 좀 더 나중에 발달하는 느린 체계의 기능이기 때문에 우리는 유아기와 아동기의 초기에 배운 것을 의식적으로는 기억하지 못할 때가 많다. 이는 어린 시절에 배운 것이 일생동안 엄청난 영향을 미치는 이유 중 하나다. 심리치료는 정신적인 시간 여행의 기회를 제공한다. 그 여행을 통해 우리는 어린 시절에 무엇을 배웠는지 탐색할 수 있고, 그것들이 내면에 남아 계속 영향을 미친다는 것을 깨달을 수 있다.

심지어 태아기에도 뇌의 원시적 영역은 생물학적·사회적·정서적 경험의 영향을 많이 받는다. 사실, 가장 중요한 학습은 원시적 영역이 통제하는 어린 시절의 몇 년 동안에 이루어진다. 예를 들어 공포감 처리 과정의 중심인 편도체는 임신 8개월 만에 완전히 성숙한다. 편도체는 애착, 사회적 지위 도식(social status schema), 정서 조절 능력, 자존감 등의 발달에 있어 핵심적인 부분이기도 하다. 반면에 편도체를 조절하고 억제하는 대뇌피질이 성숙하는 데는 20년 이상이 소요된다.

학습의 상당 부분이 어린 시절에 이루어진다는 사실은 자연의 기본적 법칙 중 하나다. 태아의 생명작용은 엄마의 일상적 경험의 영향을 받는다. 생후에 아기의 뇌는 엄마나 그 밖의 양육자, 주변 환경과의 상호작용에 의해 형성된다. 이러한 전략 덕분에 인간의 뇌는 아주 독특한 환경에도 적응할 수 있다. 지역이나 세대에 따라 현저히 다르고 심지어는 날마다 달라지기도 하는 문화, 언어, 기후, 영양, 부모와 같은 변인들은 고유의 방식으로 우리의 뇌를 형성한다. 이 점은 적응에 큰 도움이 된다. 다른 동물들과 달리 인간의 아기는 주변의 물리적·사회적 환경이 어떻든 거기에 맞춰 성장하는 법을 배울 수 있기 때문이다.

생애 초기의 몇 년은 뇌가 왕성하게 발달하는 시기이므로 이때의 경험은 뇌의 '정보 고속도로' 발달에 지나치게 큰 영향을 미친다. 부모가 아이의 기본적 요구에 반응하고 비언어적 의사소통을 하는 방식이 아이의 뇌가 어떻게 형성될지, 그리고 아이가 세상을 어떻게 인식할지를 결정한다. 운 좋게도 괜찮은 부모를 둔 경우라면 초기의 뇌 발달이 아이의 일생에 긍정적인 영향을 줄 것이다. 하지만 여건이 그리 좋지 않다면, 예를 들어 부모가 정신병을 갖고 있다면 아이의 뇌는 부적응적인 방향으로 형성될 수 있다.

자신의 유년기에 정서적 보살핌을 받지 못했던 부모, 비인도적인 사회 체계, 전쟁, 편견은 유아의 뇌 발달에 엄청난 악영향을 준다. 대부분의 경우에 이런 기억은 의식적 재검토나 수정을 거치지 못한 채 영원히 남아 있게 된다. 출생 후 여러 해가 지나서야 자기인식이 형성되는데, 그때까지 우리는 초기 경험(early experience)[8], 감정, 지각, 무의식적으로 진실이라고 가정되는 신념에 의해 '프로그램'된다. 과거의 경험이 감정과 생각에 영향을 미친다는 것을 알지 못하면 부정적인 감정과 행동의 원인을 오로지 자신에게서만 찾게 된다. 내적인 혼란, 공포, 고통을 부적절하고 왜곡된 정보를 바탕으로 해석함으로써 자신과 세상을 탓하게 되는 것이다.

청소년이나 성인은 의미 있는 관계를 맺을 수 없거나 감정을 조절하지 못하거나 사랑의 가치를 느끼지 못하기 때문에 심리치료를 받는다. 이러한 고통의 원인은 암묵적 기억의 신경망 속에 파묻혀 있어서 의식적으로 성찰하기 어려울 때가 많다. 심리치료는 초기 경험을 안전하게 탐사할 수 있도록 안내한다. 그리고 초기 경험이 우리 삶의 왜곡을 초래하는 원인임을 설명하는 내러티브를 만들게 해 준다. 이러한 과정을 통해 심리적 증상을 정신이상, 성격장애, 결함 등으로 치부하지 않고 암묵적 기억의 한 유형으로 볼 수 있게 된다. 그러면 자신에 대한 깊은 연민, 타인에 대한 개방성, 그리고 치유의 가능성으로 향하는 문이 열리게 될 것이다.

#3 핵심 수치심

> 당신이 한 일 중에서 잘못된 것은 없고,
> 그것을 바로잡기 위해 해야 할 일도 없다.
> – Gershen Kaufman

수치심을 경험하는 것은 어린 시절의 사회적·정서적 학습에서 아주 중요한 부분이다. '핵심 수치심(core shame)'[9]은 아동기의 좀 더 나중에 발달하는 '적절한 수치심'이나 죄의식과는 구분되어야 한다. 적절한 수치심은 집단 내에서 요구되는 사회적 행동에 대한 적응이라고 할 수 있다. 반면에 핵심 수치심은 자기에 대한 본능적 판단이며, 스스로를 쓸모없는 사람으로 여기거나 타인의 시선을 두려워하거나 완벽주의에 사로잡히게 만든다. 본질적으로 핵심 수치심은 종족 안에서 가치 있는 일원이 되고자 하는 원시적 본능과 관련이 있다. 즉, 핵심 수치심이란 소속감과 유대감을 내면화하는 데 실패한 상태라고 할 수 있다. 핵심 수치심을 가진 사람은 스스로를 사랑받지 못한 채 버려져 상처 입은 존재로 여긴다. 따라서 핵심 수치심은 불안정 애착 도식과 사회적 지위 도식을 고착화하는 중요한 요인이 된다.

생후 첫해에 부모와 아기의 상호작용은 대체로 긍정적이고 다정하며 즐겁다. 하지만 걸음마를 배울 무렵이 되면 운동량, 충동성, 탐색 욕구가 커지기 때문에 아이는 종종 위험에 처한다. 부모는 결국 생후 첫해의 무조건적인 애정을 포기하고 큰소리를 내어 "안 돼", "하지 마", "그만"이라고 외치게 된다. 그리고 이전처럼 애정을 표현하기 위해서가 아니라 명령이나 경고를 하기 위해 아이의 이름을 부른다. 이 같은 부모-자녀 간의 경고 기제는 다른 동물들에게서도 볼 수 있는 것이며, 움직이는 새끼를 멈춰 세워 포식자나 그 밖의 위험으로부터 보호하기 위해 고안되었다. 경고를 들은 새끼가 나타내는 '멈춤 반응(freeze response)'은 교감신경계의 호기심이 부교감신경계에 의한 억제로 급격하게 전환됨에 따라 자율신경계에 반영된다. 이러한 경험이 반복되면 아이는 호기심을 느끼며 탐색을 하다가도 경고를 듣고 난 후에는 깜짝 놀라 얼어붙게 된다. 그 결과로 아이는 하던 행동을 중지하고, 고개를 떨군 채 어깨를 움츠린다.

이와 같은 순종적인 억제 상태는 주인에게 야단맞은 개가 몸을 구부리고 꼬리를 다리 사이로 당긴 채 뒤로 물러서는 것과 똑같은 반응이다. 이와 비슷한 동작은 그 밖의 모든 사회적 동물들이 고립되거나 무력감을 느끼거나 굴복을 표현할 때에도 나타난다. 성인이 "날 해치지 말아 줘요" 혹은 "예, 말씀하신 대로 따르겠습니다"라고 말하는 것도 본능적인 표현 방법이다. 그러나 많은 아이들의 경우에는 교감신경계의 탐험에서 부교감신경계의 위축으로의 급격한 전환이 '나는 사랑스럽지 않아', '내가 이 가족의 구성원이 맞는지 모르겠어'와 같은 식으로 내면화된다. 생존을 위해서는 무조건적 수용이 필요한 아이에게 그 두 가지 가정은 삶에 대한 위협이 될 수 있다.

어린 시절의 애착관계에서 따뜻한 접촉을 기대한 아이가 부모나 다른 양육자의 무관심, 반감, 혹은 분노와 마주칠 때에도 비슷한 반응이 나타난다. 애착관계에서의 정서적 부조화는 교감신경계보다 부교감신경계가 우위를 차지하게 되는 급격한 변화를 촉발할 수 있고, 아이가 정신적으로 성장함에 따라 수치, 거절, 유기로 해석될 수 있다.

부모와 아이의 기질 또는 성격 차이와 그로 인한 정서적 부조화는 핵심 수치심의 원인이 될 수 있다. 아동기에 유기, 방임, 또는 학대를 경험한 부모는 자신의 아이를 키울 때 망신 주기, 비판하기, 비꼬기 등을 주된 양육 방법으로 사용할 수 있다. 이런 현상은 너무 엄격하고 권위적인 부모가 있는 가정, 군인 가정, 사이비 종교 집단에서 빈번하게 일어나고 정신질환이나 트라우마를 가진 부모에게서도 자주 나타난다.

어린 세대를 보호하기 위한 생존 전략으로 출발했던 것이 애착, 안전, 자존감과 관련된 심리적 정보 처리 과정—이 과정은 상대적으로 늦게 진화했다—의 생물학적 기반을 구성하게 되었다. 이것은 '나는 안전한가'라는 근원적 의문이 '나는 사랑받을 만한가'라는 의문과 결합된 이유다. 핵심 수치심을 가진 사람의 경우에 그 대답은 '아니'가 된다. 그 결과로 핵심 수치심을 가진 사람은 위험을 극도로 기피하고, 무심하거나 심지어 학대를 일삼는 배우자를 선택하며, 외로움을 견디기 힘들어하게 될 수 있다. 핵심 수치심을 완전히 없애기는 어렵다. 하지만 심리치료는 내담자에게 부적응적인 신념, 행동, 감정에 대한 현실 검증[10]을 할 수 있는 기술을 제공해 준다.

#4 불안 편향과 스트레스하의 언어적 억제

> 진화는 불안에 사로잡힌 유전자를 더 좋아한다.
> – Aaron Beck

단세포 생물부터 인간 같은 고등동물까지, 모든 생명체에게 가장 중요한 명제는 '생존에 도움이 되는 것에는 다가가고 생존을 위협하는 것에서는 멀어지는 것'이다. 그 두 가지를 더 정확하고 빠르게 구분할수록 살아남을 가능성도 높다. 파충류의 출현과 함께 나타난 편도체(amygdala)라는 구조는 그 후에 등장한 포유류, 영장류, 인간에게도 계승되었다. 편도체의 가장 중요한 기능은 주변의 대상 중에서 바람직한 것과 위험한 것을 구분하여 판단하고, 그 판단에 따라 개체가 대상에 가까이 다가가거나 때로는 멀리 달아나게 하는 것이다.

편도체는 위험을 감지했을 때 자율신경계에 싸우거나 도망갈 준비를 하라는 신호를 보낸다. 그리고 0.5초 후 우리의 의식은 가벼운 불안감에서 극심한 공황상태에 이르는 다양한 정서를 경험한다. 편도체의 '공포 신호'를 촉발하는 자극 중 일부—뱀이나 높은 곳 등—는 나무 위에 살던 영장류 조상 때부터 유전적인 기억으로 각인된 것으로 보인다. 유전적 기억 외의 공포 자극은 '학습된 연상(learned association)'에서 비롯된다. 학습된 연상은 개, 공개적 발언, 친밀감 등을 두려워하게 만드는 생존의 0.5초 동안 다시 떠오르는 과거의 경험에 바탕을 둔다.

우리의 뇌는 주변의 사물과 타인에 대해 필요 이상으로 경계하도록 진화한 것으로 보인다. 이처럼 지나친 경계는 포식자를 피해야 하는 동물들에게는 나쁘지 않겠지만, 인간에게는 큰 해악을 가져올 수 있다. 우리는 복잡하고 스트레스로 가득 찬 거대한 사회를 창조할 수 있는 커다란 두뇌를 갖고 있다. 편도체는 교통 체증, 소행성과 지구의 충돌 가능성, 시험에서 B 학점을 받는 것 등을 생명과 신체에 대한 위협으로 간주하고 반응한다. 이런 특성은 심리치료자들의 일거리를 늘려 주는 인간의 구조적 결함이다.

공포감은 실행 기능(executive function)[11], 문제해결, 정서 조절을 방해한다. 그리고 우리를 더 고지식하고, 융통성이 없고, 어리석은 사람으로 만든다. 공포감 때문에 우리는 모험과 배움을 피하고, 그 결과로 역기능적인 행동 양식과 파괴적인 관계, 잘못된 전략을 계속 고수하게 된다. 편도체는 자신의 작용을 정당화하기 위해 생존이라는 과제를 이용하는 것 같다. 광장공포증을 가진 사람은 편도체의 작용으로 인해 다음과 같이 가정할 수 있다. '나는 10년 동안 집 밖으로 나간 적이 없고 아직까지 살아 있어. 내가 지금까지 살아 있는 것은 10년 동안 집 밖으로 나가지 않았기 때문이야.' 편도체는 생명 유지의 사명과 함께 신경계 차원의 권한을 갖고 있기 때문에 때로는 생존을 위해 행복이나 안녕 같은 현안에 대해 거부권을 행사할 수도 있다. 심리치료자는 역기능적 사고가 나타나고 강화되는 악순환을 막아 이 같은 폐쇄적인 논리 회로를 무너뜨려야 한다.

크고 위협적인 소리를 들은 동물은 깜짝 놀란 채 그 자리에 멈추고 위험 요소를 찾기 위해 주변을 살피며 숨을 죽인다. 이러한 반응의 논리는 단순하고 명확하다. '적에게 들키지 말고, 위험의 근원을 찾고, 반응하라.' 인간도 이와 같은 원시적 반응과 그것을 뒷받침하는 구조를 물려받았다. 사람의 각성 수준이 높아지면 언어 표현을 관장하는 뇌 영역, 즉 브로카 영역(Broca's area)[12]이 억제된다. 이 현상은 상사 앞에만 서면 말문이 막히는 일부터 트라우마로 인한 실어증에 이르기까지 인간이 경험하는 여러 가지 수수께끼를 풀 실마리를 제공해 준다.

일시적으로 소리를 낼 수 없게 되는 것은 다른 동물들에게는 그리 큰 문제가 아니지만 인간에게는 커다란 재앙이 될 수도 있다. 인간에게 소리를 내지 못하는 것은 타인과 접촉하고 의식적인 경험을 구조화하는 데 필요한 언어를 잃는다는 것을 의미한다. 언어는 정서 조절과 애착을 뒷받침하는 정서 관련 신경망과 인지 관련 신경망을 통합해 준다. 정서를 언어로 표현하고 경험에 관한 내러티브를 구성하는 것은 건강한 자기 인식의 형성을 위한 더없이 소중한 기회다.

심리치료의 핵심은 드러나지 않은 것을 표현하고, 무의식의 주제를 의식으로 끄집어내고, 생각과 감정을 통합하는 것이다. 말을 배우기 전의 경험이나 트라우마와 관련된 경험은 다른 경험과 통합되지 못하고 고립된 채 남아 있게 된다. 브로카 영역을 자극하고, 단어와 감정을 연결하고, 경험에 관한 일관성 있는 내러티브를 구성하도록 도움으로써 심리치료자는 내담자가 균형 잡힌 시각을 되찾고 실패로 얼룩진 과거의 이야기를 바로잡도록 이끌 수 있다. 언어의 진화 덕분에 인간은 타인뿐만 아니라 자신과도 이야기를 나눌 수 있게 되었다. 이는 대화치료(talking cure)[13]가 성공을 거둔 가장 큰 이유다.

#5 환상

우리는 생각하기 위해 사는 것이 아니라 …
살아남기 위해 생각한다.
– José Ortega y Gasset

인간의 마음은 환상을 만들고 유지하는 데 매우 능하다. 뛰어난 정신분석가들, 신경과학자들, 선불교 지도자들은 현실의 본질을 파악하기 위해 환상을 탐구하는 데 일생을 바쳐 왔다. 그러나 환상의 이면을 관찰하기 위해 환상을 만들어 내는 방법은 한계를 갖고 있다. 아직 많은 것이 수수께끼로 남아 있지만, 의식적인 경험이 왜곡으로 가득 차 있다는 것은 분명하다. 이러한 왜곡들 중 상당수는 생존 가능성을 높이기 위해 고안된 것들이지만, 인간이 여러 가지 고통을 겪고 심리치료를 받게 되는 원인이기도 하다.

사회심리학자들이 발견한 방어 기제(defence mechanism)[14]와 귀인 편향(attribution bias)[15] 개념은 우리의 사고가 불안감을 감소시키는 방향으로 왜곡된다는 것을 입증하는 여러 가지 증거를 제공한다. 현실을 너무 정확하게 인식하기 때문에, 즉 현실을 부정하는 데 실패하기 때문에 우울증이 생긴다고 주장하는 학자들도 많다. 집단사고(groupthink)[16], 후광 효과(halo effect)[17], 농담 등은 사회라는 바퀴에 기름칠을 해 주고 친구나 가족의 행동을 더욱 긍정적으로 해석하게 만들어 준다.

자기기만은 불안감을 줄여 주지만, 한편으로는 타인을 속일 가능성을 높이기도 한다. 자기기만에 현혹되면 생각과 의도를 비언어적 신호와 행동을 통해 제대로 전달하기가 더 어려워질 것이다. 반동 형성(reaction formation)[18], 즉 마음속의 의도와 상반되는 행동이나 감정 표현이 타인을 속이는 데 효과적일 때가 많다. 따라서 우리는 모두 타고난 사기꾼이며, 다른 누구보다도 먼저 스스로를 속인다.

즉, 의식적 자각의 왜곡은 인격상의 결함이 아니라 생존의 논리에 따라 프로그램된 진화 과정의 부산물일 뿐이다. 이러한 왜곡은 우리가 위협에 직면했을 때에도 강인함과 적극성, 자신감을 잃지 않게 해 준다. 사람이 자기가 평균 이상의 존재라고 생각하고 전쟁 중인 두 국가가 저마다 신이 자기 나라 편이라고 믿는 것도 왜곡 덕분이다. 왜곡의 단점은 효과가 없는 것으로 드러난 역기능적 행동을 똑같이 반복하겠다는 신념이 너무 강할 때 나타난다. 많은 사람들이 환상, 왜곡, 오해에 사로잡혀 있기 때문에 현실 검증은 거의 모든 유형의 심리치료에서 매우 중요하다. 심리치료 훈련을 전혀 받지 않은 문외한도 누군가를 객관적으로 관찰하면 그 사람이 스스로에 대해 아는 것보다 훨씬 더 많은 진실을 발견할 수 있다. 한 사람의 가정에 의문을 제기하고, 해석을 내면화하고, 뇌가 정보를 왜곡하는 과정을 배우는 것은 긍정적인 변화로 향하는 지름길이 될 수 있다.

심리치료자는 내담자의 폐쇄적이고 자기강화적인 논리 체계를 무너뜨리기 위해 대안적인 관점과 새로운 정보를 제공한다. 그리고 심리치료가 성공적으로 이루어지면, 내담자는 습관적인 왜곡을 뛰어넘어 자신의 경험을 현실적으로 검증하는 데 유익한 타인의 인식과 통찰을 내면화할 수 있다. 심리치료는 부적응적인 환상을 탐사하고 무의식을 의식으로 전환할 기회를 제공한다.

2장
심리치료는 왜 효과적인가

진정한 교양인은 배움을 통해 변화를 이룰 줄 아는 사람이다.
– Carl Rogers

다행스럽게도, 우리의 정서적 고통을 초래한 진화 과정은 치유의 도구까지도 제공해 주었다. 타인과 접촉하고 정서적 조율을 하면서 공감을 나누는 능력이 그것이다. 심리치료는 현대사회에 갑자기 등장한 발명품이 아니라, 사회적 뇌 발달의 역사를 바탕으로 형성되어 온 '관계 중심의 학습 환경'이다. 따라서 심리치료의 기원을 찾으려면 엄마와 자녀의 유대, 가족과 친구에 대한 애착, 연장자의 조언 등에 주목할 필요가 있다.

심리치료의 성공 가능성은 뇌, 마음, 관계의 세 가지 근본적인 기제에 달려 있다.

1. 적응을 위한 사회적 기관(器官)인 뇌는 타인의 뇌와 접촉하고 상호작용함으로써 변화하도록 진화했다. 인간의 뇌는 적응적 변화를 위해 타인의 뇌와 교감하고 그 과정을 통해 학습하는 능력을 갖고 있으며, 심리치료는 이러한 능력을 촉진한다. 연결과 학습은 엄청난 세월에 걸친 사회적 진화 속에서 서로 밀접한 관련성을 갖게 되었다.

2. 심리적 변화는 신경가소성의 활성화와 밀접한 관련이 있다. 따라서 심리적 변화를 이끌어 내기 위해서는 먼저 뇌가 구조적으로 변화하고 그 변화가 우리의 생각, 느낌, 행동에 반영되어야 한다. 그리고 심리치료의 성공은 내담자의 뇌가 가진 신경가소성—신경망들의 연결, 연결 억제,

서로 단절된 신경망들의 재연결—을 심리치료자가 촉진할 수 있느냐에
달려 있다.

3. 내담자의 경험이 과거에서 벗어나 미래를 향하도록 안내함으로써
신경계와 정신의 통합을 뒷받침해 주는 내러티브를 함께 만들어 낼 수
있다. 내담자가 심리치료자와 함께 자신의 삶에 관한 일관성 있는 이야
기를 만들어 내면 우리는 자기성찰 능력과 창조성의 향상을 얻고 더 성
숙해질 수 있다. 이 같은 공동 작업은 과거를 이해함으로써 정체성을 확
립하고 트라우마를 치유하는 데 매우 중요하다.

치유의 도구

#1 사회적 뇌

> 온전한 정신을 제외한 모든 것은 고립될 수 있다.
> – Friedrich Nietzsche

사회적 뇌의 진화 과정에서 흥미로운 일이 일어났다. 신경가소성의
원시적 과정이 그보다 나중에 진화한 사회성 측면과 뒤섞이게 된 것이
다. 다시 말해, 애착관계의 질이 신경가소성과 학습을 좌우하게 되었다.
안정 애착(secure attachment)은 유연하고 적응적인 학습과 고차원적인 실
행 기능을 뒷받침한다. 반면에 불안정 애착(insecure attachment)은 트라
우마에 기초한 경직된 학습과 반사적인 행동을 뒷받침한다. 이것이 바로
내담자와 심리치료자의 관계에서 안정 애착을 확립하는 것이 긍정적 변
화의 토대가 되는 이유다. 그러므로 심리치료자가 하는 일의 핵심은 내
담자와 소통하면서 감정과 정보를 주고받는 것이다. 뉴런과 마찬가지로
인간도 시냅스(synapse)[1], 즉 사회적 시냅스를 통해 다른 사람과 메시지
를 주고받는다.

타인과의 정서적 조율을 시도하는 심리치료자는 여러 신경망들을 통해 전달되는 사회적·정서적 정보에 주목한다. 그리고 이러한 정보를 활용하여 타인의 마음에 대해 추측하기 위한 나름의 '이론'을 만든다. 즉, 자신의 마음속에서 타인의 심리적·정서적 상태에 대한 모의실험을 함으로써 타인의 마음에 관한 내적 표상(internal representation)을 만들어 내는 것이다. 심리치료자는 유대감을 형성하고 내담자의 성장을 돕기 위한 도전과 지원 사이의 적절한 균형을 찾기 위해 '애착 회로(attachment circuitry)'를 활용한다. 그리고 내담자 스스로도 설명할 수 없는 경험을 해석하기 위해 심리치료자는 자신이 가진 사회적 뇌의 모든 신경망을 활용한다.

앞에서 살펴보았듯이, 오랜 진화 과정의 중요한 결과물인 편도체는 뇌의 중심에 있다. 이 원시적인 실행 중추는 위협을 감지했을 때 좀 더 나중에 진화된 대뇌피질에 대한 거부권을 행사한다. 편도체는 마치 코끼리 같아서 결코 잊지 않는다.[2] 공포감을 극복할 수 있는 유일한 방법은 어린아이였던 내게 할아버지가 들려주었던 다음의 조언을 따르는 것뿐이다. "너를 내동댕이친 말에 다시 올라타라." 이 말은 공포감은 회피할수록 더 커지기 때문에 그것을 극복하기 위해서는 당당히 맞서야 한다는 가르침을 내포하고 있다. 회피 행동을 줄이는 것은 심리치료의 성공과도 깊은 관련이 있다.

위험에 다가갔는데도 죽지 않고 살아남는다면 편도체가 촉발하는 투쟁-도피 반응(fight-flight response)[3]이 억제된다. 이에 해당하는 상황은 사소하게는 거미를 손으로 집어 드는 것부터 좀 더 심각하게는 학위 취득에 필요한 마지막 강의를 듣는 것이나 첫 데이트를 위해 외출하는 것까지 다양하다. 긍정적 변화를 위한 새롭고 위험해 보이는 실험을 기꺼이 감수하기 위해서는 용기, 정서적 지원, 성공에 대한 확신이 필요하다. 따라서 심리치료자는 치료 기간 동안 함께 고안한 실험에 내담자를 초대하여 그들이 공포감에 맞설 수 있도록 도와야 하고, 그러기 위해서는 사회적 뇌를 활용해야 한다. 즉, 내담자를 위한 '아미그달라 위스퍼러(amygdala whisperer)'[4]가 되어야 한다.

#2 신경가소성

> 가소성(可塑性)이란 … 어떤 영향력에 굴복할 만큼 약하면서도
> 모든 것에 굴복하지는 않을 만큼 강한 것을 의미한다.
> – William James

일반적으로 신경가소성(neuroplasticity)은 뉴런들의 탄생, 성장, 발달, 연결—이 네 가지는 모든 학습의 근본적인 기제다—을 의미한다. 학습을 하는 동안 기존의 뉴런들은 돌출부인 수상돌기(dendrite)[5]들의 연결을 통해 성장한다. 뉴런은 서로 연결되어 신경망을 형성하고, 그다음에는 신경망들이 통합됨으로써 점점 더 복잡한 작업을 실행할 수 있게 된다.

신경과학 상식 : 신경가소성

신경가소성이란 학습의 결과로, 또는 건강한 발달의 결과로 뉴런들 사이에서, 혹은 하나의 뉴런 안에서 일어나는 모든 변화를 뜻하는 일반적인 용어. 어떤 경험에 대응하여 변화를 일으키고, 그 경험을 내부 구조에 부호화(encoding)[6]하여 저장하는 것이 신경계의 기능이다.

뇌는 복잡한 체계로 이루어진 하나의 정부와도 같기 때문에 연결의 단절이나 오류, 적응의 실패 등이 끝없이 일어난다. 그리고 뇌의 발달은 경험과 밀접한 관련이 있기 때문에 순조롭게 이루어지지 않을 수도 있다. 최적의 기능 발휘에 필요한 하나 이상의 신경망이 발달되지 않거나 적절히 조절되지 못하거나 다른 신경망과 통합되지 않으면 어떤 문제나 증상이 생겨서 심리치료를 받게 된다.

우리는 심리치료의 결과로 증상이 감소하거나 경험적 변화가 나타날 경우, 어떤 면에서는 뇌 자체가 변화한다고 가정한다. 새로운 연결이 이루어지고, 역기능적 체계가 대체되거나 억제되고, 분리된 신경망들이 다시 통합되는 것이다. 이러한 가정은 모든 심리치료자가 인간의 뇌 구조를 변화시키기 위해 노력하는 신경과학자라는 것을 의미한다. 신경가소성의 개념은 최근에 와서야 알려지기 시작했지만, 심리치료의 전략과 실행은 처음부터 지금까지 신경가소성의 보이지 않는 손에 의해 인도되어 왔다. 시행착오를 거듭한 끝에 심리치료자들은 '효과적인 것'과 '그렇지 않은 것'을 구별해 왔고, 내담자와 함께 지금도 노력하고 있다. '효과적인 것'은 신경가소성을 촉진하고 긍정적 변화로 이끌어 준다. 그런 점에서 심리치료자는 모두 현장의 신경과학자라고 할 수 있다.

가장 사랑하는 사람과의 관계에서도 열린 마음과 신뢰를 유지하기는 쉽지 않다. 심리치료자를 위한 훈련과 여러 가지 치료 기법은 사회적 뇌의 신경가소성을 증가시켜 지원, 신뢰, 유용성을 강화할 수 있도록 고안되어 있다. 안전하고 긍정적인 치료적 동맹(therapeutic alliance)[7]은 신경가소성을 크게 증가시키는 것으로 알려져 있다. 긍정적인 정서적 연결은 스트레스를 억제하는 동시에 신경가소성을 활성화하는 신진대사 작용을 촉진한다.

따라서 안정적인 관계 속에서 정서적 조율에 성공하면 뇌의 단기적·장기적 변화의 가능성이 높아진다. 안정적인 관계를 맺으면 폐쇄적이고 역기능적이었던 체계에 새로운 요소가 추가될 수 있다. 이것은 친족, 친구들, 부족이 계속 유지되고 확산되면서 나름의 문화를 창조하는 방법이기도 하다. 다른 한편으로는 대인관계가 인생의 가장 난해한 문제가 되는 이유이기도 하다. 여러 가지 심리치료 기법들의 장단점에 관한 논쟁이 끊이지 않고 있지만 모든 심리치료 기법은 발달 및 변화와 관련된 생물심리사회적(biopsychosocial)[8] 기제에 기초하고 있다.

#3 언어, 스토리텔링, 공동으로 구성한 내러티브

> 말 못한 이야기를 마음속에 묻어 두는 것처럼 고통스러운 것은 없다.
> – Maya Angelou

인류는 타고난 이야기꾼이며, 대화치료의 기원을 찾으려면 우리 조상들이 모닥불 주위에 모여 있던 원시 시대까지 거슬러 올라가야 한다. 수많은 세대에 걸쳐 인간은 사냥, 조상들의 공덕, 권선징악 등의 주제를 담은 이야기를 공유해 왔다. 이야기하고 수다를 떨고 싶은 충동은 우리의 정신에 내재화되었고, 뇌 속에 각인되었으며, DNA의 일부를 이루고 있다. 이것이 바로 유명 인사들의 신변잡기를 다루는 〈피플〉이 과학 월간지인 〈사이언티픽 아메리칸〉보다 많이 팔리는 이유다. 인류 역사 중에서 대부분의 기간 동안 구어적인 의사소통과 언어적 기억은 집단적 지식의 저장소 역할을 해 왔다. 같은 이야기를 반복하고 싶어 하는 노인들의 성향에 들어맞는 사람은 언제라도 같은 이야기를 또다시 해 달라고 조르는 아이들뿐이다. '자물쇠와 열쇠 이론(lock-and-key theory)'[9]을 연상시키는 이러한 정보 고속도로는 여러 세대에 걸쳐 기억, 아이디어, 가치관을 전달하는 수단이 되어 왔다.

이야기는 신경망 통합을 위한 강력한 도구이기도 하다. 감정에 대한 언어적·비언어적 표현과 뒤얽힌 시각적 이미지가 단선적인 이야기 전개와 조합되면 좌뇌와 우뇌, 대뇌피질 신경망과 피질하(subcortical)[10] 신경망, 전두엽의 여러 가지 영역, 해마, 편도체 등의 회로가 활성화된다. 이처럼 통합적인 신경망 처리 과정은 일관성 있는 내러티브와 안정 애착 사이의 정적 상관관계를 부분적으로나마 설명해 준다. 공유되는 이야기에 내포된 이미지와 아이디어는 상상력을 자극하고 구성원들을 집단정신(group mind)[11]에 연결한다.

내러티브를 활용하면 자신의 경험을 객관적으로 검토하고 대안적인 관점을 취할 수 있다. 이야기를 통해 순간적인 정서와 그 영향에서 벗어나 자신의 경험을 성찰할 수 있는 것이다. 우리는 여러 가지 '가능한 자기들(possible selves)'[12]에 관한 이야기를 타인과 공유하고 자신의 경험과 관점에 관한 조언을 들을 수도 있다. 결국 우리는 삶이라는 한 편의 각본을 다시 쓰고 새로운 감정, 행동, 언어로 실험할 수 있게 된다.

아이들은 세상을 탐구하는 작은 과학자처럼 보이지만, 본질적으로는 성인인 우리가 그들에 대해 이미 알고 있는 것을 발견할 뿐이다. 어린 시절에 주로 타인의 말을 듣는 데 열중하던 우리는 성장하면서 조금씩 '우리가 누구인지', '우리에게 무엇이 중요한지', '우리가 무엇을 할 수 있는지'에 관해 말하기 시작한다. 이와 더불어 부모는 무의식적으로 아이를 통해 자기 자신을 새롭게 창조하기 위해 노력하기 때문에 문화가 다음 세대까지 전승될 수 있는 것이다. 이 과정은 부모와 자녀의 관계에 따라 독이 될 수도 있고 약이 될 수도 있다. 이야기는 건강하거나 그렇지 못한 정체성의 고착화에 커다란 영향을 미치는 동인(動因)이다. 그리고 긍정적인 자기서사(self-narrative)[13]는 교묘한 심리적 방어의 필요성을 약화시키면서 정서적 안정감을 강화해 준다.

신경망 통합, 기억 형성, 정체성 확립과 관련하여 중요한 역할을 담당하는 언어와 내러티브는 자기(the self)의 창조와 유지를 위한 강력한 도구가 된다. 스트레스나 트라우마로 고통받는 많은 사람들이 감정을 말로 표현해 봄으로써 긍정적인 효과를 얻어 왔다. 경험에 관한 글쓰기는 감정과 신체적 반응의 상명하달식(top-down)[14] 조절에 도움이 된다. 내담자의 말에 귀 기울이는 심리치료자는 그들의 내러티브를 분석해서 부정확하고 파괴적인 요소를 찾고, 누락된 부분은 없는지 확인한다. 그럼으로써 내담자의 내러티브를 적응과 안녕에 유익하도록 수정할 수 있게 된다.

#4 자기성찰 능력

도(道)를 따르는 자는 도와 하나가 된다.[15]
– 노자

　자신의 생각, 감정, 행동에 대해 생각하는 힘, 즉 자기성찰 능력은 안정 애착의 형성뿐만 아니라 심리치료의 성공과도 깊은 관련이 있다. 자기성찰 능력은 정신분석가들에게 '심리적 성찰력(psychological mindedness)'으로, 자기계발 분야에서 마음챙김(mindfulness, 4장 참조)으로 알려진 것과 근본적으로 동일하다. 부모나 심리치료자는 주관적 상태를 서술하는 내러티브를 창조함으로써 개인의 자기인식을 이끌어 내고 강화할 수 있다. 그리고 우리는 낡은 습관을 재검토하고, 타인의 기대와 아동기 기억의 지배력을 객관적으로 살펴볼 수 있다. 심리치료는 이러한 메타인지(metacognition)[16]를 통해 더욱 적응적인 결정을 내릴 수 있도록 돕는다.

　자신의 이야기를 타인과 공유하는 이유는 새로운 내러티브를 함께 구성하기 위해서다. 자신만의 이야기는 폐쇄적인 체계를 갖는 경향이 있으므로 새로운 요소를 추가할 필요가 있다. 심리치료자는 내담자에게 현재의 이야기의 편집자로 머물지 않고 새로운 이야기의 저자가 되는 길을 가르치고자 한다. 자기성찰은 내담자로 하여금 삶의 이야기에서 기승전결이 반복되고 있고 거기에서 벗어나 새로운 이야기를 만들어 낼 수 있음을 깨닫게 해 준다. 글쓰기와 편집의 과정이 진행되면서, 새로운 기승전결 구조가 나타나고 더욱 적응적인 생각, 감정, 행동을 실험할 수 있게 된다.

#5 추상적 사고와 상상력

> 상상력은 지식보다 더 중요하다.
> – Albert Einstein

영장류 집단의 규모가 커지면서 털 고르기, 울음소리, 손동작은 점차 음성 언어로 진화해 갔다. 그 덕분에 훨씬 더 정교하고, 복잡하고, 미묘한 의사소통이 가능해졌다. 사회적 집단이 커지고 언어가 복잡해지면서 처리해야 할 사회적 정보의 양이 크게 늘어났기 때문에 대뇌피질의 용적도 더 커질 필요가 있었다. 그리고 이 같은 변화는 추상적 사고와 상상력의 모태가 되었다.

인간의 뇌에서 두드러지는 특징으로 하두정피질의 발달을 들 수 있다. 하두정피질과 전전두피질의 협력 덕분에 인간은 세 가지의 경이로운 일을 할 수 있게 되었다. 첫째, 우리는 외부 사물에 대한 3차원 모형을 상상 속에서 구성할 수 있다. 둘째, 머릿속에서 그 모형을 조작하고 수정할 수 있다. 셋째, 상상 속의 사물을 외부 세계의 실제 사물로 재현할 수 있다. 그리고 인간은 상상력을 외부 사물뿐만 아니라 스스로에게도 적용할 수 있다.

따라서 인간은 '가능한 자기들'을 상상할 수 있고, 그 상상을 실현하기 위한 내러티브를 만들어 삶의 변화를 이끌 청사진으로 활용할 수 있다. 아동과 청소년이 정체성을 확립하기 위해 시행착오를 겪는 동안에는 이러한 청사진이 수없이 만들어지고 폐기된다. 뱀이 자라면서 허물을 벗는 것처럼, 오래된 정체성은 본질적으로는 성장하면서 버려야 할 낡은 옷과 같다. 우리는 나이가 들수록 자신의 낡은 이야기를 바꿀 수 있다는 것을 잊곤 하는데, 낡은 정체성이 더 이상 자신에게 맞지 않으면 고통을 겪게 될 수도 있다.

상상력은 현재의 순간에서 벗어나 대안적인 현실을 창조하고 새로운 내러티브를 찾는 여정을 시작하게 해 준다. 모든 문화권에서 발견되는 '영웅의 여정' 이야기는 새로운 세상을 탐험하려 하는 인간의 원초적 욕구를 반영하고 있으며, 그것은 우리의 조상들이 살아남아 지구상의 전역으로 퍼져 나가게 한 원동력이었다. 심리치료자는 내담자들의 마음속에서 잠자고 있는 영웅의 본능을 일깨워 그들이 공포에 맞서 새로운 삶의 이야기를 써 나가도록 도와야 한다. 영웅을 인도하는 샤먼, 마법사, 현자들처럼 심리치료자는 안내자가 되어야 하는 것이다.

'무지(無知)'의 추구

아는 것을 안다 하고, 모르는 것을 모른다 하는 것,
이것이 곧 아는 것이다.
– 공자

우리는 지금까지 뇌와 마음이 어떻게 의식을 구성하는지를 알아내기 위해 노력해 왔다. 의식적 경험은 지속적인 주의집중, 작업 기억(working memory),[17] 학습된 행동, 언어, 문화 등의 통합으로 나타난 결과물일 것이라고 추측된다. 그러나 이것은 어디까지나 가설일 뿐이므로 우리 모두는 의식에 관한 한 겸손함을 유지할 필요가 있다. 내게 명확한 사실은 '명확한 것이 실제로는 거의 없다는 것'뿐이다. 하지만 나는 내가 몇 가지 효과적이고 설득력 있는 이론적 설명을 갖고 있다고 생각한다.

앞에서 살펴본 것처럼, 뇌와 마음은 대략 0.5초 내에 의식적 경험을 구성한다. 놀랍게도 이 0.5초 동안 뇌는 1,000억 개의 뉴런과 100조 개의 시냅스 연결을 활용하여 의식적 지각을 형성한다. 뇌 활동의 90%는 내적인 정보 처리 과정에 집중되는 반면에 나머지 10%만 외부 세계의 현상을 포착하는 데 활용된다. 자연선택은 생존을 위해 의식적 경험을 형성해 왔기 때문에, 사물에 대한 우리의 인식은 자녀를 낳고 보호하는 데 필요한 장기간의 생존에 유리하도록 형성되어 왔다. 기억하라! 뇌와 마음이 의식을 형성하는 과정에서는 정확도보다 적응이 더 중요하다.

뇌는 생존의 관점에서 결과를 예측하고 통제하는 적응의 기관이다. 그러므로 경험을 통해 학습하고, 모든 사건에 대한 자동적 반응을 생성하며, 가능한 한 빨리 미래를 예측해야 한다. 이것은 우리의 지각이 최소한의 정보로 최대한 신속하게 결정을 내리도록 편향된 이유다. 우리는 무엇을 결정하든, 심지어 그것이 잘못되었음을 알면서도 모호함과 불확실성을 제거하기 위해 자신의 선택을 정당화하고 합리화하는 경향이 있다. 뇌는 신속한 결정을 내리고 싶어 할 뿐만 아니라 우리가 확신을 갖고 행동하기를, 그리고 결과에 상관없이 스스로를 축복하기를 기대한다.

마음을 활용해 뇌를 바꾸기

> 변화는 일어난다.
> – Candace Perth

사람이 자기 자신을 있는 그대로 받아들이기 어려운 이유는 무엇일까? 난해한 질문이지만 해답은 상대적으로 단순하다. 자존감, 내면의 정서적 세계를 조절하는 능력, 안정적인 관계를 맺는 능력은 모두 생후 1~2년 내에 형성된다. 이 시기에는 부모나 그 밖의 양육자의 내면세계가 급속하게 암묵적(무의식적) 기억으로 '다운로드(download)'된다. 이 시기에 학습한 것은 기억할 수 없기 때문에, 이미 대부분의 '소프트웨어'가

다운로드된 후에 자의식이 형성된다. 따라서 우리가 누구인지에 관한 일관성 있는 내러티브를 구성하려면 그것과 모순되는 감정, 반응, 행동을 정당화해야 한다.

우리는 스스로 창조한 내러티브를 믿게 된다. 그리고 내러티브가 자신에게 맞지 않을 경우에는 억지로라도 그것을 받아들이려 하는 경향이 있다. 내러티브가 자신에게 적합하지 않으면 오히려 본능적으로 그것에 더욱 집착하게 되기 때문에 필연적으로 어떤 증상을 겪게 된다. 우리는 불안, 우울증, 대인관계 문제 같은 증상 때문에 심리치료를 받지만, 한편으로는 증상이 내면적 문제의 외적 표현일 뿐이라는 것을 알고 있다. 우리의 마음은 다음과 같은 세 가지의 잘못된 전제를 바탕으로 의식적 경험을 구성한다. 첫째, 우리는 현재를 경험한다. 둘째, 우리는 완전한 자유의지를 갖고 있다. 셋째, 우리는 자신과 세상에 대한 정확한 정보를 갖고 있다. 독자들이 상상할 수 있는 것처럼, 이 세 가지 환상이 조합되면 자신감을 갖고 주저 없이 무엇이든 행동으로 옮길 수 있다. 이제 그 세 가지 환상에 대해 살펴보자.

인간을 포함한 영장류는 주변의 사물을 관찰하고 그것과 상호작용할 때 활성화되는 복잡한 신경망 구조를 포함하는 뇌를 갖고 있다. 인간의 뇌는 '마음 이론(theory of mind)'—타인이 무엇을 알고 있는지, 그들의 동기가 무엇인지, 그들이 다음에 어떤 행동을 할지에 관한 가정—을 정립하기 위해 타인의 행동과 몸짓을 분석하는 회로를 갖고 있다. 다른 사람들의 마음에 대한 직관은 그들의 행동을 예측할 수 있게 해 주고 집단적 협동과 개인의 자기방어를 촉진한다. 우리가 갖고 있는 거울뉴런(mirror neuron)은 감각, 운동, 정서를 관장하는 뇌 신경망들을 서로 연결함으로써 우리와 상호작용하는 다른 개체의 내면에 대해 추측하고 그것을 반영하여 우리의 행동과 감정을 생성한다.

마음 이론과 거울뉴런은 수백만 년에 걸친 인류의 진화가 한편으로는 타인의 정서, 생각, 의도를 읽는 능력의 진화였다는 것을 시사한다. 타인의 마음을 읽는 작용과 거기에서 비롯되는 귀인(attribution)과 정서는 미처 의식하기도 전에 자동적·필연적으로 발생하기 때문에, 우리는 누군가를 보자마자 그에 대해 잘 알고 있다고 생각하기 쉽다. 이 같은 과정에 관여하는 신경망 회로들은 우리를 타인의 동기와 의도를 추측하는 데 능숙한 존재로 만들어 주었다. 그리고 관찰을 통해 학습하고 마음속에서 새로운 행동을 실험할 수 있게 해 주었다.

신경과학 상식 : 거울뉴런

거울뉴런은 전두엽의 운동전영역(運動前領域, premotor regions)에 위치해 있으며, 다른 사람의 특정한 행동—어떤 단어를 말하거나 물체를 움켜쥐는 것 등—을 관찰할 때 활성화된다. 거울뉴런 중 일부는 '물체를 엄지손가락으로 만졌을 때'만 활성화되는 식으로 특화되어 있다. 타인이 아니라 우리 자신이 같은 행동을 할 때에도 똑같은 거울뉴런이 활성화된다. 거울뉴런은 관찰과 행동을 연결함으로써 ① 타인에 대한 관찰을 통해 학습할 수 있게 하고, ② 타인의 행동을 예측할 수 있게 함으로써 집단적 협동과 자기방어를 촉진하며, ③ 상대방에게 정서적으로 동조하고 공감할 수 있게 해 준다.

물론 이러한 능력에는 어두운 단면도 있다. 우리는 스스로에 대해 오해하는 경향이 있다. 진화 과정이 타인에 대한 인식에 초점을 맞추고 진행된 반면에 자기인식과 내적 통찰에 대한 투자는 충분하지 않았던 것이 한 가지 이유일 것이다. 다른 사람의 문제는 쉽게 알아차리면서 자신의 문제는 찾기 어려운 것도 그 때문일지 모른다. 사실, 자기인식에 도전하는 힘은 스스로에 대한 의심, 머뭇거림, 도덕적 혼란을 초래할 수 있기 때문에 진화 과정에서 오히려 퇴화되어 왔다. 이것은 인간이 자신의 성향에 따라 현실을 왜곡하는 무의식적 기제를 갖게 된 이유일 것이다.

실제로 우리는 자신의 생각과 감정을 (자신의 것임을 인식하지도 못한 채) 다른 사람들에게 투사하고 그들도 자신과 똑같이 생각하고 느낄 것이라고 추정한다. 프로이트는 이러한 투사 과정을 일종의 방어 기제로 간주했는데, 사실 투사는 뇌가 사회적 정보의 처리에 적합하도록 진화해 온 과정의 부산물이다. 투사는 자동적으로 일어나고 불안을 완화해 주지만, 자기인식은 불안을 일으키며 지속적인 노력을 요구한다. 스스로를 객관적으로 분석하기가 어려운 것은 다른 사람을 탓함으로써 불안을 피하려 하는 자연적 반사작용이 우리의 내적 논리 체계와 뒤섞여 있기 때문이다.

'심리치료는 왜 효과적인가'라는 질문에 대한 해답은 '인간에게는 무엇이 필요한가'라는 더욱 본질적인 질문을 통해 구할 수도 있다. 사람은 의식주 같은 생존의 기본 요건이 충족된 후에는 집단에 대한 소속감을 얻고 싶어 한다. 처음에는 엄마가 그 집단의 전부지만 시간이 지나면서 아빠, 형제자매, 그 밖의 가족까지 추가된다. 그리고 점차 친구나 사춘기의 이성 친구에게, 성인기에는 직장, 배우자, 자녀에 대해서도 소속감을 느끼고 싶어지게 된다. 사회적 동물은 본능적으로 연결을 원하며, 사회적 집단 속에서 자신이 차지하는 위치에 깊은 관심을 갖는다. 타인에게 인정받지 못한다는 이유로 심리치료를 받는 사람이 많은데 그런 내담자들은 자기 스스로를 인정하지도 못한다.

수십 년 전에 조너스 소크(Jonas Salk) 박사는 진화가 오래된 문제를 해결하는 동시에 새로운 문제를 야기할 수도 있음을 발견했다. 진화 과정에서 고안된 여러 가지 적응 전략들은 인간의 심리적 문제를 낳았다. 그러나 한편으로는 치유의 도구를 제공해 주기도 했다. 첫 번째 예는 안정적인 관계의 힘이다. 두 번째 예는 관계를 통해 신경가소성을 높이고 뇌의 성장을 촉진할 수 있다는 것이다. 세 번째 예는 자기인식과 신체적 감각, 이야기와 정서를 활용하여 신경망 회로를 재구성하고 더 효과적인 적응을 가능케 하는 몸과 마음의 힘이다. 우리는 인식의 오류를 알아차릴 수 있고, 내적 편향을 극복하여 외부 현실을 명확하게 지각할 수 있다. 다행스럽게도, 우리는 서로의 마음을 연결하여 진화 과정에서 비롯된 불균형을 바로잡을 수 있다. 우리의 뇌와 마음은 타인과 교감하고 그들에게 영향을 미칠 수 있으며, 이것이 바로 심리치료의 핵심이다.

신경과학 상식 : 유전학과 후생유전학

우리의 뇌는 유전과 경험의 접점에서 형성되고, 본능과 양육은 하나의 과정으로 통합된다. 유전자는 먼저 뇌를 구조화할 틀을 제공하고, 관련된 생물학적 과정을 활성화하며, 발달상의 민감기(sensitive periods of development)[18]를 촉발한다. 그다음에는 경험이 유전자 전사 과정을 통해 뇌의 구조로 자리 잡는 과정을 관장한다. 유전자 주형은 한 세대의 특성을 다음 세대로 전달하는 기제다. 그리고 '유전자 전사(transcription genetics)'[19]는 진행 중인 경험을 뇌 구조로 변환하는 과정이다. 유전자 전사를 통해 경험은 신체 조직을 이루고, 관계는 뇌를 형성하며, 문화는 시간을 초월하여 많은 사람에게 전달된다.

1950년대에 이중 나선 구조가 발견된 후, 우리는 뇌와 신체의 구성에 관한 정보가 네 가지 염기―아데닌, 티민, 구아닌, 시토신―에 부호화되어 저장된 후 DNA에서 mRNA, 단백질로 전달된다는 것을 알게 되었다. 이러한 발견은 유전적 전달 과정에 관한 이해의 폭을 넓혀 주었지만, 유전자 발현의 2% 정도만을 설명하고 있다. 그렇다면 나머지 98%는 어떻게 설명할 것인가?

이 질문에 대한 해답을 구하려면 본능과 양육에 관한 오래된 논쟁으로 거슬러 올라가야 한다. 우리가 조상에게 물려받는 것은 무엇이고 경험을 통해 배우는 것은 무엇인가? 가장 그럴듯한 추측은 이 두 가지의 상호작용이 거의 모든 것을 결정한다는 것이다. 우리는 유전 물질의 틀(유전자형, genotype)을 부모 세대로부터 물려받지만, 그 유전자형의 발현(표현형, phenotype)은 경험에 좌우되는 부호화되지 않은 유전 정보에 의해 이루어진다. 경험의 유형은 유독 물질 노출에서 바람직한 교육까지, 지속적이고 극심한 스트레스에서 따뜻하고 애정 어린 환경까지, 기근에서 축제까지 매우 다양하다. 아동기의 스트레스가 성인기까지의 뇌 발달에 미치는 영향은 정서적 성장이나 심리치료와 밀접한 관련이 있다. 쥐 실험 연구에 따르면, 새끼 때에 어미를 잃을 경우 뉴런의 형성이 둔화되고 성체가 된 후에도 스트레스를 조절하기 어려워지는 것으로 나타났다. 그러나 우리는 후천적 경험에 의해 많은 것이 바뀔 수도 있다는 것을 기억해야 한다. 심리치료자는 관계를 통한 지원과 치료 기법을 통해 신경망의 '프로그램'을 다시 짜기 위해 노력한다. 다시 말해, 심리치료자는 정신적·신체적 안녕에 필요한 뇌 구조의 변화를 이끌어 내기 위해 후생유전학을 활용한다.

3장
호소하지 않는 문제

인간은 생각하고 관찰하며 배우고 알기 위해 노력한다.
그러나 인간이 가진 가장 뛰어난 능력은 믿음이다.
– Martin Amis

인간의 사고는 심각한 결함을 갖고 있다. 우리는 잘못된 믿음을 죽을 때까지 고수할 때가 많다. 심지어 그 믿음을 반박하는 충분한 증거가 있는데도 말이다. 내담자들은 비용을 지불한 후에도 심리치료자의 도움을 쉽사리 받아들이지 못한다. 그들의 내면에 자리 잡은 고질적인 문제 때문이다. 인간이라는 종은 어리석고 고집스럽고 오만한 골칫덩어리다.

대부분의 심리치료자는 내담자가 낡은 행동, 생각, 감정을 고수하는 경향을 일종의 '저항'으로 간주하지만, 조금은 다른 관점에서 생각해 볼 필요가 있다. 인간의 뇌는 과거의 학습을 바탕으로 내린 수많은 무의식적 가정에 현실의 경험을 짜 맞춘다. 경험은 여러 가지 가정과 뒤섞여 우리의 삶을 '힘든 것' 혹은 '불가능한 것'으로 만든다. 문제는 우리의 마음이 대체로 그 두 가지의 차이를 알아차리지 못한다는 것이다.

사실, 뇌는 우리의 생각이 이치에 맞는지를 신경 쓰지 않고 오로지 생존에만 관심을 기울인다. 뇌가 생존을 위해 증거와 논리를 희생시키려 하는 것도 그 때문이다. 따라서 내담자의 저항이란 안전함을 느끼게 하는 신념을 고수함으로써 불안감을 줄일 수 있게 해 주는 원시적 뇌 회로라고 할 수 있다. 최악의 경우에 편도체는 당신이 죽음을 피하려 할 때마다 살아남기 위해서는 저항이 필요하다고 속삭인다. 이런 상황에서 변화는 기껏해야 불안감을 야기할 뿐이다.

내담자들은 도움을 얻기 위해 심리치료자를 찾아오지만, 편도체의 인도를 받는 그들의 원시적 실행 체계는 변화를 피할 수만 있다면 무엇이든 하려고 한다. 최선의 방어는 공격이므로 내담자는 자신은 멀쩡한 사람이고 심리치료자와 마찬가지로 약간의 문제를 갖고 있을 뿐이라는 사실을 납득시키려 애쓴다. 이런 주장이 통할 때도 있다. 심리치료자 역시 나름의 문제를 가진 인간이기 때문이다. 인간의 뇌는 사회적 기관이고 타인의 뇌에 큰 영향을 미치기 때문에 내담자는 종종 심리치료자를 설득해서 자신과 같은 방식으로 세상을 바라보도록 유도하기도 한다. 이는 내담자나 심리치료자가 아픈 사람들이어서가 아니라 사회적 뇌를 갖고 있기 때문에 나타나는 현상이다.

원시적인 뇌와 공존하기

> 발견을 가로막는 가장 큰 장애물은 무지를 부정하는 것,
> 다시 말해 알고 있다는 환상을 갖는 것이다.
> – Daniel Boorstin

심리치료자도 다른 이들처럼 강인하고 성공한 사람, 영향력 있는 사람이 되고 싶어 한다. 그래서 내담자의 원시적 뇌 때문에 기만을 당하거나 치료 과정이 혼란과 모순의 늪에 빠져 정체될 때 심리치료자는 힘겨움을 느낀다. 경력이 길든 짧든, 심리치료자라면 이런 상황을 한번쯤은 경험해 봤을 것이다. 이런 상황은 무의식이 의사소통하는 방식 때문에 생기는데, 치유의 성과를 얻기 위해서는 반드시 거쳐야 할 과정이기도 하다. 좌절감과 무기력감을 안겨 주는 내담자 때문에 심리치료자가 낙담하고 혼란스러워하고 때로는 분노하는 일은 아주 흔하다. 최악의 경우에 일부 심리치료자들은 내담자가 이런저런 불평, 이야기, 정보를 장황하게

늘어놓는 동안 자신의 책임을 망각한 채 딴생각을 하며 회기(session)[1]를 마치기도 한다. 이런 경우에는 내담자의 편도체가 이긴 것이고, 심리치료자는 정해진 보수를 받겠지만 내담자는 어떤 변화도 얻지 못한 채 이전과 똑같은 상태에 머물게 된다.

내담자는 복잡하게 얽힌 신념의 거미줄을 갖고 찾아오는데, 그것이 바로 심리치료자가 끈질기게 탐색하고 이해해야 할 대상이다. 그러한 신념 체계는 내담자 자신에게는 매우 합리적인 것이며, 물고기에게 물이 그렇듯이, 눈에 보이지 않을 때가 많다. 내담자와 다른 물에서 헤엄치는 심리치료자는 내담자가 볼 수 없는 것을 찾아낼 수 있지만, 그것을 주의 깊게 다루어야 한다. 우리 모두는 신념이라는 물로 채워진 어항이 있어야 살 수 있는 물고기와 같다. 심리치료의 한 가지 장점은 여러 겹의 환상을 한 꺼풀씩 벗겨 낸 후 그것을 다루기 좋은 크기로 나눌 수 있다는 것이다. 그러나 편도체에게 지배당하면 공포감으로 인해 심리적 성장이 정체된다.

심리치료자가 내담자에 대해 지루함을 느끼는 것은 문제를 회피하려는 내담자에게 패배했음을 의미한다. 당신이 느끼는 지루함을 하나의 신호로 해석하라. 다시 말해 그 지루함은 당신이 치료를 포기하고 무력감에 대한 수동적 복수를 시작했다는 것을 의미한다. 여기서 빠져나가는 길은 심리치료자로서의 사명을 되새기고 다시 싸우는 것뿐이다. 내담자가 호소하지 않는 문제들을 살펴보라. 내담자가 무엇을 감추고 있는가? 그들이 회피하고 있는 감정은 어떤 것인가? 겉으로 드러난 것의 이면에는 무엇이 있는가? 최근의 주제부터 살펴보기 시작해서 오랜 과거까지 파고들라. 드러난 생각을 뛰어넘어 두려움, 수치심, 유기 공포와 같은 근원적 감정을 살펴보라.

표면 아래로 뛰어들기

데이터는 과거를 이해하게 해 주고,
좋은 이론은 미래를 예측하게 해 준다.
– Clayton Christensen

'호소 문제(presenting problems)'란 심리치료를 받게 된 이유, 즉 자신이 겪고 있는 문제의 원인에 대한 내담자 나름의 추측이다. 그것은 대체로 정서적 위기를 촉발하는 사건일 때가 많은데, 예를 들면 대인관계의 파탄이나 실직 같은 것이 있다. 좀 더 통찰력 있는 내담자는 현재의 문제가 삶의 방식과 관련이 있음을 깨달을 수도 있다. 호소 문제에 초점을 맞추는 것이 '표면에 드러난 정신적 문제에 관한 파국적 이해'를 초래할 때가 종종 있다. 여기서 '파국적'이라는 표현은 치료를 위한 노력이 근본적인 변화를 이루지 못한 채 피상적인 주제만을 다루고 끝나 버리는 것을 뜻한다.

원시적 뇌는 심리치료를 받으려 하지도, 무엇이 잘못되었는지를 알려 주지도 않는다. 내담자의 원시적 뇌는 말을 할 줄 모르기 때문에 마치 예술가처럼 행동, 정서, 상징을 통해 심리치료자와 의사소통을 하는 경향이 있다. 내담자는 정서적 상처를 타인에게 표현하기 힘들다는 것을 밝히지 못할 수도 있지만, 내담자의 원시적 뇌는 인후염이나 후두염 같은 신체적 증상을 일으켜 정서적 상처를 우회적으로 표출할 수 있다. 내담자는 심리치료자인 당신의 권한에 대해 겉으로는 분노를 드러내지 않겠지만, 당신이 읽는 잡지가 따분하다거나 사무실의 가구가 구식이라거나 양말과 옷이 어울리지 않는다는 식의 트집—모두 내가 들은 적이 있는 말들이다—을 잡을 것이다.

초보 심리치료자는 '내담자가 어떤 문제 때문에 찾아왔는가', '내담자는 무엇이 문제라고 생각하는가', '어디에 초점을 두어야 할까', '치료의 진전과 성공을 어떤 척도로 평가해야 할까'와 같은 의문을 제기하고 그에 답함으로써 호소 문제에 집중하라고 교육받지만, 그렇게 하면 오히려 길을 잃게 될 때가 많다.

이러한 접근법에는 명확한 논리가 있고, 특히 내담자가 자신의 문제에 대한 체계적인 관점을 갖고 있을 때는 더더욱 그렇다. 표면적으로는 심리치료자가 서비스를 제공하고 내담자는 소비자가 되기 때문에 심리치료 작업에서는 내담자의 관심사에 초점을 맞추어야 한다. 내담자는 치료를 받는 것에 대해 불안해하며, 경험이 부족한 심리치료자는 무엇을 해야 할지 모르기 때문에 불안해한다. 그러므로 양쪽 모두가 집중할 수 있는 과제를 정하는 것이 바람직하다. 첫 번째 회기부터 내담자와 심리치료자는 질문지 양식을 채우고, '예/아니요' 란에 표시하고, 결론과 해결책을 신속하게 도출하는 형식적인 일로 정신이 없다.

호소 문제는 크게 세 가지 범주로 나눌 수 있다.

1. 증상 : 우울증, 불안, 해리(dissociation)[2] 등
2. 행동 : 자해, 도박, 비꼬기, 비난하기, 유혹하기 등
3. 관계 : 갈등, 이별, 슬픔, 외로움 등

그러나 호소 문제는 빙산의 일각에 불과할 때가 많다. 생화학적 요인—약물의 부작용이나 산후우울증 등—이 심리적 증상을 낳는 경우도 간혹 있다. 그러나 내담자의 불평이 그 이면에 숨겨진 더욱 중요한 문제를 암시하는 경우가 더 많다. 이러한 근본적 문제는 대체로 유전적 요인, 삶의 내력, 경험적 요인 등의 복합체이며, 내담자로 하여금 언젠가는 심리치료자를 찾게 만든다. 부모의 통제 실패로 인해 식이장애(eating disorder)가 발생할 수도 있고, 수십 년에 걸친 만성적 불안의 결과로 우울증이 생길 수도 있다.

그 시작부터 심리치료는 드러난 정보의 이면을 살펴보는 작업이었고, 이러한 특성으로 인해 심리치료자는 주변의 가까운 사람들과는 다른 존재가 된다. 한 외과 의사는 내게 다음과 같은 이야기를 해 주었다. 그는 엑스레이 사진 한 장을 살펴본 후 왼쪽 폐를 관찰하라는 지시를 받은 적이 있는데, 그날 이후로 오히려 항상 왼쪽 폐를 마지막으로 관찰하는 습관이 생겼다는 것이었다. 그는 지시받은 대로만 관찰하면 아주 많은 문제들을 발견하지 못하게 된다는 것을 다년간의 경험으로 깨달았다고 말했다. 그는 지시를 맹목적으로 따르는 의사는 많은 것을 놓치기 때문에 현명한 판단을 내리기 힘들다고 주장했다.

무엇인가에 주의를 기울이면 바로 눈앞에 있는 중요한 것을 놓칠 수 있다는 사실을 입증하는 사례가 많다. 한 흥미로운 연구에서, 연구자는 방사선 전문의들이 찾고 있던 결절 부위가 포함된 엑스레이 사진 위에 흑백으로 그려진 고릴라 그림을 올려놓았는데, 모두 그것을 똑바로 보고 있으면서도 알아차리지 못했다. 난 이와 똑같은 현상을 여러 가지 임상 사례 발표에서 목격한 적이 있다. 그 사례들에서 내담자는 진단을 받은 채로 새로운 심리치료자에게 인계되었는데, 그 심리치료자는 이미 내려진 진단 때문에 중요한 것을 놓치고 말았다. 물론 이 사례들에서 심리치료자가 놓친 것은 고릴라가 아니라 외상후 스트레스장애, 주요 우울증, 강박장애 등이었다. 당부하건대 모든 것에 대해, 특히 당신이 확신하는 것에 대해 의문을 갖기를 바란다.

지그문트 프로이트의 교훈

『정신질환의 진단 및 통계 편람(DSM)』[3]에 기술된 각종의 증상과 진단기준을 암기해도 뇌, 마음, 관계의 기능에 대해 배울 수는 없다. 현재의 증상과 진단기준에만 초점을 맞추면 '표면에 드러난 정신적 문제에 관한 파국적 이해'라는 결과를 초래하게 된다. 다시 말해, 『정신질환의 진단 및 통계 편람』에 들어맞는 진단기준을 찾는 동안 내담자를 온전하게 이해할 기회를 놓칠 수 있다. 하지만 '때로는 꿈속에서 본 담배가 그저 담배에 불과할 수도 있다'[4]는 것을 기억해야 한다.

보이지 않는 충성심

> 모든 복종은 어떤 면에서는 숭고한 것이다.
> 복종은 충성심에서 비롯되기 때문이다.
> – Simone Weil

누구나 자신이 독립된 개체라고 여기지만, 우리 모두는 사회적 뇌를 통해 가족, 친구, 문화와 연결된다. 그리고 유전자에 기록된 아주 머나먼 과거의 역사와 연결되기도 한다. 인간은 기본적으로 사회적 동물이므로 내담자가 주로 호소하는 문제는 그들의 사회적 삶과 얽혀 있다. 조상들 ―호모 사피엔스뿐만 아니라 그 이전의 원인류까지―의 성공과 실패는 모두 우리 내면에 살아 숨 쉬고 있고, 매 순간 우리의 경험을 형성한다. 이것이 우리가 증상을 뛰어넘어 사람을, 사람을 뛰어넘어 역사를 살펴봐야 하는 이유다.

삶은 완전히 이해하기엔 너무 복잡한 것이기 때문에 우리는 이해하기 쉽고 우리에게 자신감을 주는 설명에 집착하게 된다. 확신하는 사람은 오류를 범하기 쉬운데도 우리는 확신의 유혹에 빠지곤 한다. 이 같은 유혹은 알지 못하기 때문에 생기는 불안을 회피하는 경향에서 비롯된다. 사이비 종교 집단의 카리스마 넘치는 교주는 이러한 불안을 먹이 삼아 추종자들의 모든 의심을 잠재운다. 자아도취적인 심리치료자와 취약한 내담자도 이와 똑같은 퇴행적 역학관계에 빠질 수 있다.

'익명의 알코올중독자들(Alcoholics Anonymous)'[5]의 경구 중에는 내가 즐겨 인용하는 말이 있다. "중독은 관계를 맺지 않고, 단지 인질을 잡을 뿐이다." 어떤 면에서는 이 말을 우리 모두에게 적용할 수 있다. 우리는 다양한 의식적·무의식적 이유로 관계를 맺고, 때로는 그 관계를 이용하여 과거의 파괴적인 경험을 재현한다. 한 가지 슬픈 진실은 무엇이 일어나고 있는지를 알아차리지 못하기 때문에 관계를 회복할 수 없을 때가 많다는 것이다. 많은 사람들은 사랑받지 못한다고 느끼고 스스로가 고립되었다고 생각한다. 자신의 고통에 대해 다른 사람들이 신경 쓰지 않는다는 사실에 절망하기도 한다.

그러므로 심리치료자의 사무실은 언제나, 심지어 심리치료자와 내담자만 있을 때조차도 수많은 사람들로 붐비는 공간이 된다. 내담자의 가족과 심리치료자의 가족이 두 사람의 마음속에 자리 잡고 있기 때문이다. 그들은 내담자와 심리치료자 사이에서 전이(transference)[6]와 역전이(countertransference)[7] 반응을 일으키고, 상대방에 대해 제대로 이해하거나 느끼지 못하도록 방해하는 무의식적인 편견을 만들어 낸다. 다음에 소개하는 사례는 이례적이고 극단적인 것이지만, 한편으로는 매우 보편적으로 나타나는 역학관계를 담고 있다.

성기야 가라!

> 논리라는 도구는 원인과 결과를 밝혀내기에 불충분하다.
> – Gregory Bateson

내가 심리치료자 수련 기간의 초기에 만났던 어느 내담자는 가족에 대한 충성심의 힘을 극명하게 보여 준다. 20대 초반의 젊은 남자였던 존은 신병 훈련소에서 정신질환을 얻어 육군 병원으로 보내졌다. 그의 경험과 증상은 조현병(schizophrenia)[8]의 전형에 가까웠지만 단 한 가지는 예외였다. 그는 자신의 성기를 잘라 냈던 것이다! 임상약리학 전공의는 그것을 정신질환의 직접적 결과로 간주했고, 심리치료자는 동성애적 충동을 없애려는 시도로 해석했으며, 간호사는 '그냥 미친 짓'이라고 생각했다. 모두들 나름의 의견을 갖고 있었다.

　나는 그때 아무 생각도 떠오르지 않았고 그 사례에 집중하는 것조차 힘들었다. 내가 큰 불편함 없이 그와 마주 앉을 수 있게 되기까지는 꽤 긴 시간이 걸렸다. 그 이전에는 내 머릿속에서 그가 저지른 행동에 대한 끔찍한 장면이 떠오르거나 불쾌한 연민의 고통이 밀려오곤 했었다. 처음의 몇 회기는 '역전이의 축제'와도 같았다. 심지어 내게 조언을 해 주던 감독자까지도 역전이를 경험할 정도였다. 존의 사례를 가족치료사에게 인계하고 나서야 나는 신뢰성 있는 사례 개념화에 성공할 수 있었다.

　가족치료사는 내게 존을 치료하기 위해서는 그의 직계가족—부모, 남동생과 여동생—이 모두 동석해야 하고 그들이 나와 함께 있는 모습을 존이 봐야 한다고 말했다. 그의 가족을 모두 만나야 한다는 것이 두려웠지만, 그래도 내게는 힘든 시간을 함께할 조력자가 있었다. 그런데 한 가지 문제가 상황을 악화시켰다. 우리의 계획에 관한 소문을 들은 병원 책임자 중 한 명이 해당 치료과정은 교육적 목적을 위해 다른 수련생들에게도 공개되어야 한다고 주장한 것이다. 그래서 결국 나는 여러 학생과 병원 관계자에게 둘러싸인 채 가장 난해한 내담자와 그의 가족에 대한 치료를 진행하게 되었다. 다행히도 내가 존경했던 선배가 공동치료자로 참여하게 되었지만, 난 치료를 포기해 버리고 극심한 스트레스를 핑계 삼아 휴가를 떠나 버리고 싶은 심정이었다.

　치료 회기가 열리는 날 아침에 공동치료자와 나는 안쪽으로 둥그렇게 배열된 의자에 앉았고 그 옆의 다섯 자리는 비어 있었다. 의사들과 수련생들, 그리고 치료과정의 공개를 주장한 책임자를 포함한 병원 관계자들은 그 바깥쪽으로 놓인 의자에 앉았다. 존과 그의 가족이 들어오기만을 초조하게 기다리던 나는 이 많은 사람들 앞에서 망신을 당할 수는 없다는 머릿속의 경고와 싸우고 있었다.

　마침내 문이 열렸고 그들은 한 사람씩 차례로 들어왔다. 제일 먼저 들어온 존은 방을 가득 채운 사람들을 보고 놀라는 기색이 역력했다. 그는 천천히 걸어와서 내 맞은편에 앉았다. 곧바로 그의 어머니가 들어왔는데, 아들과는 매우 대조적인 모습에 나는 깜짝 놀랐다. 40대 초반의 쾌활한 여성이었던 그녀는 몸에 딱 달라붙는 티셔츠를 입고 있었는데, 풍만한 가슴 쪽에는 모조 다이아몬드로 '섹시한 여자'라는 글자가 새겨져 있었다. 많은 청중을 본 그녀는 아들과는 사뭇 다른 반응을 보였고, 마치 무대에 선 배우 같았다. 그녀는 환한 웃음을 띤 채 사무실 안을 걸었고 아들 옆자리에 앉았다. 입고 있던 바지가 거의 찢어질 만큼 팽팽해진 채로 앉은 그녀는 아들의 허벅지 안쪽으로 손을 밀어 넣고 옆으로 바짝 달라붙었다. 우리는 입을 벌린 채 놀란 토끼 눈을 하고 그 광경을 바라보았다.

그녀의 남편과 다른 두 자녀가 들어오는 것은 그리 주의를 끌지 못했다. 존의 아버지는 아내의 맞은편에 앉았다. 뚱뚱하고 우울해 보였던 그는 방 안을 걷는 일조차 힘겨워했고, 간신히 의자까지 와서 털썩 앉았다. 존의 동생들은 아버지와 마치 복사본처럼 꼭 닮은 아이들이었다. 누구도 입을 열지 못했다. 스무 살 된 남자가 성기를 잘라 낼 이유를 찾기는 쉽지 않겠지만 존에게는 그럴 이유가 있었다. 아버지와 가족 체계에 대한 충성심을 갖고 있던 그는 어머니에 대한 성적 흥분을 용납할 수 없었을 것이다. 가족 중의 누구에게도 그녀에게 맞서거나 적절한 경계를 설정할 힘이 없었기 때문에 스스로 거세하는 것이 그 난제를 풀 수 있는 마지막 해결책이었다.

가족에 대한 충성심의 표현에 해당하는 증상이 언제나 이처럼 극단적인 것은 아니다. 나 역시 아버지가 처음에는 여러 차례에 걸쳐 우회적으로, 결국에는 직설적으로 반대했기 때문에 대학에 진학하기가 힘들었다. 다행스럽게도, 나는 그런 반대가 아버지가 아동기에 겪은 고통과 절망의 표현임을 깨달았다. 그는 아주 똑똑했지만 할아버지로부터 똑같은 메시지를 받았던 것이다. 물론 1960년대에 성장한 나는 서른 살 이상인 사람의 말을 믿어서는 안 된다는 확신을 갖고 있었다.[9]

교육의 가치를 경시하거나 특히 딸의 진학을 만류하는 가정에서 자란 학생들에게서도 위의 사례와 비슷한 현상이 나타난다. '교육은 쓸모없는 것'이라는 생각과 그 이면의 보이지 않는 충성심은 종종 극심한 내적 갈등을 야기한다. 우수한 학생들이 한 학기만 남겨 두고 졸업을 포기하거나 마지막 구술시험에 불참해서 박사학위를 놓치는 경우도 많다. 학위의 상징적인 의미가 그들의 내적 충성심이 감내하기엔 너무 부담스럽기 때문이다. 이런 학생들은 부모로부터 독립한 후에도 '버림받는 것'을 여전히 위험하게 느끼기 때문에 자기계발을 포기하면서까지 가족에 대한 충성심을 지키려 한다.

내가 만나 본 내담자들, 특히 50대 이상의 여성 중에는 '보이지 않는 충성심'이 자신을 구속해 왔음을 깨닫고 열정을 되찾는 사람이 많다. 그들은 학교나 직장으로 되돌아가거나 열정을 쏟고 몰두할 만한 일을 찾아낸다. 누군가가 꿈을 이룰 수 있게 돕는 것은 커다란 기쁨이며, 교사와 심리치료자 같은 소수의 사람들만이 누릴 수 있는 특권이다.

건전한 영성과 불건전한 영성

> 잘못된 지식을 경계하라. 그것은 무지보다도 위험하다.
> – George Bernard Shaw

내담자 중에는 자신의 종교적 신념이나 공동체에 대한 깊은 충성심을 가진 사람도 있다. 불행하게도, 프로이트가 종교적 신념을 '환상'으로 정의하고 청동기 시대의 미신으로 치부한 이래로 심리치료와 제도화된 종교는 다소 불편한 관계에 놓이게 되었다. 독실한 기독교 가정에서 태어난 칼 로저스(Carl Rogers)가 '내담자 중심 치료'[10] 모델을 창안한 후에야 심리치료와 종교는 약간의 긴장이 남아 있는 중립지대를 찾을 수 있었다. 그 결과로 오늘날의 학생들은 내담자의 종교적 신념을 존중해야 한다고 배우고 있고, 그 때문에 종교적·영적 신념에 관한 해석을 금기시하게 되었다. 하지만 나는 이러한 경향이 일종의 실수라고 본다. 종교적인 신념과 행동은 내담자가 호소하지 않는 문제에 관한 중요한 정보를 내포하고 있기 때문이다.

나는 저술이나 임상 실제에서 '병리적 영성'이라는 표현을 써 왔고 그에 해당하는 사례를 종종 목격하기도 했다. **병리적 영성**의 보편적인 예는 극도의 수치심에 사로잡혀 자신에게는 도움을 받거나 휴식을 취하거나 행복해질 권리가 없다고 느끼는 내담자들이다. 그들은 스스로가 기진맥진한 상태이거나 우울하거나 분노로 가득 차 있으면서도 일생 동안 남에게 봉사하는 일에 매달린다. 이런 사람들은 자신의 지나친 이타주의를 정당화하기 위해 불교나 기독교의 교리를 내세우고, 자신의 고난과 희생을 수도자나 성자의 그것과 동일시한다.

순교는 초월적이고 숭고한 행위일 수도 있지만, 때로는 자신에 대한 증오를 정당화함으로써 어린 시절에 겪은 박탈감과 상실감을 자각하지 못하게 한다. 그리고 자신과 자신의 요구는 중요하지 않다는 확신을 갖게 만들기도 한다. 외적인 자기희생이 '좋은 부모'를 원했던 내적 소망을 은폐할 수도 있다. 자아도취적인 부모의 정서 조절에 이용된 아이는 너그러우면서도 한편으로는 분노로 가득 찬 사람으로 성장하곤 한다. 낮에는 온화하고 따뜻하지만 밤에는 파괴적인 성향을 드러내는 것이다.

용어 설명 : 병리적 영성

넓은 의미에서, '병리적 영성'은 해결되지 않은 트라우마를 표출하는 통로가 되거나 심리적 방어의 수단이 되는 종교적 신념과 행동으로 정의할 수 있다. 단적인 예로 종교적 교리를 이용하여 타인을 조종하고 학대하는 광적인 사이비 종교 지도자를 들 수 있다. 그보다 약간 덜한 예로는 자아도취적인 목회자, 성적으로 문란한 성직자 등이 있는데, 이들 역시 신자들을 착취하고 학대한다. 병리적 영성을 가진 사람은 그 밖에도 셀 수 없이 많지만 그들 중에서 심리치료를 받는 사람은 드물다. 하지만 심리치료자들이 더욱 우려하는 문제는 부적응적인 대처 전략을 유지하고 정당화하기 위해 종교적 신념을 이용하는 사람이 많다는 것이다.

종교와 영성의 건전한 유형과 불건전한 유형은 겉으로는 서로 똑같아 보일 때가 많다. 이 두 가지를 분별하고 싶다면 사람들의 관점이 열려 있는지를 살펴보면 된다. 종교적 신념에 대한 유연성과 다른 종교에 대한 호기심을 갖고 있는가? 아니면 다른 종교에 대해 경직되고 독단적인 태도와 감정적인 과민반응을 보이는가? 그 믿음이 개인의 성장을 촉진하는가, 아니면 복종과 순응만을 강요하는가?

종교에 관한 프로이트의 생각에는 타당성이 있지만, 반만 맞는 주장이라고 할 수 있다. 대부분의 종교적 신념은 청동기 시대의 미신보다 조금이나마 진보한 것이며, 불안을 완화하고 공포에 대처하며 내면의 괴로움을 억누르는 데 유용하다. 많은 사람들이 종교를 이용하여 원초적 감정을 합리화하고, 무지와 편견을 강화하며, 다원적인 사회에서 맞닥뜨리는 복잡한 문제를 회피한다. 하지만 종교적 신념을 통해 더 높은 차원의 공감과 연민, 개인적 성취에 도달하는 사람들도 있다. 그러므로 내담자의 영적·종교적 신념을 면밀히 검토함으로써 잠재적으로는 그들의 초기 경험과 내면세계에 관해 많은 정보를 얻을 수 있다.

초자연적 신념

나는 마법의 존재를 믿지 않는다.
- Joan K. Rowling

내가 만난 내담자 중에는 영매나 점술가에게 자주 찾아가거나 유체이탈, 시간여행, 텔레파시의 존재를 믿는 사람이 많다. 그들은 정신질환자가 아니지만 불안이나 우울 증세로 고통받고 있으며, 아동기에 겪은 스트레스나 트라우마가 만성화된 사람들이다. 이런 경향이 꽤 일관되게 나타나기 때문에 나는 내담자가 기억하지 못하는 과거에 관한 많은 정보를 초자연적 신념과 습관에서 찾을 수 있다고 생각한다.

이 같은 신념을 가진 사람들 대다수는 자신이 신봉하는 초자연적 신념과 고통스러웠던 아동기 사이의 관련성을 의식적으로는 알아차리지 못하는 것 같다. 사회불안장애를 가진 20대 초반의 한 남자는 자신이 시간여행을 할 수 있다는 확신을 갖고 있었다. 그는 내게 아주 어린 시절부터 시간여행을 해 왔고 그 덕분에 비참한 가정생활을 견딜 수 있었다고 말했다. 그는 유명한 역사적 인물들을 만나는 놀라운 경험을 했고, 결코 누설할 수 없는 미래에 관해서도 많은 것을 배웠다. 하지만 회기가 몇 차례 더 이어지면서 그는 자신이 젖먹이 때부터 열네 번째 생일날까지 어머니에게 매일같이 구타를 당했다고 털어놓았다. 열네 번째 생일날 그는 제발 그만 때리라고 애원했고 어머니는 대답했다. "그래, 알았다." 그는 매일같이 때리는 이유를 물었고, 어머니는 이렇게 말했다. "난 네가 얻어맞는 걸 좋아하는 줄 알았어." 그는 어릴 때 겪은 일에 대해 이상하게 여기지 않았다. 그에게는 단 한 번뿐인 시간이었으니까.

30대의 또 다른 남자는 자신에게 마음의 힘으로 사물을 만들어 내는 성변화(聖變化) 능력이 있다고 믿었다. 그는 운전 중에 어떤 자동차가 끼어들었을 때 정신을 집중해서 그 기분 나쁜 차 안에 갑자기 벌 떼가

들끓게 한 적이 있다고 말했다. 그의 기억에 따르면, 운전자는 미친 듯이 두 손을 휘저으며 벌 떼를 쫓다가 결국 탈선 사고를 냈다. 그는 아동기에 학대를 당했다는 사실을 부정하면서도 아버지와 함께 '과녁 게임'을 했던 경험을 이야기해 주었다. 나는 '과녁 게임'이 무엇인지 물었다. 그는 자기가 과녁이 그려진 티셔츠를 입고 이리저리 뛰어다니는 동안 아버지가 공기총으로 자신을 향해 사격 연습을 했다고 말했다. 난 그에게 그런 놀이가 위험하다고 생각하지는 않았는지 물었고, 그는 대답했다. "아뇨, 전 고글을 쓰고 있었어요." 그는 이런 경험을 기이하게 여기거나 아버지의 가학적인 성향을 느끼지 못하는 듯했다.

마지막으로, 자신에게 텔레파시 능력이 있다고 믿었던 한 30대 여자는 여덟 살 무렵 네 살배기 남동생과 함께 TV를 보며 소파에 앉아 있었을 때의 경험을 이야기해 주었다. 집 밖에서 자동차를 몰던 사람이 총을 여러 발 쏘았고 남동생이 소파 앞으로 고꾸라졌다. 총알 한 발이 남동생의 자그마한 머리를 관통한 것이었다. 성인이 된 그녀는 범불안장애, 공황발작, 광장공포증 같은 질환을 갖게 되었다. 그녀는 어머니와 자매들과 지나치게 밀접한 관계를 유지했다. 그들은 하루에 몇 시간이고 통화를 했고 한 사람이라도 빠지면 여행조차 가지 않았다. 그녀는 자신과 어머니, 자매들 사이에서는 서로의 마음을 읽을 수 있고, 누가 언제 전화를 걸고 무슨 말을 할지도 예측할 수 있다고 확신했다.

지금까지 소개한 세 사람은 다양한 불안 증세로 치료를 받았고, 자신이 트라우마의 희생자임을 부정했으며, 정신질환자가 아닌 보통 사람들이었다. 그러나 세 사람 모두 자신에게 초자연적 능력이 있다고 믿었고, 이러한 믿음과 아동기 경험의 관련성을 부정했다. 학대에서 벗어나고자 시간여행을 하고, 스스로를 보호하기 위해 마음의 힘을 사용하고, 견딜 수 없는 상실감을 겪은 후 텔레파시를 주고받는 경험에는 상징적 가치가 있다. 정신분석가들은 그 상징적 가치가 초자연적 신념을 형성하고 유지하는 이유가 될 수 있다고 말할 것이고, 나도 이런 견해에 동의한다. 하지만 나는 그 이상의 가치가 있다고 생각한다.

어린 시절에 겪은 트라우마와 스트레스가 만성화되면 뇌의 발달에 엄청난 영향을 미치는데, 그 모든 영향이 초자연적 신념의 형성과 유지에 기여할 것이다. 트라우마와 관련된 신경학적 변화들―해마가 작아지는 것, 편도체가 커지는 것, 코르티솔, 아드레날린, 엔도르핀 수치가 높아지는 것 등―은 생리적·심리적·사회적 정보 처리에 나쁜 영향을 미치는데, 그 때문에 심리치료를 받게 될 수도 있다.

어린 시절에 겪은 스트레스와 트라우마로 고통받는 사람들에게 심리치료는 매우 중요하다. 자신의 아동기 기억이 왜곡되었음을 깨달을 수 있는 유일한 장(場)이 바로 심리치료이기 때문이다. 그들은 자신의 마음이 진실이 아닌 신념에 사로잡혀 있다는 것을 배우고, 과거의 경험이 현재의 경험을 형성한다는 사실을 깨닫게 된다. 심리치료는 타인의 기대를 만족시키는 정보가 아니라 오직 내담자 자신의 이익에 부합하는 새로운 정보를 접할 기회다.

4장
마음을 활용해 뇌를 바꾸기

지식은 유한하지만 무지는 무한하다.
– Karl Popper

한 지혜로운 남자가 내게 쥐와 인간의 차이를 아느냐고 물었다. 나는 "많은 차이가 있지요"라고 대답하고 말을 이었다. "수염, 털, 꼬리 …." 내 말은 사실이었지만 그에겐 흡족한 대답이 아니었다. 그는 다음과 같은 이야기를 들려주었다.

상자 안에 흙을 채우고 다섯 개의 굴을 만든 후 세 번째 굴 안에 치즈를 숨겨 놓으라. 그런 다음 굶주린 쥐를 상자 안에 넣으면 쥐는 다섯 개의 굴을 이곳저곳 돌아다니다가 결국 치즈를 찾아낸다. 쥐는 공간 기억력이 탁월하기 때문에 며칠 후 같은 쥐를 같은 상자에 집어넣으면 곧바로 치즈를 찾기 위해 세 번째 굴로 달려갈 것이다. 며칠이 지난 후 이번엔 다섯 번째 굴에 치즈를 숨겨 놓으라. 쥐는 치즈가 없는데도 몇 번이고 세 번째 굴로 들어갔다 나오기를 반복한다.

바로 여기에 쥐와 인간의 차이가 있다. 쥐는 결국에는 다른 굴을 뒤져 치즈를 찾아낼 것이다. 반면에 인간은 거기에 치즈가 있을 거라는 믿음 때문에 세 번째 굴에 영원히 머물 것이다. 우리가 어떤 틀에 사로잡히고 신념과 이론, '좋은 생각'이 그 틀을 뒷받침하면 **뇌**를 하인으로 부릴 수 없고 **마음**을 친구로 삼을 수도 없게 된다.

부정적인 결과만 가져오는 전략을 고수하는 내담자나 심리치료자에게도 그와 같은 일이 종종 일어난다. 삶의 여러 가지 영역에서 성공을 거둔 사람의 경우에는 그 파장이 더 크다. 타인을 위해 조언하고 안내하는 역할을 맡은 심리치료자가 잘못된 전략과 기법을 고수할 때, 그리고 치료에 진전이 없는 것을 내담자의 저항 탓으로 돌릴 때에도 똑같은 현상이 나타난다.

정서적 스트레스를 개념적으로 이해하는 방법 중 하나는 같은 일을, 같은 방법으로, 다른 결과를 기대하며 되풀이하는 것이다. 다시 말해, 결코 치즈를 찾지 못하면서도 세 번째 굴로만 들어갔다 나오기를 반복하는 사람은 정서적 스트레스를 겪게 된다. 그들이 찾는 치즈는 사랑일 수도 있고, 직업적 성공일 수도 있으며, 내적 평화일 수도 있다. 그러나 새로운 전략이 더 효과적이라는 사실을 인정하지 않고 기존의 전략을 고수하면 아무것도 얻을 수 없다.

> **용어 설명 : 마음과 뇌**
> 뇌는 신경계를 관장하는 살아 있는 컴퓨터라고 할 수 있다. 수많은 세포들로 이루어진 기능적 단위인 신경망이 몸 전체에 퍼져 있는데, 이러한 신경망의 집합체가 바로 신경계. 신경계의 산물인 마음은 기억, 의식, 자기인식 등으로 구성된다. 뇌의 형성은 마음의 형성에 광범위하고 근본적인 영향을 미친다. 그리고 마음은 생각, 행동, 감정의 의식적 변화를 통해 뇌를 바꿀 수 있다.

다행스럽게도, 실용주의적이고 융통성이 있는 쥐는 비효율적인 전략의 속박에서 벗어날 수 있다. 나는 쥐보다는 인간이 되고 싶지만, 인간도 성공을 위해 때로는 쥐처럼 생각할 필요가 있다. 여러 가지 인지치료 기법들은 우리가 가진 '쥐의 뇌'를 활용하여 역기능적이거나 비합리적인 신념의 근원을 찾고 의문을 제기할 수 있도록 돕는다.

마음이 더 이상 내 친구가 아닐 때

무지가 우리의 주인일 때, 진정한 평화는 불가능하다.
– Dalai Lama

인간의 뇌가 창조할 수 있는 것은 치즈버거부터 인상주의 미술 작품까지 무궁무진하다. 다른 동물들과 비할 수 없을 만큼 크나큰 성취를 거둔 인간은 스스로를 매우 우월한 종으로 여기기 쉽다. 컴퓨터, 우주 비행, 미세현미경 수술과 같은 과학 기술을 발전시켜 온 인간은 진화 역사의 정점에 서 있다는 자부심을 갖고 있다. 그러나 엄청난 과학적 진보를 이루고 만물의 영장이 된 인간도 스스로의 생각, 행동, 감정을 이해하거나 통제하는 데는 아주 서툴다.

우리의 뇌와 마음은 수많은 정보로 가득 차 있고 쉴 새 없이 갖가지 생각과 감정을 쏟아 내는데, 그중에는 좋은 것도 있지만 그렇지 않거나 심지어 위험한 것도 있다. 그리고 불행하게도, 그 차이를 구별하기 어려울 때가 많다. 일간지의 첫 페이지를 보면 인간이 얼마나 어리석은 존재인지를 잘 알 수 있다. 우리가 걸치고 있는 '예의'라는 얄팍한 의복 속에는 여전히 감정의 과잉, 왜곡된 생각, 무의식적인 이기심에 이끌리는 원시적인 동물이 숨어 있다. 그러나 이 모두는 인격적 결함이나 정신적 장애가 아니라 우리가 지나온 진화 역사의 자연적 결과일 뿐이다.

한 가지 좋은 예가 우울증이다. 우울증은 우리의 뇌를 목줄에 매인 개처럼 만든다. 어떤 생화학적 변화로 인해 우울증이 생기면 어제까지만 해도 괜찮아 보이던 삶이 오늘은 악몽이 되어 버린다. 달라진 것은 오직 세로토닌 수치뿐이다. 그 한 가지 차이 때문에 어제는 휴가 계획을 세웠던 사람이 오늘은 자살할 방법을 고민하고 결국 많은 것을 놓치게 된다. 그리고 어제의 삶이 얼마나 좋았는지도 기억하지 못한다.

우울증 치료에 효과적인 약품이 개발된 오늘날에도 우리는 마음이 어떤 상태인지 알아차리고 세심하게 관리하는 방법을 배워야 한다. 그러면 위급한 상황에서 다음과 같은 생각을 떠올릴 수 있기 때문이다. '아, 난 지금 창밖으로 투신할 생각을 하고 있어. 내 뇌에 화학적인 변화가 생긴 게 분명해. 오늘은 나 자신을 더 소중히 여겨야겠다. 중요한 결정을 미루고 마음이 제안하는 것에는 신경 쓰지 말아야지. 오늘은 마음이 내 친구가 아니니까.' 심리치료자의 도움을 받으면 내담자는 감정의 기복 때문에 현실 인식이 부정적으로 왜곡될 수 있음을 깨달을 수 있다. 그리고 기분이 나쁠 때 적절히 대처하는 요령을 배울 수도 있다.

무의식을 잠식하는 것

의식하지 않는 것은 가장 심각한 장애다.
– Jessa Gamble

수년 전에 나를 담당하는 심리치료자에게 좀 더 살을 빼고 싶은데 아무리 노력해도 항상 부족하다고 느낀다고 털어놓은 적이 있다. 나는 이렇게 말했다. "내 식습관이 나아지기만 해도 …." 심리치료의 정석에 따라 그녀가 대답했다. "좀 더 이야기해 주세요." 나는 그녀에게 거의 매일 운동을 하고, 건강에 좋은 음식을 많이 먹으며, 항상 체중을 잰다고 말했다. 나는 대체로 낮에는 바람직한 식생활을 유지했다. 하지만 저녁의 어느 시점이 되면 마음이 갑자기 느슨해져서 단 음식과 정크 푸드를 먹곤 했다. 이것을 '폭식장애'라고 부를 수도 있겠지만, 나는 적절한 체형을 유지했고 과체중도 아니었기 때문에 그렇게 생각하지 않는다. 물론 저녁 때마다 열량이 높은 식품을 섭취하는 것이 건강에 유익하진 않을 것이다.

내가 저녁의 폭식 습관에 대해 이야기할수록, 그런 행동은 자동적이고 무의식적인 것이므로 스스로 통제하기 어렵다는 확신이 들었다. 상담

시간이 끝날 때쯤 그녀는 폭식 습관에 대해 더 생각해 보라고 제안했다. 하지만 나는 그 후로 며칠 동안 그것에 대해 조금씩 잊게 되었다. 그러던 어느 날 아침, 잠이 덜 깬 상태로 침대에 누워 있을 때 마치 백일몽 같은 기억이 떠올랐다.

일곱 살이나 여덟 살쯤 되었던 나는 할머니가 설거지를 하고 있던 부엌으로 걸어갔다. 이런저런 이유로 우울했던 나의 안색을 살핀 할머니는 말없이 오른쪽으로 천천히 걸어갔다. 그리고 냉장고를 열어 아이스크림 통을 꺼냈다. 할머니는 내 쪽으로 몸을 돌리면서 뚜껑을 열고 스푼을 아이스크림에 꽂았다. 나는 팔을 뻗었고, 할머니는 커다란 아이스크림 통을 건네주었다. 할머니는 소파로 걸어가는 내 어깨에 행주를 얹어 주었다. 난 아이스크림 통을 끌어안고 소파에 누운 채 당분에 취할 때까지 그 달콤한 것을 먹고 또 먹었다.

우리 가족 사이에서는 부정적인 감정을 직접적으로 표현하는 일이 드물었고 정서적인 문제에 관해 이야기해 본 적도 없었다. 우리 집안에서는 슬픔이 금지되어 있었고 나는 오랜 세월이 지나서야 그것을 깨닫게 되었다. 비극과 상실, 비통함은 이미 넘쳐 나고 있었고, 새로운 세대의 첫아이였던 나만이라도 슬픔으로부터 구원받아야 했다. 그러기 위해서는 어떤 대가를 치르더라도 슬픔을 표현하지 못하도록 막아야만 했다. 음식은 우리 가족이 감정—특히 부정적인 감정—과 거리를 두는 수단이었다. 불행하게도, 그 때문에 나는 내면의 고통을 표현하고 이해하는 데 필요한 언어를 배우지 못했다.

심리치료 속에서 중요한 전환점을 맞이한 나는 '익명의 알코올중독자들'이 자기인식 능력의 증진을 위해 사용하는 HALT 기법을 배우게 되었다. 예를 들어, 술을 마시고 싶어지면 'HALT'라는 단어를 소리 내어 읊조린다. 그리고 스스로에게 배고픈지(hungry), 화났는지(angry), 외로운지(lonely), 지쳤는지(tired) 물어본다. 이 기법은 감정적 요인이 음주 충동을 촉발한다는 전제에서 출발했다. 물론 위의 네 가지 외에 다른 감정이 음주 충동을 일으킨다면 HALT를 대신할 단어를 새로 만들어야 하겠지만, 매우 유용한 아이디어임에는 틀림없다.

HALT는 단순히 술을 마시면 안 된다는(내 경우엔 폭식하면 안 된다는) 경고를 해 줄 뿐 아니라, 스스로에 대해 성찰하고 자기 자신과의 관계를 세심하게 관리할 필요가 있음을 일깨워 준다. 좋은 부모가 아이에게 말하듯이 스스로에게 다음과 같이 말해 보라. "내가 보기엔 무엇인가가 잘못된 것 같다. 무슨 일을 겪고 있는지 말해 주겠니?" 자기인식은 내적인 원인과 결과의 악순환을 끊게 해 줄 뿐만 아니라 성찰하고, 재검토하고, 새로운 방향을 찾게 해 준다. 그러므로 자기 자신과 안정적이고 성숙한 관계를 맺는 것이 바람직하다.

HALT 기법은 마음을 활용해 뇌를 바꾸는 방법이다. 반사적인 행동 양식에서 벗어나 당신이 무엇을 느끼는지를 스스로에게 물어보면 마음을 원시적인 뇌와 연결할 수 있다. 한편으로는 아동기에 보고 느끼지 못한 것들을 되새기고 자신의 경험을 더욱 건강한 방식으로 표현하는 방법이기도 하다. 이 같은 내면적 재양육(reparenting)[1]은 궁극적으로는 신경망 회로를 통합함으로써 증상에서 벗어나 기능적 적응을 추구하게 해 준다. 내 경우에는 스스로를 더 잘 돌보고, 좋은 관계를 위해 더욱 노력하며, 심리적 고통을 직시할 수 있게 되었다.

목격자 되기

모든 진실은 일단 발견되기만 하면 이해하기 쉽다.
– Galileo Galilei

인간은 집단정신을 공유하는 사회적 동물이기 때문에 우리가 인식하는 현실의 상당 부분은 사회적 구성체라고 할 수 있다. 하나의 사물을 다른 사람들도 인지하고 있음을 알게 되면 그것은 더욱 현실적이고 명확한 실체가 된다. 이를 직접적으로 보여 주는 본보기가 바로 아이들이다. 아이들은 옆으로 재주넘기를 하거나 머리 위에 상자를 올려놓고 균형을 잡으면서 부모에게 "이것 좀 봐, 이것 좀 봐"라고 몇 번이고 소리치곤 한다. 목격자가 있으면 사회적 뇌가 활성화되며, 그럼으로써 자신이 타인에게 어떻게 보이는지를 알아차리고 자기중심적인 관점에 객관적 관점을 덧붙일 수 있게 된다.

공포감은 자신의 경험을 타인과 공유하지 못하게 만든다. 나는 서로 다른 지역—바그다드, 베이루트, 런던—에서 온 세 명의 내담자를 만난 적이 있다. 그들은 문화, 언어, 세대 면에서는 전혀 달랐지만 세 사람 모두 도시가 폭격을 당하는 동안 건물 안에 갇힌 적이 있었다. 그들이 묘사한 경험은 똑같았다. 휘파람 소리 같은 파열음이 점점 커졌고, 폭발이 일어났으며, 지축이 흔들렸다. 뒤이어 숨막히는 정적이 흘렀고, 대기가 흙먼지로 뒤덮여 숨을 쉬기조차 힘들었다. 그리고 마침내 사랑하는 이의 주검을 발견했다.

또 다른 내담자는 나치를 피해 동유럽을 탈출하기 위해 형과 함께 들판을 가로지르던 중이었다. 그런데 전투기 한 대가 투하한 폭탄이 겁에 질려 웅크리고 있던 두 사람의 바로 앞에 떨어졌다. 두 형제는 어찌할 바를 모르고 얼어붙은 채 폭탄이 터지기만을 기다릴 수밖에 없었다. 내게 심리치료를 받았던 한 젊은 여성은 가학적인 남편에게 붙들린 채 사막으로 끌려갔고, 남편이 앉아서 칼을 가는 동안 자신이 묻힐 무덤을 파야 했다. 이 같은 경험을 한 사람은 충격을 받아 말을 잃고 내적 분열 상태에 빠진다. 트라우마는 마음속에 각인되어 내면의 정서적 삶과 함께 흐르는 배경음악이 된다.

공포감을 함께 지켜보는 목격자의 가치는 아무리 강조해도 지나치지 않다. 내적 고통의 진원지까지 함께 걸어가 줄 사람이 있다면 그 고통을 견뎌 내는 데 큰 도움이 된다. 자신의 이야기를 다른 사람에게 전달함으로써 마음속에 떠오르는 단편적인 장면, 혹은 신체적 감각이나 감정의 편린에 불과했을 것들을 하나의 경험으로 구체화할 수 있다. 다른 사람에게 자신의 경험을 조리 있게 설명할 수 있다면 그 경험을 더 명확하게 이해하고 무엇인가를 배울 수도 있다. 이야기를 하는 것은 다른 사람의 반응을 관찰하고 우리가 경험한 것의 정서적 의미를 파악하게 해 준다. 그리고 목격자라는 요소가 추가된 새로운 이야기를 기억하고 개인적인 경험을 타인과 공유하게 해 준다. 이야기를 일목요연하게 구성한 후에 우리는 그것을 편집할 능력을 얻게 된다. 이러한 능력은 경험이 시간의 흐름과 무관한 장면과 감정의 편린에 불과할 때는 가질 수 없는 것이다.

자신의 이야기를 타인에게 전함으로써 정신적 고통을 치유하는 능력은 수십만 년에 걸쳐 우리의 뇌 속에서 형성되어 왔고, 오늘날에는 심리치료라는 전문적인 영역으로 재구성되었다. 초보 심리치료자는 먹고살기 위해서는 내담자의 이야기에서 얻은 정보를 바탕으로 무엇이든 해야 한다고 생각하게 마련이다. 하지만 시간이 지나고 경력이 쌓이면서 그저 한 사람의 목격자가 되어 주는 것이 심리치료자라는 직업의 아주 중요한 부분임을 깨닫게 된다. 때로는 아무것도 하지 않고 오로지 듣기만 하는 것이 최선일 때가 있다.

자기인식의 확장

명상은 참여적인 관찰이다.
– 붓다

감정을 말로 옮기는 것과 마찬가지로 내면을 살펴보고 자각하는 것도 배우지 않으면 할 수 없는 일이다. 자신의 내면세계를 탐색하면 마음이 언어를 아주 다양한 방식으로 활용한다는 것을 알 수 있다. 실제로 자기성찰을 해 보면 우리가 여러 가지 관점, 정서적 상태, 마음속의 혼잣말 사이를 끊임없이 오간다는 것을 깨닫게 된다. 이처럼 내면이 요동치는 과정에서 최소한 세 가지의 언어 처리 수준—반사적 사회 언어, 내적 대화, 자기성찰의 언어—이 나타난다.

반사적 사회 언어(reflexive social language)란 현재의 사회적 연결을 유지하기 위해 별 생각 없이 하는 말을 뜻한다. 주로 좌뇌가 관장하는 반사적 사회 언어는 사회적인 상호작용을 촉진하기 위해 고안된 것이다. 사회생활에서는 습관적이고 상투적인 표현이나 과장된 맞장구가 주변 사람들과 소통하는 데 도움이 될 때가 많다. 다음과 같은 인사치레가 그 예다. "그동안 어떻게 지내셨어요?" "전 잘 지냅니다. 선생님은 어떻게 지내셨어요?" "저도 잘 지냅니다. 그럼 다음에 뵙지요." 갈등을 피하기 위해 별 생각 없이 긍정적인 이야기만 하거나 문제가 있는데도 괜찮다고 말하는 것도 반사적 사회 언어에 해당한다. 반사적 사회 언어의 습관적이고 상투적인 표현은 마치 걷기와 숨쉬기처럼 무의식적인 것이며, 다른 영장류들이 서로 털을 손질해 주거나 함께 노는 것과 같은 목적을 갖고 있다. 그것은 생각과 감정의 표현이라기보다는 무의식적인 반사작용에 가깝다고 할 수 있다.

반사적 사회 언어에 관한 이야기는 잠시 접어 두자. 우리는 머릿속에서도 대화가 이루어진다는 것을 알고 있다. 이러한 내적 대화는 타인에게 표현할 때 사용하는 언어와는 그 내용과 어조가 판이하게 다른 '사적인 언어'다. 반사적 사회 언어는 사회적 협력에 의해 형성되지만, 내적 대화는 마음속의 목소리 혹은 대화이며 주로 부정적인 정서를 담고 있다. 반사적 사회 언어와는 다른 경로로 진화한 내적 대화 덕분에 혼자만의 은밀한 생각을 할 수 있게 되었다. 이 자동적이고 때로는 강박적인 생각의 흐름은 공포, 의혹, 수치심에서 비롯된다. '내가 뒷문을 잠갔었나?' '난 정말이지 바보야.' '이 바지를 입으면 내가 너무 뚱뚱해 보일까?'

이런 목소리는 우뇌가 관장하는 것으로 추측되는데, 문법에 맞지 않고 대체로 부정적인 경향을 띤다. 불행하게도 그것은 우뇌의 정보 처리가 의식적 자각에 기여하는 주된 방법이기도 하다. 그것은 우리의 자신감을 약화시키는 내면적 어둠의 목소리이고, 타인에 대한 험담을 일삼는 비판의 목소리다. 반사적 사회 언어와 내적 대화는 둘 다 반사적이고 습관적으로 나타나며 기존의 사고방식, 행동, 감정을 고수하게 만든다. 반사적 사회 언어는 우리가 타인과 어떻게 상호작용하도록 배웠는지를 나타내고, 내적 대화는 우리가 스스로에 대해, 그리고 우리의 애착관계와 사회적 지위에 대해 어떻게 느끼도록 배워 왔는가를 반영한다. 따라서 반사적 사회 언어는 집단 속에서 자리를 잡게 해 주는 반면, 내적 대화는 부모가 정해 둔 경로에 얽매이게 해 준다.

우리는 대부분의 시간을 반사적 사회 언어와 내적 대화 사이에 갇힌 채 이러저런 고민을 하며 보내지만, 때로는 그 두 가지를 객관적으로 관찰할 수 있는 상태에 이르기도 한다. 자신의 내면에서 고요함을 찾으면 단어와 상념, 행동의 사슬에서 벗어나 스스로를 성찰할 수 있다. 이 세 번째 수준, 즉 '자기성찰의 언어'는 깊은 사색을 위한 도구다. 그것은 실행 기능과 상상력을 활용하여 우리의 경험에 관한 객관적인 관점을 얻게 해 준다. 내담자에게 이처럼 다양한 내면적 언어와 심리 상태를 인식하도록 안내함으로써 그들의 자기인식, 정서 조절, 학습을 촉진할 수 있다.

우리 자신이 머릿속에서 끊임없이 떠오르는 목소리 이상의 존재임을 깨닫는다면 희망을 얻고 삶에 변화를 일으킬 방법을 배울 수 있다. 자기인식의 언어가 확장되고 강화됨에 따라 우리는 타인의 기대, 문화적인 압력, 아동기 기억의 지배를 계속 따를지 아니면 거부할지를 스스로 선택할 수 있음을 깨닫게 된다. 그러므로 생각의 흐름, 머릿속의 목소리, 스스로에 대한 이야기에서 우리가 겪는 고통의 실마리를 찾을 수 있다.

붓다라면 어떻게 할까

過去에 머물지 말고, 미래를 꿈꾸지 말라.
오직 현재의 순간에 집중하라.
- 붓다

　불교는 삶에 유익한 여러 가지 교훈을 담고 있지만, 그중에서도 가장 중요한 교훈 중 하나는 '고난(pain)과 고뇌(suffering)는 서로 다르다'[2]는 것이다. 고난은 자연의 순리에 따라 필연적으로 겪게 되는 것이다. 욕망은 좌절을 낳고, 사랑은 이별이 다가오고 있음을 의미하며, 태어난 후에는 늙어 가다 결국 죽게 된다. 이와 대조적으로 고뇌는 아직 닥쳐오지 않은 고난을 마음속에서 만들어 낸 것이라고 할 수 있다. 즉, 고뇌는 필요한 것을 얻지 못하거나 가진 것을 잃게 될 것이라고 걱정할 때 생기는 마음의 괴로움이다. 그것은 우리가 '청바지가 안 어울리면 어쩌지', '한 과목이라도 A 학점을 못 받으면 안 돼', '결혼식이 취소되면 어떡하지', '예정일에 아기가 태어나지 않으면 큰일인데' 등등의 걱정을 할 때 나타나는 예기 불안(anticipatory anxiety)[3]이자 파멸적인 생각이라고 할 수 있다. 마음이 고뇌를 일으키면, 아무리 많은 것을 갖고 있더라도 우리는 만족하지 못하고 화를 내게 된다.

　극단적인 감정이 솟구치거나 생화학적 불균형이 생기면 우리의 마음은 급격하게 비이성적인 상태에 빠지는 것 같다. 공포가 편도체의 원시적 실행력을 일깨우면 예기 불안은 파멸적인 생각으로 이어지고, 우리는 최악의 시나리오가 현실이 될 것이라고 믿게 된다. 그리고 수없이 다양한 선택을 할 수 있는 상황이 생사가 걸린 양자택일의 문제가 되어 버린다. 이런 상태에서는 남의 이목을 끌면 사기꾼으로 찍혀 무리에서 쫓겨나거나 심지어 돌팔매질을 당해 죽게 될 거라고 믿게 된다. 죽음에 직면한 어떤 남자에 관한 오래된 우화를 읽어 보자.

> **딸기와 호랑이**
>
> 한 남자가 들판을 가로질러 걷다가 호랑이와 마주쳤다. 그는 도망치기 시작했고 호랑이가 쫓아왔다. 벼랑 끝까지 온 그는 벼랑 아래로 뻗은 머루나무 넝쿨을 잡고 매달렸다. 호랑이는 코를 킁킁거리며 그를 내려다보았다. 겁에 질린 남자가 아래쪽을 살펴보니 또 다른 호랑이가 기다리고 있었다. 의지할 것은 머루나무 넝쿨밖에 없었다. 그런데 생쥐 두 마리가 나타나 머루나무 넝쿨을 갉아먹기 시작했다. 바로 그때 남자는 옆에 딸기나무가 있는 것을 발견했다. 그는 왼손으로 넝쿨을 움켜쥔 채 오른손으로 딸기를 따서 먹었다. 그렇게 달콤할 수가 없었다.

우화 속의 남자처럼 놀라운 평정심을 갖기는 어렵겠지만 교훈을 얻을 수는 있다. 어떤 면에서는 우리도 자신만의 넝쿨을 잡고 매달려 있는 사람들이지만 마음이 호랑이에게만 집중하면 딸기를 찾을 수 없다. 바로 이것이 우리가 고뇌를 겪게 되는 이유다. 붓다의 목표였던 해탈은 욕망, 열정, 자기를 소멸시킴으로써 고뇌를 끝내는 것이었다.

해탈에 이르기 위해 심리치료를 받는 내담자는 거의 없다. 대부분의 내담자는 자신의 증상을 완화하고, 그동안 고수해 온 방식에서 벗어나며, 좀 더 삶에 집중하고, 더 깊이 사랑하고 왕성하게 활동하기를 원한다. 현실적인 목표들이다. 심리치료의 목표는 해탈이 아니지만, 불교의 수행 방법과 비슷한 심리치료 기법도 있다. 여러분은 고난과 고뇌를 구분하여 인식하는 불교의 가르침과 심리치료 분야에서 잘 알려져 있는 합리정서행동치료(Rational Emotive Behavior Therapy)[4] 사이에 공통점이 있음을 알아챘을 것이다. 합리정서행동치료의 창시자인 앨버트 엘리스(Albert Ellis)는 마음의 속성을 간파했고, 합리적인 사고를 활용하여 비합리적인 사고를 몰아내는 전략을 발전시켰다.

마음챙김

마음챙김(mindfulness)[5]의 상태에 이르기 위해서는 먼저 우리가 마음을 갖고 있다는 사실을 기억해야 하는데, 말처럼 쉬운 일은 아니다. 여러 가지 생리작용을 일으키는 대장과 방광의 존재를 잊고 살기는 어렵지만, 마음은 상대적으로 고요하고 진중할 뿐 아니라 되도록 주의를 끌지 않으려 한다. 마음의 존재에 주의를 기울이게 만드는 반사작용은 없고, 우리가 마음을 무시한다 해도 어떤 압박감이나 죄책감이 생기지는 않는다. 그러므로 마음챙김 상태에 이르기 위해서는 노력과 훈련이 필요하다. 이것은 많은 사람들이 마음을 갖고 있음을 깨닫지 못한 채 일생을 보내는 이유다.

마음을 갖고 있음을 기억하면 무엇이 달라지는가? 내가 발견한 마음이라는 것으로 무슨 일을 해야 하는가? 마음을 의식하기 시작한 후 가장 먼저 깨닫게 되는 것은, 의지와 상관없이 마음은 끊임없이 여러 가지 생각을 만들어 낸다는 사실이다. 처음에는 마음을 주시하자마자 그 연속적인 흐름이 일시적으로 끊기지만, 곧 무수히 많은 생각과 장면이 끊임없이 떠오르는 상태로 되돌아간다. 그러나 당신은 내면의 무대에서 진행되는 일들을 관찰할 능력을 갖게 된다. 그다음에는 당신이 의식적으로 노력하거나 의도하지 않더라도, 심지어 전혀 인식하지 못할 때에도 생각의 흐름이 유지된다는 것을 깨닫는다. 그러므로 마음이 만들어 내는 모든 것은 당신의 내면에서 온 것이지만, 그것이 당신의 전부는 아니다. 그렇다면 의식의 흐름을 주시하고 있는 사람은 누구일까? 바로 당신이다.

당신이 생각, 장면, 행동의 연속적인 흐름에 불과한 존재가 아님을 깨닫는다면 이전에는 불가능했던 선택을 할 수 있게 된다. 마음에 올라

탄 채 몸속을 여행하면 각 부위의 긴장과 통증을 확인하고 느낄 수 있다. 몸의 특정 부위가 얼마나 심한 긴장 상태에 놓여 있는지를, 그리고 우리가 그것에 대해 얼마나 무지한지를 알게 되면 깜짝 놀라게 될 것이다. 기분 좋은 냄새에 집중하고 자신의 의식에 집중하며 평소에 잘 쓰지 않는 근육을 이완시키면 긴장을 푸는 데 큰 도움이 된다.

당신은 다른 사람의 내면세계를 여행할 수도 있다. 의식의 흐름으로부터 어느 정도 거리를 두면, 다른 사람의 관점으로는 세상이 어떻게 보일지를 상상할 수 있게 된다. 한 걸음 더 나아가 그들이 당신을 어떻게 느끼는지, 그들과 당신의 의견이 어떻게 다른지를 추측할 수도 있다. 마음챙김은 다른 사람의 의견이 옳을 수도 있음을 인정하게 해 주기 때문에 대인관계 측면에서 매우 유용한 도구다. 이와 같은 사고방식은 생존을 위한 반사작용과는 거리가 멀기 때문에 자연선택은 '마음챙김에 기초한 자각(mindful awareness)'을 그리 중요하게 여기지 않을 것이다. 사실 진화생물학자 중에는 자기인식이 위험 상황에 대한 반응 속도를 떨어뜨리고, 스스로에 대한 불신을 야기하며, 행동이 필요할 때 주저하게 만들기 때문에 생존에 방해가 될 것이라고 보는 사람들도 있다.

이들의 생각은 자연 상태의 동물들에 기초한 것이므로 기술적으로 진보된 문명을 가진 인간에게는 들어맞지 않는다고 가정해 보자. 우리가 살아가는 환경이 계속 변화하고 있고 사회적 연결망도 더욱 복잡해지고 있으므로, 인간의 생존을 위해서는 행동하기 전에 심사숙고하는 것이 더욱 중요해질 것이다. 마음챙김은 충동을 행동으로 옮기기에 앞서 생각해 볼 시간을 얻게 해 준다. 그리고 몸의 통증과 긴장에 주의를 기울이면 스트레스가 신체적 증상을 일으킬 수 있음을 깨닫고 뇌와 무의식의 작용에 대한 통찰을 얻을 수 있다.

당신 자신의 CEO가 되라

평화는 내면에서 온다.
— 붓다

한 내담자—편의상 그를 '선'이라고 부르겠다—가 극심한 분노와 좌절에 빠진 채 나와 마주 앉아 말했다. "왜 난 이런 '목소리들' 때문에 위협을 받아야 하나요? 내 인생은 성공적이에요. 열심히 노력한 덕분이지요. 그런 내가 왜 삶을 즐길 수 없는 걸까요? '목소리들'은 나를 비난하거나 내가 하는 일을 비판하려 들어요." 선을 잘 알고 있었고, 그 '목소리들'이 정신질환의 징후가 아니라는 것도 알고 있었던 내가 대답했다. "이해해요. 정말 지독하죠." 그가 다시 물었다. "선생님도 그런 '목소리들'이 들리나요?" "당연하죠. 그것들 없이 산 적이 없을 거예요." "그럼 그것들이 어디에서 오는 걸까요? 내가 굿이라도 해야 하는 건가요?" 나는 웃으며 말했다. "내게는 그와 관련된 한 가지 가설이 있어요."

"인간의 뇌는 길고 복잡한 진화의 역사를 갖고 있습니다. 난 그 '목소리들'이 일종의 고고학적 유물이라고 생각합니다. 우리는 두 개의 뇌를 갖고 있는데, 하나는 좌뇌고 다른 하나는 우뇌예요. 아주 먼 옛날에 영장류의 뇌는 양쪽이 거의 같았지만, 우리의 뇌가 더 커지고 복잡해짐에 따라 좌뇌와 우뇌의 기능과 역할은 조금씩 달라졌습니다. 우뇌는 공포와 수치심이라는 두 가지의 극단적인 감정을 통제하는데, 먼 옛날에는 뇌의 양쪽 모두가 현재의 우뇌에 가까웠을 거예요. 생후 18개월 동안 급격하게 성장하는 우뇌는 양육자와의 접촉을 통해 애착, 정서 조절, 자신에 대한 감각을 얻으려 합니다.

우뇌와 다른 방향으로 진화한 좌뇌는 언어나 이성적 사고 같은 더욱 고차원적인 능력을 관장하게 되었습니다. 그런 능력 덕분에 스스로를 인식할 수 있게 되었죠. 좌뇌는 대체로 낮에 통제권을 갖는데, 이때 우뇌는 배경에서 좌뇌에게 정보를 전달합니다. 좌뇌와 우뇌는 모두 나름의 언어를 갖고 있어요. 좌뇌의 언어는 우리가 어떤 문제에 대해 생각하고 타인과 소통할 때 사용하는 것입니다. 우뇌의 언어는 원시적이고 문법에 맞지 않으며 대체로 부정적이고 공포감을 품고 있습니다. 우뇌의 언어는 걱정이 많은 비판자입니다. 그 '목소리들'은 우뇌의 정보가 의식적 경험으로 전환된 것 중의 일부라고 할 수 있죠."

"아, 정말 지독하군요." 션이 말했다. "하지만 왜 그 '목소리들'은 그처럼 부정적일까요?"

"글쎄요, 우뇌는 부정적인 편향성을 갖고 있는 것 같아요. 우뇌의 전전두피질이 좌뇌의 전전두피질보다 활성화되어 있는 사람은 우울증에 걸릴 가능성이 높다고 알려져 있어요. 우리 조상들이 살던 환경에서는 부정적인 태도를 갖고 의심을 품는 것이 생존에 유리했을 겁니다. 우뇌는 전적으로 생존에만 몰두하는데, 좌뇌 역시 먼 옛날에는 마찬가지였겠죠. 머릿속의 '목소리들'은 우리를 부족의 질서에 따르며 협력하게 만들었던 부모와 지도자의 목소리가 우뇌에 남아 있는 것이라고 생각합니다. 프로이트는 그것을 **초자아**라고 불렀죠."

> **용어 설명 : 초자아**
> 사회적 동물이 되기 위해서는 개체 자신의 요구, 다른 개체의 요구, 무리 전체의 요구 사이에서 절충점을 찾아야 한다. 프로이트는 사회의 기대와 요구가 개개인에게 내면화된 것을 가리켜 '초자아(superego)'라고 불렀다.

"뇌의 목적은 미래의 결과를 예견하고 통제함으로써 생존 가능성을 높이는 것임을 기억해야 합니다. 좀 더 구체적으로 설명하면, 불안과 수치심에 편향된 우뇌는 다른 사람이 나를 받아들일지, 직장에서 해고되지는 않을지 항상 걱정하게 만듭니다. 그리고 불안과 수치심은 불가피한 것이라고 느끼게 만들지요. 미래에 대한 걱정과 집단의 일원이 되려는 욕구는 우리의 유전자, 뇌, 마음에 각인되어 있는 것 같습니다. 어떤 사람은 극히 냉혹하고 비판적이며 결코 멈추지 않는 '목소리들'을 갖고 있죠. 이는 그 사람이 비판적인 부모의 슬하에서 자랐거나, 우울해지기 쉬운 경향을 갖고 있거나, 자신감이 부족하고 스스로를 수치스럽게 느끼기 때문일 것입니다.

이 '목소리들'은 내면의 깊은 곳에서 오기 때문에 우리는 그것이 일종의 기억이라는 사실을 망각하기 쉬워요. 심지어 그것을 스스로와 동일시할 때도 있습니다. 자신의 삶에 대한 통제권을 되찾기 위해서는 그 '목소리들'이 기억 프로그램의 오류일 뿐임을 깨닫고, 그것의 부정적인 영향을 재해석하고 관리하며 줄여 나가야 합니다. 난 그 '목소리들'을 영원히 추방할 수 있다고 확신하지는 않아요. '목소리들'의 충고가 적절하고 도움이 될 때도 있겠죠. 그러나 우리는 부정적인 결과를 가져오는 목소리를 구별하고 그것으로부터 잠시라도 벗어나는 방법을 배워야 합니다. 뇌가 진화하고 발달해 온 과정을 이해하면 마음을 가까운 친구로 만들 수 있어요."

'목소리들'은 션에게 이런 이야기에 신경 쓸 필요가 없다고 몇 번이고 속삭였을 것이다. 내 설명이 적절했는지는 알 수 없지만, 그는 호기심을 갖고 주의 깊게 들었다. 그는 '목소리들'이 자신에 대한 '진실'이 아니라는 것을 깨달을 수 있었다. 이 같은 신경과학적 설명은 션이 자신의 적—모욕과 비판을 일삼는 우뇌의 '목소리들'—을 객관적으로 살펴보고 맞서 싸울 전략을 발전시키는 데 도움이 되었다. 내가 시도한 신경과학적 설명은 '비합리적 사고'에 관한 인지행동치료의 설명과 조금 다르다. 난 션이 비합리적인 사람이라고 생각하지 않았다. 단지 그에게 머릿속의 '목소리들'을 정체성과 분리해야 한다고 말했을 뿐이다. 마침내 그는 맞서 싸워야 할 적을 찾아낸 것이다.

5장
기억하지 못하지만 결코 잊을 수 없는 것

과거는 죽지 않는다. 더 이상 과거가 아닐 수도 있다.
– William Faulkner

프로이트는 심리치료의 궁극적인 목표가 무의식을 의식으로 전환하는 것이라고 믿었다. 나는 프로이트의 생각을 약간 수정하여 표현하고 싶다. 심리치료의 목표는 첫째, 의식적 자각을 확장하고, 둘째, 무의식적 기억과 의식적 기억에 관여하는 다양한 신경망들의 통합성을 증진하는 것이다.

심리치료에서 추구하는 변화는 모두 기억과 관련이 있다. 심리치료는 과거의 기억을 탐색하고, 과거가 현재에 미치는 영향을 살펴보며, 기억 속에 저장된 내용을 수정하여 생각, 감정, 행동의 변화를 일으키는 작업이다. 이러한 과정은 심리치료자에게 매우 중요한 여러 가지 기억 체계의 진화, 발달, 기능에 관해 이해할 수 있게 해 준다. 그리고 뇌가 정보를 처리하는 방식 때문에 내담자가 느끼게 되는 모순과 혼란을 설명하는 데도 큰 도움을 준다.

무의식적 기억의 신경망이 세상에 관한 지각과 이해를 형성한 후 백만 분의 몇 초가 지나서야 그것을 의식적으로 인지할 수 있다. 과거의 경험이 미래에 대한 기대를 창조하는 것도 그 때문이다. 수년 전의 역기능적 상황에서 형성된 암묵적(무의식적) 기억은 비효과적이면서도 우리에게 익숙한 생각, 감정, 행동을 반복하게 만든다.

대부분의 심리적 장애는 불안감을 일으키고 코르티솔의 분비를 촉진하는데, 코르티솔은 해마를 손상시키며 기억, 현실 검증, 정서 조절에 부정적인 영향을 미친다. 예를 들어, 우울증은 기억의 회상과 해석에 관한 부정적 편향을 초래한다. 그리고 부정적인 인식을 뒷받침하는 정보만 선택적으로 받아들이게 만든다.

기억의 복잡성

고마움이란 머리가 아니라 가슴으로 기억하는 순간이다.
– Lionel Hampton

우리는 기억을 '정보를 의식적으로 떠올리는 것'으로만 정의하는 경향이 있다. 하지만 다양한 연구, 임상 사례, 일상의 경험은 여러 가지 기억 체계가 공존하고 있음을 보여 준다. 그리고 각각의 기억 체계는 나름의 학습 영역, 신경 구조, 발달 주기를 갖고 있다. 기억은 크게 명시적 기억과 암묵적 기억의 두 가지 범주로 구분할 수 있다.

명시적 기억(explicit memory) 혹은 의식적 기억은 의미론적·감각적·운동적 형태를 포함한 의식적 학습과 기억을 의미한다. 명시적 기억의 체계는 의식적이고 상호 관련성을 가진 기억을 형성하고, 이러한 기억은 개인이 성장함에 따라 더욱 일관되고 안정적인 상태가 된다. 우리가 알파벳을 암기하고 코코넛 냄새를 구분하고 테니스를 칠 수 있는 것은 모두 명시적 기억 체계 덕분이다. 명시적 기억 중 일부는 의식의 바로 아래층에 머물러 있다가 우리가 그것에 주의를 기울이면 의식 수준으로 떠오른다. **암묵적 기억**(implicit memory)은 대체로 의식적 자각이 접근할 수 없는 학습의 무의식적 양식에 반영된다. 암묵적 기억의 예는 억압된 트라우마에 대한 기억부터 의식적인 노력 없이도 자전거를 탈 수 있는 것, 예전에 먹고 탈이 났던 음식의 냄새를 맡자마자 메스꺼워지는 것까지 다양하다. 명시적 기억이 경험이라는 빙산의 꼭대기라면, 암묵적 기억은 수면 아래에 잠긴 빙산의 대부분이라고 할 수 있다.

용어 설명 : 암묵적 기억과 명시적 기억
암묵적 기억	명시적 기억
어린 시절에 발달하며, 피질하 영역 및 우뇌와 깊은 관련이 있음.	상대적으로 나중에 발달하며, 대뇌피질 영역 및 좌뇌와 깊은 관련이 있음.
편도체 및 안와내측전전두피질의 기능임.	해마 및 배외측전전두피질의 기능임.
상호 간의 맥락이 없으며, 기억의 근원이 알려져 있지 않음.	상호 간의 맥락이 연결되어 있으며, 기억의 근원이 알려져 있음.
암묵적인 사회적 기억	외현적인 사회적 기억
애착 도식	정체성과 사회적 정보
전이	내러티브
초자아	자서전적 서술
배경적 정서	사회적 규칙, 규범, 기대

각각의 발달 시기를 고려하여 암묵적 기억을 초기 기억으로, 명시적 기억을 후기 기억으로 부르기도 한다. 암묵적 기억 체계는 출생 전부터 형성되기 때문에 갓 태어난 아기도 엄마의 목소리를 인식하고 반응할 수 있다. 이처럼 초기에 형성되는 신경망은 편도체, 시상(視床), 전두피질 중앙부 같은 상대적으로 원시적인 뇌 구조에 의존한다. 명시적 기억의 발달은 생후 수십 년 동안 해마 및 고차원적 대뇌피질의 성숙과 함께 이루어진다. 어린 시절에 관한 명시적 기억이 없는 것은 이러한 뇌 영역들의 성숙이 상대적으로 늦게 이루어지기 때문일 것이다. 즉, 인간이 걷고 말하는 방법, 타인과 애착관계를 맺는 기술, 세상이 안전한 곳인지 아니면 위험으로 가득 차 있는지 등을 배우는 시기는 명시적 기억을 갖추기 전이다. 우리는 그런 것들을 배웠는지조차 기억하지 못하지만, 매우 중요한 학습이 어린 시절에 이루어진다는 사실은 잘 알고 있다.

대부분의 사람들에게 단어와 시각적 이미지는 명시적 기억의 문을 여는 열쇠가 된다. 의미 기억(semantic memory)[1]의 다른 유형으로 일화 기억(episodic memory), 서술적 기억, 자전적 기억 등이 있으며 그 모두는 일련의 순서로 구조화된다. 자전적 기억은 1인칭 관점에서 일화 기억, 정서적 기억, 의미 기억을 통합한다. 자전적 기억은 특히 정서 조절, 정체성 형성과 유지, 문화 전파에 중요한 역할을 한다. 그것은 심리치료의 중요한 수단이기도 하다. 심리치료는 피질하 영역과 우뇌에 저장된 무의식의 정서적·신체적 기억과 좌뇌에 저장된 의식적 기억을 통합하거나 인출(retrieval)[2]하는 과정을 포함한다.

편도체 대 해마

> 그 당시에는 인식하지도 못했던 수많은 것들이
> 기억에 저장된다는 사실은 정말 놀랍다.
> – Barbara Kingsolver

원시적 실행의 뇌인 편도체는 어린 시절에 경험의 처리와 관련하여 중요한 역할을 한다. 편도체는 수정(受精) 후 8개월 내에 거의 완전히 발달하므로 우리는 태어나기도 전에 공포와 관련된 격렬한 생리적 반응을 나타낼 수 있다. 생후 몇 년 동안에는 양육자가 우리의 편도체를 조절해 주며, 이러한 상황은 우리가 자기조절 능력을 얻기 전까지 지속된다. 그 후에는 깨어 있는 시간의 일반적 실행 중추인 대뇌피질로 인해 편도체의 역할은 축소된다. 그러나 이후에도 편도체는 사회적·정서적 정보의 처리와 관련된 중요한 역할을 수행한다. 따라서 좋은 부모, 심리치료자, 감독자는 자신이 돌보는 사람을 진정시키기 위해 '아미그달라 위스퍼러'가 되어야 한다.

편도체는 '접근-회피(approach-avoidance) 상황'[3]에서 위험, 안전, 친밀감을 평가하는 기관이다. 편도체는 본능과 학습을 바탕으로 외부 사물에 정서적 가치를 부여하고, 그러한 평가의 결과를 신체적 상태로 전환한다. 편도체는 시상하부 및 여러 가지 뇌간핵(brain stem nucleus)과 신경망을 통해 직접적으로 연결되어 있으므로 즉각적인 생존 반응을 촉발할 수 있다. 편도체가 사회적 환경의 위험을 평가할 때 배후에서 작용한다는 사실은 심리치료자에게 매우 중요하다. 치료적 동맹을 형성하기 위해서는 심리치료자가 내담자의 편도체를 조절해 줄 필요가 있다. 편도체의 활성화로 인해 내담자가 두려움을 느끼면 심리치료자는 내담자의 편도체가 어떻게 프로그램되어 있는지에 관한 가치 있는 정보를 얻을 수 있다.

편도체가 경험의 정서적·신체적 재구성에 있어 중요한 역할을 수행하는 반면, 해마는 의식적·논리적·협력적인 사회화에 필수적인 기관이다. 해마는 전문적 학습을 위해 중요할 뿐 아니라, 서로 다른 기억을 비교하고 과거의 학습에 근거한 추론을 새로운 상황에 적용할 수 있게 해준다. 해마는 상대적으로 늦게 성숙한다는 사실은 잘 알려져 있으며, 대뇌피질–해마 회로의 수초 형성[4]은 성인기에도 계속 이루어지는 것으로 보인다. 해마가 상대적으로 늦게 발달하기 때문에 성장기의 혼란이나 모욕감은 지속적으로 영향을 미칠 수 있다.

그러므로 편도체의 기억 체계와 해마의 기억 체계 사이의 상호작용은 심리치료와도 관련이 있다. 편도체의 기억 체계는 어린 시절의 트라우마에 대한 기억을 간직하고 있고, 그 기억이 떠오르면 잠재되어 있던 공포 반응이 되살아나서 우리에게 영향을 미친다. 예를 들어, 경계선 성격장애[5]를 가진 사람이 어린 시절에 느꼈던 유기 공포는 암묵적 기억에 남아 성인이 된 후에도 되살아날 수 있다. 인간의 아기와 영장류의 새끼에게 버림받는 것은 곧 죽음을 의미한다.

이러한 사람들을 위한 심리치료 방법은 편도체가 전해 준 '버림받게 될 것이라는 암시'를 해마-대뇌피질 체계를 통해 현실 검증함으로써 부적절한 반응을 억제하는 것이다. 변증법적 행동치료(Dialectical Behavior Therapy)[6]의 핵심적인 요소인 현실 검증은 상대의 사소한 실수와 진정한 유기를 구분하게 해 주고, 아동기부터 유지되어 온 정서적인 '죽느냐 사느냐' 반응을 억제할 수 있게 해 준다. 버림받음과 관련된 경계선 성격장애 환자의 파멸적인 반응은 실제로 경험한 사실의 결과다. 누구나 어린 시절에는 버림받는 것을 생존에 대한 위협으로 인식하기 마련이다.

어린 시절의 트라우마—예를 들면 버림받는 것—는 편도체가 관장하는 기억 네트워크에 저장된다. 편도체가 관장하는 기억을 대뇌피질의 실행 체계를 통해 제대로 조절하지 못하면 플래시백(flashback)[7]과 같은 현상이 나타날 수 있다. 외상후 스트레스장애를 가진 사람의 플래시백은 매우 강렬하고 동시에 여러 가지 감각을 불러일으키는데, 스트레스를 받으면 갑자기 떠오르기도 하고 현재 일어나는 일처럼 생생하게 느껴지는 경우도 있다.

편도체는 일반화하는 경향이 있고, 해마는 구분하는 경향이 있다. 다시 말해, 편도체는 거미만 보면 무조건 도망치게 만들고, 해마는 그 거미가 독이 없는 종이므로 도망칠 필요가 없다는 것을 기억해 내게 만든다. 편도체 회로와 해마 회로는 일종의 운명 공동체이기 때문에 해마에 문제가 생기면 편도체가 기억, 감정, 행동에 더 큰 영향을 미치게 된다. 이처럼 편도체 쪽으로 치우친 불균형은 정서 조절을 방해한다. 예를 들어, 우울증을 가진 사람은 부정적인 감정에 압도되어 적절한 현실 검증을 할 수 없게 된다. 해마 회로와 편도체 회로 사이의 불균형은 우울증 증세뿐만 아니라 현실 검증의 실패와도 관련이 있다.

의식적 자각으로 침투하는 암묵적 기억

꿈은 모든 인류를 하나로 만들어 준다.
– Jack Kerouac

암묵적 기억은 의식적 자각의 범위 밖에서 활동하지만, 한편으로는 의식적 경험과 행동에 영향을 미치기도 한다. 암묵적 기억의 부정적인 영향 때문에 사랑하고 일하기가 어려워져서 심리치료를 받는 내담자가 많다. 암묵적 기억이 일상생활에 영향을 미치는 방법 중 하나는 애착 도식과 관련이 있다.

애착 도식은 평생에 걸쳐 우리의 관계를 안내하고 형성한다. 아주 많은 내담자가 대인관계 문제로 심리치료를 받고 있으므로 암묵적 기억을 이해하고 탐구하는 것은 가장 중요한 과제 중 하나일 것이다. 사회적 기억의 신경망으로 인해 나타나는 전이 현상은 어린 시절에 관한 무의식적 기억이 내담자와 심리치료자 사이에서 재현되게 만든다. 심리치료의 실연(實演, enactment)[8]에서는 내담자와 심리치료자의 무의식적 요소들이 상호작용하며 암묵적 기억이 활성화된다. 실연의 본질은 양쪽 모두가 인식하지 못한 채 내담자와 심리치료자의 암묵적 기억 체계가 상호작용하는 과정이다.

우리에게는 일종의 버튼이 달려 있고, 누군가는 그것을 누를 수 있다. 대체로 이런 버튼은 암묵적 기억에 저장된 개인적 경험이 우리 정서에 남긴 흔적이다. 내담자가 과잉 반응을 나타낸다면, 과거의 경험과 관련된 취약성 때문에 부적절한 반응을 보이는 것이라고 해석할 수 있다. 가장 흔한 왜곡은 수치심—생후 첫해에 발달되는 기본적인 생리적 상태—과 관련이 있다. 핵심 수치심을 가진 사람은 거의 모든 상호작용에서 비판, 거부, 유기를 느끼기 때문에 만성적으로 불안, 강박, 소진, 우울을 겪게 된다.

침묵은 금이다. 하지만 심리치료에서는 침묵이라는 모호한 자극이 여러 가지 암묵적 기억을 일깨우는 결과를 낳을 수 있다. 치료 중의 정적에 대한 내담자의 반응은 그들의 정서적 역사에 관해 많은 것을 알려 주기도 한다. 침묵이 길어지면 많은 내담자는 자신에 대해 심리치료자가 부정적인 생각을 갖고 있다고 추측한다. 다시 말해, 자신을 지루하고 어리석을 뿐 아니라 시간을 들여 상대할 가치도 없는 악성 내담자로 여기고 있다고 상상한다. 이러한 감정은 일반적으로 내담자가 부모 중 한쪽 또는 양쪽과의 관계에서 겪은 문제가 반영된 것이며, 깊이 뿌리박혀 있어서 좀처럼 사라지지 않는다. 한편으로, 일부 내담자들은 심리치료자의 의견을 받아들이겠다는 의사를 침묵으로 표현하기도 한다. 또 적극적인 상호작용의 부담감에서 벗어나기 위해 침묵을 선택하기도 한다. 똑같은 경험에 대해 내담자마다 전혀 다른 반응을 나타내는 것은 암묵적 기억의 작용과 그것이 의식적 경험에 미치는 영향에 대한 설득력 있는 증거다.

아무런 방해도 받지 않고 몸과 마음을 이완시키는 것을 불편해하는 사람에게도 비슷한 현상이 일어난다. 방해를 받지 않을 때 떠오르는 여러 가지 감정, 장면, 생각은 어린 시절의 학습이 이후의 삶에 미치는 영향을 파악할 수 있는 단서가 된다. 부정적 감정을 차단하고 두려움과 압박감을 억누르기 위해 자기를 돌봐 주는 사람을 희생양으로 삼는 경우가 많은데, 이러한 경향을 '조증 방어(manic defense)'[9]라고 부르기도 한다. 암묵적 기억을 의식의 영역으로 *끄집어내어* 검토하고 수정하는 데는 아주 오랜 시간이 걸릴 수도 있다.

머리가 끼이는 꿈

내담자들 중 상당수는 요가와 명상이 심리치료의 효과적인 보조 수단이라고 생각한다. 요가와 명상은 마음이 정보를 처리하는 과정을 명확히 파악하게 해 주고, 신체적 반응을 세심하게 관찰함으로써 감정의 변화를 인식할 수 있게 해 준다. 이 모두는 심리치료에 도움을 주는 긍정적인 특성이다. 외부의 방해를 차단하고 내면에 집중하면 평상시에 억압되어 있던 암묵적 기억을 해방시킬 수 있다. 나는 심리치료자 수련을 받던 기간의 초기에 이와 관련된 사례를 경험했다.

명상 수련을 받을 때 나는 의자에 앉은 채 '신체 자각'10) 실습을 하느라 꽤 많은 시간을 보냈다. '신체 자각'은 일종의 심상 유도(guided imagery)11)에 해당하는 것이었고, 우리를 지도하던 리더는 몸의 각 부위에서 '마음이 머물 공간'을 찾으라고 독려했다. 이러한 과정은 자신의 몸을 더욱 명확하게 인식하고 여러 가지 근육의 긴장 상태를 파악하게 해 주며 매 순간 떠오르는 생각, 감정, 기억을 열린 마음으로 받아들이게 해 준다.

나는 이 실습을 할 때 지루하거나 정신을 집중하기 어려울 때가 많았다. 몇 시간쯤 지나면 내 마음은 방황하기 시작했고, 위장과 방광이 생각을 지배하는 것 같았다. 깨달음은 아득히 멀게만 느껴졌다. 이런저런 잡념이 떠오르던 중에 나는 불현듯 강렬한 신체적 감각을 느끼기 시작했다. 위장 근육이 수축되면서 내 온몸이 작은 공 안으로 빨려 들어가는 것 같았다. 나는 이유도 모른 채 갑작스러운 몸의 변화 때문에 꼼짝할 수가 없었다. 심장마비가 일어난 건 아닌지 의심스러웠지만, 정신이 나가 구조를 요청할 수도 없었다.

경련이 지속되는 동안 의자에 더 이상 앉아 있기가 힘들어서 서서히 바닥의 양탄자로 미끄러져 내려왔다. 의자 옆에 누운 나는 조금 전까지만 해도 추위를 느꼈었는데 어느새 온몸이 땀으로 젖어 있다는 것을 깨달았다. 그 순간 마음속에 어떤 시각적 이미지가 떠올랐다. 킹콩의 손아귀에 잡힌 채 공처럼 뭉쳐진 내 모습이 보였다. 압박감은 너무 컸고, 잠시 동안 킹콩의 손아귀에 붙잡힌 채 고층 건물 위로 끌려가는 상상을 했다.

나는 여전히 신체의 각 부위에서 '마음이 머물 공간'을 찾으라고 가르치는 리더의 목소리를 들을 수 있었다. 그의 목소리는 아득히 먼 곳에서 들리는 것 같았고, 아무도 내 주변으로 모여들지 않는다는 것이 너무도 이상했다. 압박감은 너무 컸고 한참 동안 지속될 것 같았다. 바로 그때 턱 왼쪽의 근육에서 찌르는 듯한 통증이 느껴졌다. 마치 턱부터 귀까지 칼로 베인 것 같은 통증이었다. 나는 반사적으로 얼굴을 양손으로 감쌌다. 나는 얼이 빠진 채 두려움에 떨며 누워 있었다. 마치 깨어 있는 채로 꿈을 꾸는 것 같았다.

시간이 조금 더 흐른 뒤, 이번에는 발과 발목 쪽의 긴장이 풀리면서 동시에 시원해지는 느낌이 들었다. 그 느낌은 정강이와 허벅지까지 퍼졌다. 마치 나를 붙잡고 있던 무엇인가가 천천히 사라지는 것 같았다. 이를테면 킹콩의 손가락이 하나씩 펴지면서 나를 놓아주는 것 같았다. 그 느낌은 서서히 상체까지 퍼졌는데, 어깨 쪽에 이르렀을 때는 그 속도가 조금 느려진 것 같았다. 마지막으로 어깨와 머리를 짓누르던 압박감이 한꺼번에 사라졌고, 나는 기진맥진하면서도 시원함과 편안함을 느끼면서 누워 있었다. 나의 의식은 조금씩 수련실 안을 향하기 시작했다. 리더는 아직도 신체 자각 명상법을 지도하고 있었고, 난 내가 그런 상태에 빠진 후 시간이 얼마나 지났는지조차 알 수 없었다.

다른 사람의 시선을 의식하면서 나는 몸을 일으켜 의자에 앉았다. 오후 4시쯤이었다. 그 후로도 많은 시간 동안 여러 가지 훈련이 이어졌다. 우리는 다음 날 새벽 3시가 되어서야 수련실을 떠날 수 있었고, 6시간 안에 돌아와야만 했다. 그 경험은 아주 강렬한 것이었지만, 잡다한 일들과 개인적인 이해 부족 때문에 난 그 일을 까맣게 잊어버리고 말았다.

한 달여가 지난 후 어머니와 함께 앉아 있을 때 불현듯 그 기억이 떠올랐고, 나는 신체 자각 실습에서 겪은 일을 어머니에게 설명했다. 이야기를 듣는 동안 어머니는 눈이 휘둥그레진 채 평상시와 달리 내 말에 집중했다. 정신이 멍해진 채로 어머니는 내 출생에 대해 이야기해 주었다. 어머니는 장시간의 산고를 이겨 낸 끝에 나를 낳았다. 의사가 역아(逆兒)였던 나를 **빼내기** 위해 사용한 의료기구 때문에 내 **왼쪽 뺨**에 상처가 났고, 나는 생후 2주 동안 집중적인 간호를 받았다. 어머니는 이야기를 마친 후 나를 욕실로 데려가 거울 앞에 세운 뒤 내 머리를 돌려 왼쪽 뺨의 희미한 상처—난 그런 상처가 있는지도 몰랐다—를 보게 했다. 내가 신체 자각 실습을 하면서 통증을 느낀 부위였다.

그 일은 흥미롭긴 하지만 우연의 일치에 불과할 것이다. 나는 출생 당시를 기억할 수 있다는 사실을 믿을 수 없었다. 나는 그때 스물세 살이었고 스스로를 예비 과학자로 여기고 있었다. 어머니는 미신을 믿는 사람이었고 심지어 점성술 같은 것에도 근거가 있다고 생각했다. 그런 어머니에게는 아주 간단한 문제였다. 난 태어났을 때를 기억하지 못하지만, 신체 자각 실습에서 겪은 일은 내 출생과는 상관없다고 확신했다. 무엇인가가 내 몸을 사로잡은 것 같긴 했지만 생각나지도 않는 먼 과거의 기억이 나를 지배한다고 생각할 수는 없었다. 나는 그때까지 기억은 의식적인 것이며 바위처럼 견고한 것이라고 믿고 있었기 때문이다. 신체 자각 실습에서 있었던 일은 또다시 잊어버리게 되었다.

두 달 후 잠자리에 들다가 한 가지 강렬한 생각이 뇌리를 스쳤다.

머리가 끼이는 꿈을 마지막으로 꾸고 몇 달이 지났을 때였다. 기억 속에 남아 있는 아주 어린 시절부터 나는 일주일에 서너 번은 그 악몽을 꾸곤 했다. 꿈의 내용은 아주 다양했다. 나는 숨도 쉬지 못한 채 빙판 아래의 물속에서 헤엄치고 있었는데, 빙판에 난 구멍 하나를 발견하고는 그쪽으로 헤엄쳐 갔다. 하지만 구멍이 너무 작아서 머리가 끼여 버렸고 나는 익사할지도 모른다는 두려움을 느끼며 허우적대다가 깨어났다. 또 다른 꿈에서 나는 사무용 빌딩의 계단을 내려가고 있었다. 계단은 에스허르(Maurits Cornelis Escher)의 그림에 나오는 것처럼 아주 좁았다. 내려가다 보니 문이 하나 보였지만 이번에도 문이 너무 좁아서 머리가 끼였다. 내가 어릴 때 일기를 썼다면 과정이 서로 다르지만 결말은 모두 똑같은 수백 가지의 기록이 남아 있을 것이다.

꿈속에서 떠오르는 생각은 언제나 같았다. '머리만 밖으로 내밀 수 있다면 나머지 신체 부위도 빠져나갈 수 있을 거야.' 머리보다 어깨가 훨씬 넓기 때문에 이런 생각에는 약간의 모순이 있었다. 하지만 꿈속에서는, 나의 몸에 대해 알고 있음에도, 오직 머리 크기가 중요했고 몸통은 문제가 되지 않았다. 물론 이것은 태어날 때에는 진실이었지만 성인이 된 지금은 그렇지 않다.

나는 그 꿈이 사라져 버렸음을 깨닫고 놀란 채 앉아 있었고, 내가 누구에게도 그것에 대해 말한 적이 없다는 것을 깨달았다. 사실 그 꿈은 당연하게 받아들여지는 삶의 일부일 뿐이었다. 악몽에서 벗어났다는 사실에 안도감을 느끼면서도 한편으로는 슬프고 혼란스러웠다. 나는 마지막으로 그 꿈을 꾼 게 언제였는지를 기억해 내려고 안간힘을 썼다. 명상 수련을 받은 후로는 그 꿈을 꾼 적이 없었다! 마침내 어떤 연관성을 찾은 것이었다.

내 머릿속은 여러 가지 의문으로 가득 찼다. 나는 출생을 '다시 경험'한 것일까? 어머니와 함께 있었기 때문에 신체 자각 실습에서 겪은 일을 떠올릴 수 있었던 걸까? 수십 년 동안 반복된 꿈의 원인이 출생 시의 트라우마였을까? 유감스럽게도, 나는 이러한 질문의 답을 알지 못한다. 그러나 꿈의 중단과 관련된 나의 경험은 여러 가지 가능성을 제시해 준다. 하나는 기억이 억압될 수도 있고 다른 경로를 통해 상징적으로 재현될 수도 있다는 것이다. 다른 하나는 우리가 갖고 있는 복수의 기억 체계들은 서로 분리될 수도 있고 다시 통합될 수도 있다는 것이다.

앞에서 소개한 이야기와 내 출생 사이에 관련성이 있다면, 우리의 신체는 어린 시절의 공포에서 비롯된 매우 복잡한 기억을 갖고 있다고 추측할 수 있다. 나는 압력, 온도, 통증을 신체적으로 느꼈고 그러한 감각은 위험과 공포의 인식과 관련된 것이었다. 이러한 원초적 기억은 꿈속에서 상징적으로 표현되고 깨어 있는 동안에는 불안이나 우울증 같은 증상으로 나타난다. 앞에서 소개한 경험 덕분에 나는 무의식적 기억의 힘과 그것이 인지적·정서적·사회적 발달에 미치는 영향에 대해 확신하게 되었다. 물론 내담자는 자신의 암묵적 기억에 저장된 것을 당신에게 말하지 않을 것이다. 심리치료자의 사명은 무언의 메시지를 경청하고, 주어진 정보의 이면을 탐색하고, 내담자의 내러티브에서 빠져 있는 부분을 주의 깊게 살펴보는 것이다. 암묵적 기억의 수수께끼를 풀기 위해서는 내면의 어둠에 주목해야 한다.

기억의 가소성

나는 늙어 갈수록 더 나아진다.
– Van Dyke Parks

가짜 기억(false memory)에 관한 연구를 검토해 보면 심리치료자들의 지식에 많은 결함이 있음을 알게 된다. 잘 알려진 판례들도 심리치료 분야의 임상 실무자들이 '가짜 기억'의 공동 구성에 어떻게 기여했는지를 보여 주고 있다. 오늘날에는 대부분의 심리치료자가 의식적 기억은 내담자와 심리치료자 양쪽 모두의 암시, 왜곡, 위조에 의해 변형되기 쉽다는 사실을 잘 알고 있다. 연구에 따르면, 실험 대상자들에게 실제로는 일어나지 않은 사건에 관한 가짜 기억을 주입하고 그 기억을 확신하게 만들 수 있다. 내담자가 학대를 당했을 것이라는 심리치료자의 믿음은 내담자에게 영향을 미칠 수 있다. 그렇게 되면 내담자는 무의식적으로 기억을 조작하여 그것이 진실이라고 믿게 된다. 이 모두는 기억은 유연성을 갖고 있다는 것, 그리고 내담자와 심리치료자가 공동으로 구성한 내러티브가 경험의 형성에 큰 영향을 미친다는 것을 말해 준다.

기억의 유연성을 통해 신경가소성의 존재를 확인할 수 있다. 성인의 관점으로 아동기의 경험을 다시 살펴보고 평가하면 내담자의 역사를 보다 창조적이고 긍정적인 방향으로 다시 쓸 수 있게 된다. 과거의 경험에 새로운 정보나 이야기를 덧붙임으로써 기억의 본질을 바꾸고 정서적 반응을 수정할 수 있다. 한 가지 좋은 소식은 고통스러운 기억도 이후의 경험에 따라 바뀔 수 있다는 것이다. 이것은 심리치료자가 하는 일의 많은 부분을 설명해 주며, 한편으로는 '심리치료는 왜 효과적인가'라는 질문에 대한 답변이기도 하다.

제2부

사회적 뇌

- 체화와 내재화 -

6장
사회적 뇌와 성장장애

우리는 자신이 수많은 나뭇잎 중 하나이고
인류 전체가 한 그루의 나무라는 것을 알아야 한다.
– Pablo Casals

    동물의 마음과 인간의 마음을 구분하는 명확한 경계선은 없다. 그러므로 어느 시점에 '최초의 인간'이 출현했다고 추측하기보다는 세상을 경험하는 방식이 조금씩 진보해 왔다고 가정하는 편이 나을 것이다. 인간의 행동과 하등 영장류의 행동 사이에서 관찰되는 수많은 유사성은 인간이 진화 과정에서 획득한 고차원적 능력뿐만 아니라 원시적 본능도 여전히 간직하고 있음을 보여 준다. 포유류 조상들의 뇌가 갖고 있던 수많은 구조와 기능이 현대인의 뇌에도 고스란히 남아 있다.

    영장류의 대뇌피질이 확장되면서 수많은 사회적 집단이 탄생하게 되었다는 사실은 잘 알려져 있다. 무리를 지어 살면 더욱 안전해질 뿐만 아니라 수렵, 채집, 양육과 같은 일을 분업화하는 데 유리해진다. 많은 동물들은 태어나자마자 생존에 대한 위협과 싸워야 하지만, 사람은 태어나서부터 몇 년간을 전적으로 타인에게 의존하여 살아가는 일종의 사치를 누릴 수 있고, 이 시기에 우리의 뇌는 주변 환경의 영향을 받으며 발달한다. 관계는 현대인의 뇌가 존재하기 위한 기초적이며 필수적인 조건인 것이다.

    우리의 뇌가 어떻게 학습하는지에 관해 좀 더 깊이 이해하기 위해서는 진화생물학, 사회심리학, 문화인류학, 유전학 등 다양한 분야의 도움을 받아야 한다. 이처럼 다양한 학문의 연계를 통해 우리는 본능적이고 무의식적인 행동 양식에 대해 이해하고, 그러한 행동 양식이 세계 각지의 생활과 문화에서 어떻게 작용하는지를 알 수 있다. 다양한 분야의 수많은 연구는 우리의 동물 조상이 출현했을 때부터 문명이 태동하기까지의 오랜 기간에 인류를 규정하는 특성들이 하나둘 나타나기 시작했음을 말해 준다.

사회적인 행동을 성공적으로 수행하기 위해서는 더욱 복잡한 뇌 구조가 필요했다. 그리고 복잡해진 뇌가 발달하고 구조화되며 유지되기 위해서는 다른 사람의 뇌와 협력해야만 했다. 결국 인간은 복잡성과 사회성을 동시에 갖춰야 했고 수많은 가족과 부족은 **초개체**(superorganism)로 발전해 갔다. 여기에서 초개체는 전체의 생존을 위해 봉사하는 개체들로 구성된 집단을 의미한다. 뇌의 사회성이 발달할수록 마음, 신체, 정서의 사회적 항상성을 유지해 주는 관계의 중요성도 커지게 되었다. 체계 치료(Systems Therapy)[1)]에 대해 잘 알고 있는 독자라면 이런 설명이 낯설지 않을 것이다.

> **용어 설명 : 초개체**
> 초개체는 공동의 생존을 위해 협력하는 다수의 개체들이 모여 또 하나의 개체를 이루는 것이다. 사회적 동물이나 곤충이 초개체의 대표적인 예로 알려져 있다. 초개체 안에서 환경과 집단은 둘 다 진화적 선택의 변인으로 작용한다. 즉, 집단에 기여하는 개체가 살아남고 자연환경에 적합한 집단이 선택되는 것이다.

인간이 진화의 결과로 얻게 된 두 가지 특징은 특히 심리치료의 탄생 및 성공과 밀접한 관련이 있는 것 같다. 첫째는 우리가 서로의 내면적 경험에 대해 공감하고 동조하는 사회적 동물이라는 것이다. 이러한 공감과 정서적 조율 덕분에 인간은 서로의 생각, 감정, 행동에 영향을 미칠 수 있다. 둘째는 우리의 애착 회로는 언제든지 변화될 수 있다는 것이다. 믿기 힘들다면 당신의 조부모에게 손주를 어떻게 생각하는지 물어보라. 후생유전학의 등장으로 상호작용과 협력이 우리 뇌의 형성, 발달, 기능에 영향을 미친다는 사실을 알게 되었다.

우리는 사회적 동물이기 때문에 다른 사람과 관계를 맺고자 하는 강한 본능을 가지고 있고, 우리의 뇌는 서로를 사랑하고 각자가 속한 집단에 기여하도록 만들어졌다. 다시 말해, 우리는 사랑을 주고받고 성공을 거두며 다른 사람들에게 좋은 평판을 얻고 싶어 한다. 따라서 적절한 관계를 맺고, 아이를 낳아 잘 기르고, 창의성과 잠재력을 발휘하고 있는 사람에게는 심리치료가 필요하지 않을 것이다. 이런 사람들은 집단정신과 연결되어 있으며, 살아가면서 받게 되는 마음의 상처를 주변 사람들과의 관계를 통해 자연스럽게 처리하고 치유할 수 있기 때문이다. 무언가에 베이고 나면 그 상처에 딱지가 앉고 새 살이 돋는 것처럼 말이다. 반면에 트라우마나 우울증 등으로 인해 관계를 맺지 못하거나 관계가 왜곡되고 손상되면 심리치료의 필요성이 커지게 된다.

양육과 생존

사랑받으면 힘이 생기고, 사랑하면 용기가 생긴다.
– 노자

우리는 태어난 후 몇 달간을 어머니에 대해 알아 가며 보내고 이때 후각, 미각, 촉각, 시각 등 모든 감각이 동원된다. 그 기간 동안 어머니가 우리와 교감하면서 고통을 완화해 준다는 것을 알게 되면서, 어머니의 존재는 곧 안전을 의미하게 된다. 성장기에 우리의 부모는 상호작용의 본능을 실행으로 옮기면서 우리 뇌의 형성에 절대적인 영향을 미친다. 인간 아기의 경우에는 달리는 속도, 나무를 타는 기술, 독버섯을 구별하는 능력이 생사를 가르지는 않는다. 인간은 주변 사람들의 요구와 의도를 파악해야만 살아갈 수 있다. 한 인간에게 주변의 또 다른 인간들은 가장 중요한 환경이라고 할 수 있다. 타인과 좋은 관계를 맺는다면 의식주를 해결하고 보호를 받으며 대를 잇기가 용이해진다. 사람들은 서로에게 의존하며 필요한 것을 얻게 되는데, 이 때문에 어린아이는 버림받게 되면 자신이 죽은 것과 다름없다고 생각한다.

현대사회에서 성인은 한꺼번에 여러 가지 일을 처리하고 직장과 가족 사이에서 균형을 잡아야 하며, 수많은 정보를 관리하면서 스트레스에도 대처해야 한다. 또한 기존의 입장을 견지하고, 어떤 싸움에 뛰어들 것인지를 신중하게 결정하며, 해야 할 일이 산더미같이 쌓였을 때에도 스스로를 돌보는 일이 우선순위에서 밀려나지 않도록 해야 한다. 그렇다면 우리는 어떻게 이 모든 것을 해낼 수 있을까? 어쩌면 과거에 우리 조상들의 생존에 중요한 역할을 했던 한 가지 요소가 이 질문에 대한 답일지도 모른다. 바로 적절한 양육이다. 어린 시절에 받은 양육은 두뇌의 복잡한 체계가 발달하고 통합되는 데 엄청난 영향을 미친다. 이 시기에 건강한 관계를 형성하면 전전두피질이 최적의 상태로 발달하게 되므로 스스로에 대해 더 정확하게 인식하고, 타인을 신뢰하며, 감정을 잘 조절하고, 인지적 지능과 감성적 지능을 활용하여 다양한 문제를 해결할 수 있다. 그러므로 우리는 찰스 다윈의 자연선택 이론에 한 가지 결론을 추가해야 한다. '최고의 양육을 받은 자가 복잡한 현대사회에서 살아남는다.'

부모가 자녀를 무시하고 방임하거나 정서적 조율을 소홀히 하는 것은 '넌 우리가 원했던 아이가 아니야'라는 메시지를 전달하는 것과 같다. 이는 의도적으로 일어나는 과정이 아니라 아이의 뇌가 정보를 처리하는 방식에서 기인한 부산물일 뿐이다. 하지만 그 결과로 아이의 뇌는 장기적 생존에 도움이 되지 않는 방향으로 발달한다. 아이에게는 '사랑하지 않음'으로 받아들여지는 행동을 하는 부모는 자신의 아이에게 세상은 위험한 곳이라는 메시지를 보내는 동시에 '알아내거나 발견하려 하지 말라.

무엇보다도 기회를 얻으려 하지 말라'고 말하는 셈이다. 트라우마를 겪거나 학대당하거나 무시당한 아이는 건강과 장기적 생존에 도움이 되지 않는 사고방식, 내적 상태, 정서, 면역 기능을 가진 사람으로 성장하게 된다. 당신을 죽이지 못하는 것이 당신을 '약하게' 만들 수는 있는 것이다.

자녀를 기르거나 타인을 돌보는 것은 자신의 생존에는 위협이 될 수도 있다. 양육과 같은 이타적 행동을 하기 위해서는 이기적이고 경쟁적이고 공격적인 충동을 억제해야 하지만 그러한 충동이 완전히 억제되는 경우는 드물다. 부모와의 관계에서 비롯된 문제로 인해 심리치료를 찾는 사람이 많다는 것만 보더라도 인간이 아직도 완전한 양육자로 진화하지는 못했음을 알 수 있다.

내담자들은 배우자에 대해 불평할 때가 많지만 자신과 꼭 맞는 상대와 결혼하는 사람은 없다. 이 말은 모든 사람이 배우자를 고를 때 잘못된 선택을 한다는 것이 아니라, 자신의 배우자에게 불가능한 것을 기대한다는 뜻이다. 즉, 자신이 원했지만 갖지 못했던 좋은 부모 역할을 배우자가 해 주기를 바라는 것이다. 그래서 배우자를 '모든 면에서 더 나았을' 누군가와 비교하면서 원망하게 된다. 결혼에 대한 환상은 누군가가 자신의 말을 들어 주고 관심을 갖고 이해해 주기를 바랐던 소망에서 비롯된 것이다. 물론 배우자에게 이 모든 일을 해 달라고 요구할 수는 있다. 하지만 배우자가 우리의 환상을 완전히 충족시킬 수는 없다.

인간의 세포자멸 : 프로그램된 자기파괴

무엇인가를 파괴하고자 하는 신은
그것이 스스로 파괴되도록 내버려 둔다.
– Victor Hugo

　　사회적 뇌를 구성하는 내적 논리는 우주의 기원만큼이나 오래된 원리에 기반을 두고 있다. 즉, 여러 가지 원자들이 접촉하면 서로 결합하여 다양성, 복잡성, 적응성이 커지게 된다. 예를 들어, 물은 두 개의 수소 원자와 한 개의 산소 원자가 결합하여 물 분자(H_2O)를 이룸으로써 만들어진다. 이러한 과정은 단세포 생물들의 결합으로 한층 더 다양하고 복잡한 다세포 생물이 탄생하고 유기화합물이 등장한 이후에도 계속되었다. 세포 복합체의 군집이 생존에 중요한 단위가 되면서 개개의 세포는 서로 결합하여 생존에 기여하거나, 그렇지 않으면 사멸하도록 프로그램되었다.

　　뇌의 발달 과정에도 동일한 원리가 적용되기 때문에 수많은 세포가 생성되기도 하고 사멸하기도 한다. 우리는 실제로 필요한 것보다 훨씬 더 많은 세포를 갖고 태어난다. 그것은 마치 조각가가 계획 중인 작품보다 훨씬 더 큰 대리석 덩어리를 작업실로 옮기는 것과 같다. 조각가의 작업은 최종적인 결과물에 필요하지 않은 조각들을 떼어 내고 대리석 덩어리 속에 숨어 있는 형상을 드러내는 것이다.[2] 이와 유사한 방법을 통해 경험은 뇌의 기능적 신경망을 형성한다. 즉, 기능 수행에 관여하는 세포들 사이의 연결을 강화하는 것이다. 기능 수행에 관여하지 않는 세포들은 자극을 받지 못함으로써 결국 죽게 되는데, 이 과정을 세포자멸(apoptosis)이라고 부른다. 세포자멸은 병리적인 현상이 아니라 뇌 발달 과정의 정상적인 부분이다. 실제로 자폐증 환자 중에는 세포자멸이 제대로 이루어지지 않기 때문에 뉴런의 수가 지나치게 늘어난 사람이 많다.

다수의 생존을 위해서는 일부 뉴런의 희생이 필요한 것이다.

> **신경과학 상식 : 세포자멸**
> 뇌의 기능적 신경망은 다양한 경험에 의해 형성되는데, 여기에 기여하지 않는 뉴런들은 죽게 되고 신경아교세포가 그 잔해를 처리한다. 세포자멸이라고 불리는 이 과정은 뇌 발달에 있어 필수적이고 자연스러운 과정이다. 세포자멸이 제대로 이루어지지 않으면 정신적 처리 과정에 문제가 생길 수 있다.

뇌가 세포들로 구성되는 것과 마찬가지로 집단은 다수의 개인들로 구성된다. 식량이 부족한 집단의 생존에 기여하지 못하는 사람들—병자, 노인, 기형아—이 살해당하거나 버려지는 일은 역사적으로 셀 수 없이 많았다. 심지어 선천적 결함을 가진 신생아를 그 어머니가 죽이게 하는 집단도 있다. 제 역할을 수행하지 못하는 구성원을 보살피기 위해서는 여분의 자원이 필요한데, 충분한 자원을 확보할 수 없다면 이들의 존재가 다른 구성원의 생존까지 위협할 수 있기 때문이다.

인간에게도 세포자멸과 아주 비슷한 일이 일어난다. '성장장애(failure to thrive)'[3] 혹은 **의존성 우울증**(anaclitic depression)이라고 불리는 현상이 그것이다. 오스트리아의 정신의학자인 르네 스피츠(René Spitz)는 나치의 공습으로 부모를 잃은 아이들이 처음에는 반항적이고 지나치게 활동적인 모습을 보이다가 이내 지쳐 무기력해지는 것을 발견했다. 그 아이들 중 상당수는 결국 죽음을 맞이했다. 아이들과 마찬가지로, 뉴런도 다른 뉴런들과 연결되기 위해 분투하고 그 과정에서 엄청난 에너지를 소모한다. 따라서 다른 뉴런들과 연결되지 못한 뉴런은 기력을 잃고 결국 사멸하게 된다. 나는 사람에게도 똑같은 일이 일어난다고 생각한다. 우리도 가장 가까운 사람과 애착관계를 맺지 못하면 뉴런처럼 활력을 잃고 죽음에 이르도록 '프로그램'되어 있다는 것이다.

이별, 분리, 사별은 자살을 상상하고 시도하게 만드는 원인이 될 수 있다. 그래서 나는 세포자멸이 우리에게 일어나는 많은 일들을 설명해 줄 수 있다고 확신하게 되었다. 파산이나 형사처벌 등으로 인한 수치심은 자살의 동기가 될 수 있다. 자살 충동을 느끼는 사람들은 대부분 어린 시절에 외로웠고, 다른 사람과 교류하지 못했으며, 사랑받지 못했다고 고백한다. 그래서 자살 충동은 상호 교감에 대한 갈망과 외로움의 표현이라고 설명해 주면 특히 우울증을 가진 내담자들이 긍정적으로 반응하는 경우가 많다.

용어 설명 : 의존성 우울증

'시설병'이라고 불리기도 하는 의존성 우울증은 유아기에 겪는 소모성 질환의 일종으로 아이와 양육자 간의 상호작용이 부족할 때 발생한다. 병원과 고아원에서 생활하는 아이들에게서 의존성 우울증 사례가 처음 발견되었고, 시설에 수용된 유아와 아동에게 더 많은 상호작용 기회를 제공해야 할 필요성이 제기되었다. 나는 의존성 우울증이 뉴런에게 일어나는 세포자멸과 거의 동일한 현상이라고 생각한다.

내담자와 안정적인 관계를 맺은 후에 해야 할 가장 중요한 일은 그들의 내적 경험을 표현할 언어를 창조하는 것이다. 이러한 언어는 증상을 객관적으로 설명해 주는 것일수록 바람직하다. 객관적 설명을 통해 내담자가 자신의 생각과 감정을 어느 정도 분리할 수 있기 때문이다. 증상을 자기 자신과 분리하면 그 증상을 폐기하거나 추방할 수도 있게 된다. 뇌를 사회적 기관으로 간주하면, 자기파괴적 충동은 과거에 다른 사람과의 교류가 부족했음을 알려 주는 징후라고 해석할 수 있다. 수치심과 관련된 내적 감정은 본질적으로 '나는 누구에게도 환영받지 못하고 쓸모없으며 심지어 집단에 해가 되는 사람이다'라는 메시지가 내면화된 것이다.

프로이트는 부모의 태도가 자녀의 초자아 형성에 절대적인 영향을 미친다고 생각했다. 그리고 초자아 속에는 부모가 당신의 생존을 원했는지, 당신을 사랑했는지, 당신을 가족과 집단의 존속에 기여하는 존재로 보았는지 등에 관한 메시지가 담겨 있다고 생각했다. 내담자들은 아주 어린 시절에 부모와 맺었던 관계에 대해 어떤 명시적 기억도 갖고 있지 않다.

하지만 내담자가 스스로를 어떻게 생각하고 대하는지를 살펴보면 그들이 과거에 부모와 어떤 관계를 맺었는지를 추측할 수 있다. 우리가 스스로를 대하는 태도와 부정적인 자기상(自己像, self-image)이 우리에게 부정적이었거나 무관심했던 수십 년 전 부모의 모습을 보여 주기도 한다. 자해와 자살에 대한 충동으로 고통받는 이들 중에는 원초적 기억 체계만을 갖고 있던, 기억조차 나지 않는 아주 어린 시절에 겪은 일 때문에 자신에 대해 부정적으로 생각하게 된 사람이 많다. 우리가 스스로에게 부여하는 가치와 소중함은 기억하지 못하지만 결코 잊을 수 없는 어린 시절의 경험에 달려 있는 것이다.

해산된 배심원단

> 진화의 역사에서는 배척당하는 것이 곧 죽음을 의미했다.
> – Helen Fisher

데이비드를 알게 된 지 석 달쯤 되었을 때의 일이다. 늘 쾌활해 보였던 데이비드는 평소와 달리 멍한 표정으로 상담실에 들어섰다. 그는 깊은 상념에 빠져 있는 것 같았다. 잠시 조용히 생각을 정리할 시간을 주고 나서 무슨 일이 있는지를 물어보았다. 데이비드는 기쁨과 두려움이 섞인 얼굴로 나를 똑바로 쳐다보았다. 그에게서 단 한 번도 본 적이 없는 표정이었다. 그리고 마침내 입을 열었다.

"이번 주에 아주 중요한 사실을 발견했어요. 내가 평생 동안 머릿속에 있는 법정의 판결에 따라 살아왔다는 것을 깨달았거든요. 어디에 가든, 무엇을 하든 내 머릿속에서는 늘 재판이 진행되고 있어요. 그 법정에서 나는 언제나 피고인이죠. 나는 내가 결백할지라도 결국 유죄 선고를 받게 될 것을 알고 있어요. 배심원의 평결은 이미 정해져 있고 재판은 요식행위일 뿐이거든요. 나는 그 재판이 결코 끝나지 않는다는 것을 본능적으로 알고 있어요. 그런데 그걸 알면서도 고문이라도 당하는 것처럼 고통에 사로잡힌 채 유죄 판결을 기다리죠. 재판에 서지 않았던 날이 없어요. 어릴 때부터 이런 생각을 했던 것 같은데 이제는 그냥 당연한 일이 돼 버렸어요. 저는 다른 사람들도 다 저처럼 머릿속에 법정 하나쯤은 있을 거라고 생각했어요. 그런가요? 선생님은 어떠세요?"

데이비드는 계속 말을 이어 갔다. "잠에서 깨어나면 한동안은 아직도 꿈꾸고 있는 건지 깨어난 건지 헷갈리잖아요? 그 느낌과 똑같아요. 두 가지 이야기가 서로 얽혀 있는 거죠. 사실 지금도 그래요. 난 선생님을 마주 보며 앉아 있고, 이성적으로는 선생님이 나를 있는 그대로 받아들이고 좋아한다는 걸 알아요. 선생님은 한 번도 나를 비난하거나 공격하거나 이용하려 한 적이 없었죠. 선생님은 언제나 나를 위해 최선을 다했어요. 이게 첫 번째 이야기예요.

그런데 한편으로는 선생님이 나를 비난하고 포기할 거라는 생각도 들어요. 선생님이 이야기를 하다가 잠시라도 머뭇거리면 그 잠깐 사이에 선생님이 무슨 말을 할까 하고 온갖 상상을 해요. '너무 지겨워서 더 이상 상담을 못하겠네요. 다른 심리치료자를 소개해 줄게요.' '내 아까운 시간을 당신 때문에 허비하느니 다른 사람을 치료하는 편이 나을 것 같아요.' 이런 말을 하실 것 같아요. 전 선생님을 신뢰하지만 머릿속의 목소리는 선생님이 나를 버릴 거라고 확신하는 것 같아요."

그가 했던 말은 암묵적 기억 체계에 프로그램된 어린 시절의 수치심을 가슴 아플 정도로 아름답게 묘사하고 있다. 그리고 뇌가 서로 모순되는 두 가지 현실을 만들어 내고 마음으로 하여금 그 두 가지 현실을 모두 믿게 만들 수도 있음을 보여 준다. 암묵적 기억의 역할 중 하나는 과거의 경험을 이용하여 현재의 상황을 예측하고 통제하는 것이다. 따라서 과거의 수치스러운 경험은 의식적 자각으로 하여금 거절당하는 상황을 예측하게 만든다. 데이비드가 이야기해 준 법정 시나리오는 도스토옙스키의 〈죄와 벌〉을 연상시킨다. 〈죄와 벌〉의 주인공도 자신이 저지른 범죄 때문에 결국 유죄 선고를 받게 될 거라고 생각하며 괴로워한다.

데이비드는 수년 동안 심리치료를 받으면서 수치심의 근본적 원인을 찾았고, 그것을 극복하기 위해 노력했다. 그리고 서서히 자신의 내면 세계가 변화하고 있음을 깨달았다. 그는 현실 검증, 자신을 드러내기, 창의적 시각화(creative visual imagery)[4] 등을 통해 머릿속의 법정을 재구성할 수 있었다.

"시간이 지나면서 나는 판사들과 배심원들을 해산시켰고, 그들이 앉아 있던 자리도 치워 버렸어요. 그리고 이제는 내 삶을 다른 사람의 눈으로 바라보지 않게 됐어요. 내 감정, 욕구, 성향이 더 중요해진 거죠.

마음속의 배심원석을 내가 언제든 편안히 앉아 명상을 할 수 있는 공간으로 바꿨어요. 거기엔 거울 하나가 있고, 은은한 빛을 발하는 촛불도 있어요. 거울을 들여다보면서 나 자신을 돌보는 시간을 갖곤 해요. 내 감정과 몸의 감각을 주의 깊게 살펴보는 거죠. 종종 심호흡을 하고 내가 무엇 때문에 긴장하거나 흥분한 상태는 아닌지 확인하기도 해요. 조금은 이기적인 행동처럼 보일지도 모르겠지만 이런 시간을 가져야 다른 사람과 잘 지낼 수 있으니까요. 사람들은 예전의 내가 사교성 면에서는 더 나았다고 생각할 수도 있어요. 그때는 다른 사람들한테 온통 정신이 팔려 있었거든요. 하지만 그 사람들을 위해서가 아니라 거절당할까 봐 두려워서 그랬던 거였어요. 이제는 진심으로 다른 사람들에게 관심을 쏟을 수 있게 됐어요. 나 자신에게만 몰두할 필요가 없어졌거든요."

내적 경험을 말로 표현하는 방법을 배우지 못하고, 자신의 필요를 인식하지 못하며, 보살핌을 받을 권리가 있음을 자각하지 못한 채 자란 아이의 남은 인생은 냉담한 관객을 앞에 둔 연극과도 같을 것이다. 그런 아이들을 올바른 방향으로 이끌기 위해서는 내면의 수치심을 찾아내어 치유해 주어야 한다. 정서적 조율을 경험해 보지 못한 아이들은 다른 사람의 관점으로 자신을 바라보곤 한다. 그들은 자기 자신으로부터 추방당한 채 살아간다. 그리고 다른 사람이 자기를 어떻게 볼지를 상상하고 그에 따라 자신을 규정하는데, 대개 스스로를 부정적으로 보게 된다. 그들은 거절당하지 않기 위해 완벽을 추구하게 된다.

그동안 내담자의 핵심 수치심을 완전히 제거했다고 생각한 적은 한 번도 없었다. 하지만 데이비드가 변화해 가는 모습을 보며 처음으로 거의 다 해냈다는 생각이 들었다. "거울 앞에 서면 아직도 내가 아니라 판사나 배심원이 보일 때가 있어요. 그 기억은 아직도 마음속에 남아서 스트레스를 받거나 누군가에게 거절당할 때 다시 떠오르는 것 같아요. 그래도 다행인 건 판사나 배심원이 전처럼 자주 나타나지는 않는다는 거예요. 그리고 이제는 그 사람들이 보여도 무슨 일이 벌어지고 있는 건지를 금방 알아차린 후 얼른 그 사람들의 모습을 지워 버리고 내 모습을 거울에 비출 수 있게 되었어요."

핵심 수치심은 감기보다는 당뇨에 가깝다. 완전히 해결하기보다는 지속적으로 관리해야 할 문제인 것이다. 우리 뇌의 프로그램은 완전히 제거하기엔 너무 깊게 뿌리박혀 있다. 두려움과 공포증을 극복하는 과정과 마찬가지로, 핵심 수치심 때문에 나타나는 증상을 억제하기 위해서는 새로운 신경망을 형성해야 한다.

자해, 자살 암시, 그리고 버림받음에 대한 분노

> 매기, 누가 자살을 하면 두 사람이 죽어.
> 자살은 원래 그런 거야!
> – Arthur Miller

반복적으로 자해를 하는 내담자들은 대체로 어린 시절에 부모나 그 밖의 양육자에게 학대와 방임, 무시를 당했다고 말한다. 이것은 어린 시절의 애착관계에 관한 고통스럽고 벗어나기 힘든 기억이 비난, 거절, 상실에 의해 되살아남으로써 자해 행동을 야기할 수 있음을 시사한다. 이런 기억에 동반되는 괴로운 감정 때문에 자기도 모르게 곧바로 자해나 자살과 관련된 행동을 하는 사람도 있다. 그런데 이때 전문의, 가족, 친구들이 반응을 보이고 관심을 기울이면 이러한 행동을 오히려 더 많이 하게 될 수도 있다.

주목을 끌기 위한 자해 행동은 감정을 조절하기 위한 수단이 되기도 한다. 이러한 행태는 유인원에게서도 나타난다. 어미가 곁에 없으면 새끼 원숭이는 옥시토신 수치가 낮아지는 현상을 보이고 주변에 구조를 요청하는 신호를 보낸다. 어미가 다시 나타나면 새끼는 옥시토신 수치의 상승과 함께 안정을 되찾는다. 동물은 부상을 입은 후 엔도르핀이 분비되면 통증에 둔감해져서 계속 싸우거나 달아날 수 있게 되는데, 새끼와 어미가 함께 있다가 잠시 헤어지고 또다시 재회하면 양쪽의 엔도르핀과 옥시토신 수치는 증가했다 감소하고 다시 증가하는 패턴을 보인다. 이처럼 신경내분비계는 호르몬을 통해 사람과 사람 간의 거리를 조절해 주는 역할을 한다. 그런데 이 과정이 제대로 작동하지 않으면 문제가 생긴다. 경계선 성격장애를 가진 사람들이 특이한 경험이나 행동을 하는 것도 이 과정이 제대로 작동하지 않기 때문일 것이다. 경계선 성격장애 환자는 아동기에 어머니의 보호를 제대로 받지 못했다고 밝히는 경우가 많은데,

이들이 스트레스를 더 심하게 느끼고 코르티솔 수치가 높은 것도 아동기의 경험과 관련이 있는 것 같다. 실제로 경계선 성격장애 환자는 대인관계 문제 때문에 자살 시도를 할 가능성이 우울증 환자보다도 높다고 알려져 있다.

대부분의 경우, 두려움과 스트레스에 대한 반응으로 엔도르핀이 분비되면 감정을 조절하고 긴급 상황에 대처하며 문제를 해결하는 데 도움이 된다. 엔도르핀은 모르핀처럼 마취제 역할을 하기 때문에 무엇인가에 베였거나 화상을 입었을 때 불안감을 줄이고 안정을 되찾게 해주는 효과가 있다. 연구에 따르면, 엔도르핀과 같은 내인성 오피오이드(endogenous opioid)[5]의 효과를 차단하는 약물을 투여할 경우 자해 행동이 줄어들거나 완전히 사라진다고 한다. 엔도르핀은 극심한 고통을 겪을 때만 분비되는데, 어쩌면 경계선 성격장애 환자는 엔도르핀 분비에 필요한 고통의 역치(閾値)에 신속하게 도달하기 위한 수단으로 자해를 선택하는 것일지도 모른다.

자해나 자살을 시도하는 내담자를 치료하는 일은 쉽지 않다. 내담자가 미래 지향적으로 성장하도록 격려하는 동시에 죽지 않고 살아 있게 하는 것이 심리치료자의 두 가지 의무이기 때문이다. 그런데 내담자가 위험한 행동을 하면 겁부터 나기 때문에 첫 번째 의무를 다하기가 쉽지 않다. 내담자를 정성스럽게 돌보는 것은 어려운 일이다. 하지만 내담자에게 비난을 받거나 소송을 당하거나 심리치료자 자격을 잃거나 평생 동안 죄책감에 시달리게 될지도 모른다는 걱정에서 완전히 자유로워지기도 어렵다. 두려움에 사로잡히면 이성적으로 판단하고 논리적으로 생각하기도, 문제를 해결하고 좋은 아이디어를 떠올리기도 힘들어진다.

심리치료자는 자살이나 자해를 시도하는 내담자들로 하여금 자기파괴적인 행동을 더 적응적인 행동으로 바꾸도록 도와야 한다. 나는 자해가 버림받음이나 상실에 대한 두려움의 표현이라고 생각한다. 따라서 내담자들이 자기파괴적인 행동을 멈추고 그 행동의 원인이 된 감정을 확인한 후 함께 논의할 수 있도록 돕는 것을 목표로 하고 있다.

자해에서 벗어나 자기표현으로

관계에 문제가 생겼다면 빨리 속마음을 털어놓으라.
– Gerald Goodman

어느 금요일 저녁에 사무실을 나서던 나는 전화기의 램프가 깜박이는 것을 보았다. 평상시에는 그냥 퇴근하고 다음 날에 녹음된 메시지를 확인했겠지만, 그날은 왠지 전화를 받고 싶었다. 전화기를 들자 이런저런 소음과 함께 한 남자의 목소리가 들렸다. 그는 곧 자살을 할 생각이라고 말했다. 주의 깊게 들어 보니 상대가 존이라는 것을 알아차릴 수 있었다. 만성적 우울증 때문에 몇 달 전부터 나에게 심리치료를 받아 온 존은 변덕스러운 태도 때문에 대인관계에서도 많은 어려움을 겪고 있었다. 그가 무슨 이야기를 하는지 정확히 알 수는 없었지만 차 안에서 목숨을 끊으려 하는 것 같았다. 존은 작별 인사를 하기 위해 전화를 걸었다고 말했다.

난 곧바로 겁에 질렸다. '오, 신이시여! 어떻게 하지?' 머릿속에서 한 아이가 원을 그리며 뛰어다니는 것 같았다. 아주 당혹스러웠지만 일단은 마음을 추스르고 존이 어떤 상황에 있는지를 파악해 보기로 했다.

존은 아직 자기 집 차고를 벗어나지는 않은 것 같았다. 수화기를 통해 엔진 소음이 들려왔기 때문에 나는 존이 차의 시동을 켜 놓고 질식해 죽으려 한다고 추측했다. 나에게는 조치를 취할 시간이 부족했다. 경찰을 부른다 해도 현장에 너무 늦게 도착할 것 같았다. 그때 존을 살릴 수 있는 건 나밖에 없었다. 심리치료자 교육과정에서도 이런 상황에 어떻게 대처해야 하는지에 대해서는 배운 적이 없었기 때문에 그저 직감에 의지하는 수밖에 없었다. 나는 존이 전화를 건 이유는 죽음에 대해 망설이고 있기 때문이라고 가정했다. 그동안 도와준 것에 감사하다고 말했지만, 그의 속뜻은 '당신이 일을 제대로 못해서 내가 이 지경이 됐어'일 거라고 생각했다. 이 두 가지 가정에 기초해서 내가 할 일을 생각해 낼 수 있었다.

나는 그의 말을 알아듣기 힘든 척하면서 계속 다시 한 번 이야기해 줄 수 있냐고 물어보았다. 그리고 결국엔 도저히 무슨 말을 하는지 알아들을 수가 없으니 시동을 좀 꺼 달라고 했고 존은 내 말대로 했다. 그때부터 우리는 제대로 대화를 나눌 수 있었다.

나는 존이 자살을 하려 했다는 사실에 집중하기보다는 그의 기분이 어떤지를 물었다. 존은 콜록거리며 외롭고 절망적이라고 말했다. 그리고 내가 그의 고통을 진지하게 받아들이지 않는 것 같았다고 이야기했다. 존은 자신의 고통에 대해 터놓고 이야기하지 않는 사람이었기 때문에 평소에는 별다른 문제가 없는 것처럼 보였다. 어쩌면 내가 존의 내면적 고통보다는 그의 겉모습에 더 주목했는지도 모르겠다는 생각이 들었다. 나는 존에게 이야기를 제대로 들어 주지 못해서 미안하다고 사과하고 지금부터라도 더 나은 심리치료자가 되고 싶다고 이야기했다. 대화가 어느 정도 지속되었을 쯤에는 기침 소리 때문에 말이 잘 들리지 않으니 차고 문을 열어서 환기를 하면 어떻겠냐고 제안했다.

이 같은 노력 끝에 나는 우리가 맺은 애착관계에 대해, 그리고 내가 그와 교감하면서 적절하게 반응하는 데 실패했다는 것에 대해 이야기할 수 있었다. 그의 자살 시도에 대해서는 언급하지 않았다. 자기파괴적인 행동이 버림받음에 대한 두려움에서 비롯된다고 확신하는 나는 우선 내담자를 살린 후 장기적으로는 그가 관계를 회복하고 스스로를 치유하도록 이끌고 싶었다. 불행하게도 심리치료자들은 행동 이면의 의미보다는 행동 자체에만 초점을 두는 경향이 있다. 내 경험에 따르면, 내담자들은 누군가가 자기를 바라보고 경청하고 공감해 준다고 느끼기 전까지는 자기파괴적인 행동을 멈추지 않는다.

　나는 그때 존에게 어떠한 물리적 도움도 줄 수 없었기 때문에 대화를 잘 이끌어 나가는 것이 유일한 방법이었다. 그 일은 존의 치료에 큰 진전을 가져다준 하나의 계기가 되었다. 존은 더 이상 나에게 거리감을 느끼지 않았다. 우리는 더욱 안정적인 관계를 형성했고 그것은 존의 마음을 치유하는 데 큰 도움이 되었다. 사실 누군가가 정말 자살하기로 마음먹는다면 그 사람을 멈출 수 있는 것은 아무것도 없다. 심리치료자가 겪는 어려움 중 하나는 자살하기로 결심한 내담자는 어떤 노력으로도 설득할 수 없다는 것이다. 우리는 이 사실을 인정하고 받아들일 수밖에 없다. 자신의 치료를 받던 내담자가 자살을 한 후에도 이전과 다름없이 살아갈 수는 없을 것이다. 하지만 더 중요한 사실은 심리치료자의 노력 덕분에 많은 사람들이 우울의 그늘에서 벗어나 삶의 가치를 되찾을 수 있다는 것이다.

7장
애착과 친밀한 관계

인생에서 가장 행복한 순간은 사랑받고 있다고 확신할 때다.
– Victor Hugo

누군가를 양육하거나 도와주거나 치유해 주기 위해서는 먼저 안정 애착을 형성해야 한다. 따라서 성공적인 심리치료자가 좋은 친구, 헌신적인 스승, 자애로운 부모의 면모를 모두 갖고 있는 것은 어찌 보면 당연한 일이다. 안정 애착의 유형은 다양하지만 비판, 경쟁, 갈등을 찾아보기 어렵다는 공통점이 있다. 다른 사람들에게 인정받는다고 느끼는 것은 아주 소중한 경험이며, 뇌와 마음으로 하여금 신경가소성을 촉진하고 긍정적인 변화를 이끌어 내게 해 준다. 그 때문에 칼 로저스 이론의 주춧돌인 돌봄, 공감, 긍정적 관심은 수백 가지 기법들이 명멸해 온 심리치료 분야에서 여전히 가장 중요한 요소로 평가되고 있다.

나는 심리치료에 신경과학의 관점을 적용하고 있다. 과학의 눈으로 보면 심리치료자와 내담자는 둘 다 뇌에 결함이 있고 두 발로 걷는 유인원일 뿐이기 때문이다. 이런 관점을 수용하면 인간의 불완전함을 겸허하게 받아들일 수 있고, 특히 심리치료자는 애착관계의 중요성을 더욱 절실히 느끼게 된다. 진화의 선택에서 비롯된 결함을 보완하기 위해 함께 노력하면 문제를 해결하기가 한결 수월해질 것이다. 심리치료자인 나도 내담자들이 호소하는 것과 똑같은 어려움과 갈등을 겪고 있다. 우리 모두가 마찬가지다.

긍정적인 변화를 위해서는 먼저 안전이 보장되어야 한다. 심리치료자가 명예욕, 지적 관심사, 개인적 고통을 잠시만이라도 제쳐 두면 변화를 위한 상호작용을 시작할 수 있다. 그리고 다른 사람에게 인정받고 자신의 내면세계를 들여다볼 힘과 용기를 얻은 내담자도 그러한 상호작용 속에서 통찰과 치유의 효과를 얻을 수 있다. 서로가 그저 하루하루를 버텨 내기 위해 애쓰는 사람일 뿐이고 심리치료자나 내담자의 역할이 어떤 지위나 권력을 의미하는 것이 아님을 인정하면 변화는 충분히 이루어질 수 있다.

애착이란 무엇인가

> 인간 같은 작은 생명체가 광대한 우주에서
> 살아남을 수 있는 것은 오직 사랑 때문이다.
> – Carl Sagan

진화 과정을 살펴보면 애착은 부모와 아이가 가깝게 지내도록 만들기 위한 전략이었다는 것을 알 수 있다. 애착은 자연선택의 결과였다. 부모와 아이가 친밀한 관계를 유지할수록 아이가 살아남을 가능성이 커지고 나아가 집단의 생존 가능성도 높아지기 때문이다. 다수의 동질적인 사람들로 구성된 집단일수록 오래 유지될 가능성이 더 높다는 것을 알게 되자 집단들도 애착과 비슷한 생물학적 수단을 활용하기 시작했다. 애착 회로의 핵심에는 편도체가 있다. 편도체는 상황을 판단하고 공포감을 처리하는 중추이기도 하다.

부모와 아이가 함께 있을 때는 일반적으로 양쪽 모두 안전함과 평온함, 행복감을 느낀다. 반대로 서로 떨어져 있게 되면 편도체가 위험 신호를 보내기 때문에 부모와 아이는 모두 걱정에 사로잡히게 된다. 부모는 아이를 큰 소리로 부르며 찾기 시작하고, 아이는 자신의 위치를 알리기 위해 울부짖으며 구조 요청을 한다. 얼마간의 시간이 지난 후 다시 만난 부모와 아이는 이내 공포에서 벗어나 안정감을 되찾고, 서로를 애타게

찾게 만들었던 그 불가사의한 힘도 사라진다.

　다른 생물학적 유기체들과 마찬가지로 인간 역시 항상성(恒常性)의 균형과 불균형 사이를 끊임없이 오간다. 우리는 배가 고프면 먹고, 공포를 느끼면 안전한 곳을 찾아 숨고, 피곤하고 짜증이 나면 잠을 잔다. 이 모두는 조절, 조절장애, 재조절로 이어지는 반복적인 과정이다. 우리의 뇌는 이러한 과정을 반복적으로 겪으면서 그 내용을 요약해 두었다가 나중에 사람들을 사귀거나 의식적인 경험을 형성할 때 참고자료로 활용한다.

　유아기와 아동기에는 안전함과 평온함에서 고통과 위험을 오가는 경험을 수없이 하게 된다. 아기는 새근새근 잠들어 있다가도 배고프거나 기저귀가 젖거나 트림이 나오려 할 때 깨어난다. 신이 나서 부엌을 이리저리 뛰어다니다가 넘어져서 머리를 찧기도 하고 방 안을 두리번거리다가 갑자기 불이 꺼지면 겁에 질리기도 한다. 이 모든 상황에서 아기는 혼란과 고통을 느끼거나 겁이 나서 울음을 터뜨린다. 우리는 평온하거나 즐거운 흥분을 느끼는 상태와 당혹스럽거나 공포에 질린 상태 사이를 오가며 성장해 왔다.

　유아는 조절장애 상태에 빠지면 본능적으로 울음을 터뜨려서 부모를 부른다. 이때 자기를 보살펴 줄 사람이 나타나면 유아는 조절 상태로 되돌아가고, 원시적 뇌 회로는 도움을 준 사람을 긍정적인 감정과 관련지어 기억하게 된다. 소변으로 젖은 기저귀가 뜨거워 울고 있는 아기의 모습을 상상해 보라. 기저귀를 갈아 주면 아기는 안락함을 되찾고, 더 좋은 냄새를 맡고, 엄마나 아빠를 눈과 귀, 손으로 느낄 수 있게 된다. 바로 이러한 과정 속에서 안정 애착이 형성된다. 애착은 자신을 도와줄 누군가가 나타나기만 해도 신체, 감정, 마음에 긍정적인 변화가 생길 수 있음을 인식할 때 형성되는 것이다. 그러므로 누군가의 존재를 긍정적인 감정과 관련지어 생각할 수 있으면 안정 애착을 형성할 가능성이 커진다.

반대로 유아가 조절장애 상태에 빠졌을 때 누군가가 다가왔는데도 조절 상태로 전환되지 않거나 오히려 조절장애 상태가 더욱 심각해지면 정반대의 일이 벌어진다. 앞의 예에서 유아가 울음을 터뜨려도 아무도 오지 않거나 누군가가 다가오긴 했지만 오히려 호통을 친다면 유아는 다른 사람의 존재를 재조절과 관련지을 수 없을 것이다. 심지어 다른 사람의 존재를 심리적 고통과 관련지을 수도 있다. 이런 부정적 경험이 반복되면 안정 애착이 형성되기 어렵다. 어릴 때 애착관계를 제대로 형성하지 못한 사람들은 다른 사람에게 위로받을 줄을 모르기 때문에 누군가가 위로해 주면 그때그때 다른 반응을 보인다. 안정 애착과 불안정 애착의 차이를 정리하면 다음과 같다. '안정 애착은 흥분과 불안을 조절하는 데 도움이 되지만 불안정 애착은 그렇지 않다.'

애착 이론은 이러한 경험들이 암묵적 기억으로 저장된다고 가정한다. 누군가가 내 고통에 관심을 기울이고, 무슨 일이 벌어졌는지를 파악하고, 내가 고요와 안정을 되찾도록 도와줄까? 아니면 나를 돌볼 겨를이 없거나 내 요구를 알아차리지 못하거나 나를 위로해 줄 수 없는 것일까? 우리는 양육자와 관련된 초기 경험을 바탕으로 타인이 우리의 정서적 고통을 어루만져 줄지, 우리로 하여금 안정을 되찾게 해 줄지를 예측한다. 이와 관련된 암묵적 기억 패턴을 가리켜 존 볼비(John Bowlby)는 '애착 도식'이라고 명명했다. 애착 도식은 이후에 친밀한 관계를 맺을 때 다시 활성화되며, 우리가 타인에 대해 판단하고 그들과 관계를 맺는 방식을 결정한다.

애착 도식

사랑을 배울 방법은 사랑하는 것뿐이다.
– Alice Murdock

애착 도식(attachment schema)은 자신이 위협과 불안을 느낄 때 다른 사람이 도와줄 가능성에 대한 기대 수준을 의미한다. 연구에 따르면, 애착 도식은 안정 애착, 회피형 애착, 양가형 애착, 혼란형 애착의 네 가지 범주로 나눌 수 있다.[1] 다음은 각 유형에 속하는 아이와 부모의 상호작용에서 나타나는 일반적인 경향을 설명한 것이다.

1. 안정 애착 도식을 가진 아이의 부모는 필요할 때면 언제든지 다가와서 자녀의 요구에 귀를 기울이는 사람들이다. 이에 해당하는 부모는 다른 일을 하다가도 아이가 찾으면 자연스레 하던 일을 멈추고 아이를 돌본다. 그리고 아이에게 더 이상 자신이 필요하지 않게 되면 하던 일로 되돌아간다. 이런 부모의 아이들은 잠시 불편함을 느끼더라도 부모의 도움으로 금세 안정을 되찾고 다시 놀이와 탐험을 시작한다. 이 아이들은 부모가 자기에게 관심을 기울이고, 도움을 주고, 자립심을 기르도록 격려해 줄 것이라고 기대한다. 연구자들은 이들이 불편함을 느낄 때 어머니를 부르면 다시 안정감을 찾을 수 있다는 사실을 학습을 통해 알게 된다고 생각한다.

2. 회피형 애착 도식을 가진 아이는 자녀에 대해, 혹은 자녀의 요구에 대해 신경 쓰지 않거나 무관심한 부모 슬하에서 자란 경우가 많다. 이런 아이는 스트레스를 받아도 부모를 무시하거나 힐끗 쳐다보기만 할 뿐 아무런 요구도 하지 않는다. 불안을 느낄 때에도 부모가 달래 줄 것이라고는 기대하지 않기 때문이다. 이들은 다른 사람에게 의지하지 않고 정서적 문제를 스스로 해결하는 편이 더 쉽다고 배운 것처럼 보인다.

3. 양가형 애착 도식을 가진 아이의 부모는 자기 자신의 문제로 곤란을 겪고 있거나 자녀의 요구에 응하지 못할 때가 있는 사람들이다. 이 유형에 해당하는 아이는 불편함을 느낄 때 도움을 청하기는 하지만 쉽사리 안정을 되찾지 못하고 다시 놀이를 시작하기까지 시간이 걸린다. 어머니가 불안정한 모습을 보이기 때문에 아이들의 고통이 더욱 악화되는 경우도 많다. 이런 아이는 부모에게서 떨어지지 못하고 주변에 대한 호기심이 약한 경향이 있다. 마치 어머니의 불안한 모습을 보며 '세상은 위험한 곳이니 숨어 있어야 한다'는 사실을 배운 것처럼 보인다.

4. 혼란형 애착 도식을 가진 아이는 스트레스를 겪을 때 어머니와의 관계에 대한 갈등을 나타낸다. 그들은 어머니에게 보살핌을 받고 싶어 하면서도 한편으로는 다가가기를 두려워하기도 한다. 이런 아이는 내적인 접근-회피 갈등을 겪는 것으로 보인다. 그러한 갈등 때문에 통제할 수 없을 정도로 혼란스러운 행동을 하거나 심한 경우에는 빙글빙글 돌다가 넘어지고 어딘가에 부딪히기도 한다. 이들은 어떻게 해야 안정을 되찾을 수 있는지를 모른다. 어떤 때는 제정신이 아니거나 무아지경에 빠진 것 같은 모습을 보이기도 한다. 몸이 얼어붙은 것처럼 한자리에 가만히 있거나 오랫동안 불편한 자세를 취하는 경우도 있다. 아이의 혼란형 애착 도식은 어머니에게 남아 있는 과거의 슬픔이나 트라우마와 관련이 있다고 알려져 있다. 그러한 감정이 본인뿐만 아니라 자녀까지도 두려움에 사로잡히게 만드는 것이다.

인간은 분류하기를 좋아한다. 특히 분류하는 것이 이해하고 확신을 얻는 데 도움이 될 경우에는 더더욱 그렇다. 애착을 연구하는 학자들은 지난 반세기 동안 분류의 효용성을 검토하고, 설명하고, 입증하기 위해 노력해 왔다. 그들의 연구 성과를 그대로 받아들이면 애착 도식이 다양한 관계의 양상을 잘 구분하여 설명해 준다고 믿기 쉽다. 그러나 심리치료자로서 내가 주로 고민해 온 주제는 '불안정하거나 혼란스러운 애착 도식을 가진 사람들이 안정을 되찾고 더욱 건전한 애착 도식을 갖도록 돕는 방법'이었다. 이러한 관점에 따르면, 심리치료자는 애착 도식이 고정불변의 것이 아니므로 변화될 수 있다는 점에 관심을 기울여야 한다. 따라서 가장 중요한 질문은 '애착 도식을 부호화하여 저장하는 암묵적 기억의 신경망이 가소성을 유지할 수 있는가'일 것이다.

애착의 가소성

> 사랑 때문에 생긴 상처를 치유하는 방법은
> 더 사랑하는 것뿐이다.
> – Henry David Thoreau

연구자들은 사회성을 가진 다른 포유동물의 어미와 새끼도 사람과 유사한 방식으로 상호작용한다는 것을 발견했다. 이러한 발견에서 얻을 수 있는 시사점은, 자궁 내의 환경과 출산 후의 모성적 행동이 새끼의 뇌로 하여금 특정한 환경에 적합하게 발달하도록 만든다는 것이다. 위험 요소가 많은 환경에서 살아가는 어미에게서 태어난 새끼의 뇌는 탐험을 기피하는 반면에 경계심이 강한 경향이 있다. 다시 말해, 어미의 행동과 생화학적 상태가 새끼의 뇌를 형성하는 틀이 되는 것이다. 따라서 태아기와 포유기 중에 새끼는 앞으로 닥쳐올 위험에 대비하라는 사전 경고 신호를 받게 된다.

새끼는 태아기부터 성체가 되기 전까지 어미의 스트레스를 물려받으며, 그 스트레스는 새끼가 앞으로 살아갈 환경에 적응하는 방식을 형성하는 데 영향을 미치는 것으로 보인다. 환경적 스트레스가 줄어들면 행동 양식이 변화함에 따라 주어진 상황을 더욱 안전하게 느끼게 된다는 것을 입증한 연구도 있다. 인간의 경우에, 자원이 부족하고 폭력이 만연한 환경에서 살아가는 여성은 심리적으로 더 불안정한 아이를 낳을 가능성이 높다. 자연은 아이들이 세상에서 생존할 수 있도록 미리 준비를 시키는 것처럼 보인다.

애착 도식이 환경의 변화에 따라 수정될 수 있는 적응 전략이라면, 내담자가 타인과 함께 있을 때 느껴지는 불안감에서 벗어날 수 있도록 돕는 것이 심리치료의 목표라고 할 수 있다. 사랑하는 것은 삶의 주된 목표 중 하나이며 긍정적인 관계는 우리에게 좋은 영향을 미치기 때문이다.

생후 1년 정도가 되면 개개인의 애착 유형이 어느 정도 결정된다. 그러나 연구자들은 애착 도식이 신경망 속에서 고착화되거나 불변성을 갖게 되는 것은 아니라고 주장한다. 우리는 살아가면서 여러 가지 변화를 겪고 수많은 사람들과 애착관계를 맺는데, 이러한 사실은 우리의 신경망들이 '가소성'을 갖고 있음을 보여 준다. 그렇기 때문에 어린 시절에 부정적인 경험을 했던 사람이라도 나중에 어른이 되어서는 자신의 아이들과의 관계에서 안정 애착을 형성할 수 있다.

애착 도식의 유연성은 한 가지 근원적인 진실과 관련이 있다. 즉, 애착 도식은 새로운 상황에 맞게 수정될 수 있는 생존 전략이라는 것이다. 불안정 애착 도식을 가진 사람도 안정 애착 도식을 가진 사람과 5년 정도의 기간 동안 가까운 관계를 유지하면 애착 안정성이 점차 높아진다고 알려져 있다. 독자들은 이 경우 상대방, 즉 안정 애착 도식을 가진 사람에게도 변화가 일어날 것이라고 추측할 수도 있겠지만 난 그렇게 생각하지 않는다. 부정적인 사건이나 관계로 인한 스트레스는 편도체와 그것이 통제하는 신경망에 지속적으로 위험 신호를 보냄으로써 불안정 애착을 강화한다. 그러나 안정 애착은 불안정 애착과 달리 외부 변화의 영향을 크게 받지 않는 것 같다. 다시 말해, 안정 애착은 쉽게 흔들리지 않는다.

아동기에 형성된 특성은 대인관계, 심리치료, 자기인식 등을 통해 변화될 수 있다. 스트레스나 트라우마를 야기한 과거의 경험을 의식적으로 재해석하는 능력은 안정 애착의 형성, 정서 조절의 유연성, 서술적 기억 능력과 관련이 있는 것으로 보인다. 안정 애착 도식을 가진 배우자나 훌륭한 심리치료자와 맺은 치유적 관계는 과거의 공포를 재해석하고 해결하며 안정 애착 도식을 형성하는 데 도움을 준다. 이러한 모든 발견이 심리치료자에게 제시하는 가장 중요한 함의는 긍정적인 관계가 불안정 애착을 안정 애착으로 바꿀 수 있다는 것이다.

긍정적 변화를 중시하는 심리치료자인 나는 암묵적 기억의 일종인 애착 도식도 달라질 수 있다고 믿고 싶다. 그렇다면 내담자가 더 건강한 삶을 영위하도록 도울 수도 있을 것이다. 이런 관점에 따르면, 심리치료는 올바른 애착관계를 연습하는 과정이 되고 내담자는 심리치료자의 도움을 받아 감정을 조절하는 훈련을 하며 마침내 안정 애착 도식을 갖게 될 수 있을 것이다. 그리고 더 중요한 사실은 전문가의 도움을 받거나 변화에 필요한 개인적인 경험을 쌓으면 학대나 불안정 애착의 대물림을 끊을 수도 있다는 것이다.

심리치료에서의 애착

사랑의 첫 번째 의무는 상대방에게 귀 기울이는 것이다.
– Paul Tillich

안정 애착을 형성할 수 있는 내담자들은 불안을 신속하게 조절할 수 있다. 다시 말해, 그들은 심리치료자와 긴밀하게 상호작용할 뿐 아니라 심리치료자의 뇌를 십분 활용하여 자신의 뇌를 변화시켜 나간다. 이것은 심리치료자와 내담자가 많은 시간을 함께 보내고 긍정적인 상호작용을 하면 자연스레 벌어지는 일이다.

불안정 애착 도식을 가진 내담자는 (안정 애착 도식을 가진 내담자와)

똑같은 의자에 앉아 똑같은 주제를 다루고 심지어 똑같은 말을 하면서도 방어벽 뒤에 숨은 채 심리치료자를 바라본다. 그들은 중요한 사람이 곁에 없거나, 자신에게 무관심하거나, 마음을 헤아려 주지 않을 때 느끼게 될 고통과 실망으로부터 스스로를 보호하기 위해 오래전부터 이러한 방어벽을 쌓아 온 것이다. 이러한 내담자들은 '성격장애'를 갖고 있는 경우가 많다.

따라서 다음과 같은 중요한 질문을 던지게 된다. 불안정 애착 도식을 가진 사람이 심리치료자와의 관계에서 안정 애착을 형성하기 위해서는 무엇이 필요한가? 부모의 잘못된 양육에 대한 기억을 한결같은 모습으로 늘 곁을 지키며 마음을 헤아려 주는 심리치료자에 대한 기억으로 대체하기 위해서는 어떻게 해야 하는가? 이 모든 질문에 속 시원하게 답해 주는 안내서라도 있다면 얼마나 좋을까?

어린 자녀를 양육하는 것과 마찬가지로, 성인이 된 사람을 보살피는 재양육도 힘들고 오랜 시간이 필요한 일이다. 그 과정에는 여러 가지 어려움이 따르기 때문에 심리치료자는 인내심을 갖고 자신의 감정을 조절할 수 있어야 한다. 내담자는 무의식적으로 심리치료자를 조종하여 자신의 부모와 같은 반응을 보이도록 만들 것이다. 자신이 거절당할 거라고 예상하는 내담자는 스스로를 '거절당해도 마땅한 사람'으로 보이게 할 것이다. 누군가에게 기만을 당하거나 간섭을 받게 될 것이라고 예상하는 내담자는 심리치료자가 간섭하기 쉽도록 경계를 늦추고 어리숙한 모습을 보일 것이다. 그리고 심리치료자가 자신에게 간섭하든 그러지 않든 화를 낼 것이다. 따라서 내담자의 역할은 자신의 과거 속에 심리치료자를 가두는 것이고, 심리치료자의 역할은 먼저 내담자의 계략에서 벗어난 후 지금 무슨 일이 벌어지고 있는지를 설명해 주고 계속해서 내담자를 지원하는 것이라고 볼 수 있다. 다음에 제시된 세 가지 단계에 대해 살펴보면 도움이 될 것이다.

1단계 : 심리치료자는 내담자에게 좋은 부모가 되어 주어야 한다. 필요할 때 언제나 함께하면서 정서적 조율을 위해 노력하고 내담자의 관점을 존중해야 하는 것이다. 심리치료자와의 관계 속에서 내담자는 자신이 고수해 온 방어 수단이 불필요하다는 것을 스스로 깨달을 수 있다. 칼 로저스는 이 사실을 잘 알고 실천한 사람이었다.

2단계 : 내담자와 심리치료자 사이에 안정적인 관계가 형성된 후에 내담자가 슬픔과 비통함을 표출하는 경우가 종종 있다. 이러한 감정은 아동기에 필요했던 보살핌을 받지 못한 것에 대한 반응이며, 한편으로는 성인기에도 방어적인 태도로 자신의 요구를 억눌러 왔음을 인식한 결과이기도 하다. 이때 심리치료자는 내담자와 교감하면서 감정 표현을 격려해 주어야 한다. 그러나 시간이 조금 지난 후에는 내담자가 슬픔을 딛고 일어나 새로운 삶을 살아가도록 이끌어야 한다. 일시적인 감정에 불과한 슬픔이 남은 평생을 지배하도록 내버려 둘 이유가 없음을 깨닫게 해야 하는 것이다. 심리치료자는 슬픔의 늪에 빠진 내담자의 손을 잡고 거기에서 빠져나올 수 있게 도와야 한다.

3단계 : 신경망의 진정한 변화는 내담자가 다른 사람과 접촉하거나 상호작용하는 방법을 재검토하고 나서 새로운 삶을 시작한 후에 일어난다. 불안정 애착 때문에 어려움을 겪은 내담자는 자신의 사회적 행동 중에서 부정적인 결과를 초래한 것이 무엇인지 알고 있을 것이다. 가장 먼저 해야 할 일은 부정적인 결과를 가져오는 행동을 멈추는 것이다. 내담자가 새로운 행동을 시도하면 심리치료는 새로운 상호작용 방법을 계획하고 분석하는 과정이 된다. 심리치료자는 내담자가 수치심에서 비롯된 잘못된 생각, 감정, 행동을 극복하는 데 큰 도움을 줄 수 있다. 두 번째로 할 일은 내담자가 새로운 시도를 할 때 느끼는 불안을 해소해 주는 것이다. 이때 명상, 요가와 같이 편도체의 활성화 수준을 떨어뜨림으로써 스트레스를 줄일 수 있는 여러 가지 기법을 사용하는 것도 좋은 방법이다.

불안정 애착을 저항으로 규정하기보다는 트라우마를 겪은 후에 남아 있는 기억으로 보는 것이 바람직하다. 그럼으로써 내담자의 행동을 탓하게 되거나 심리치료자 스스로가 거절당했다고 느끼게 되는 상황을 미연에 방지할 수 있다. 인정하고 싶진 않겠지만, 심리치료자는 '비협조적인' 내담자들 때문에 상처를 받을 수 있다. 그러므로 심리치료자도 개인적으로 심리치료를 받으면서 자신의 내면적 요구를 살펴보는 것이 좋다. 심리치료자도 사랑받고 인정받기를 원하고 누군가가 자신에게 귀 기울여 주기를 바라는 인간이기 때문이다.

대뇌피질에서 편도체까지 이어지는 억제 회로 만들기

사랑은 그것을 주는 사람과 받는 사람 모두를 치유한다.
– Karl Menninger

그렇다면 불안정 애착을 안정 애착으로 바꾸기 위해서는 어떻게 해야 할까? 다른 사람과의 정서적 조율, 조율 실패, 재조율의 반복이 불안과 공포에 맞서 스트레스를 조절하고 관계를 유지할 수 있는 힘을 길러주는 이유는 무엇일까? 하인즈 코헛(Heinz Kohut)은 이러한 과정을 '연금술적 내면화(transmuting internalization)'[2]라고 명명했다. 다분히 시적으로 들리는 이 말의 의미는 무엇일까?

편도체는 공포 회로의 핵심이다. 신경과학 분야의 최근 연구에 따르면, 편도체는 부정적인 연상을 영구적으로 저장하도록 진화했다고 볼 수 있다. 불안정 애착 도식의 핵심은 친밀한 관계를 공포, 부정적 경험, 정서적 조절장애와 관련짓는 편도체의 연상 작용이다. 따라서 불안정 애착 도식을 가진 사람이 친밀한 관계를 원할수록 편도체는 위험 신호를 보내고, 누군가와 가까워질 때 자율신경계의 각성과 투쟁-도피 반응을 촉발한다. 그러므로 안정 애착을 형성하기 위해서는 이러한 연상 작용을 억제해야 한다.

> **신경과학 상식 : 하행 억제(descending inhibition)**
> 대뇌피질이 변연계의 중뇌와 뇌간을 억제하기 때문에 우리는 원시적인 반사작용과 학습된 공포 반응을 억제할 수 있다.

두려움이나 공포증을 극복하고, 외상후 스트레스장애를 치료하며, 불안정 애착 도식에서 벗어나 안정 애착 도식을 형성하면 뇌에 새로운 신경망이 형성되거나 기존의 신경망이 강화된다. 그리고 이러한 신경계는 전전두피질에서 편도체까지 이어지는 하행 억제 회로(descending inhibitory circuits)를 갖고 있을 가능성이 크다. 우리는 대뇌피질을 흥분성 뉴런으로 구성된, 기억과 지식의 저장소라고만 생각하는 경향이 있다. 그러나 대뇌피질이 강력한 억제 기능도 갖고 있다는 사실을 기억해야 한다. 대뇌피질의 억제 기능을 설명해 주는 좋은 사례가 있다.

내 아들은 태어난 지 30초쯤 지난 후 간호사의 손을 거쳐 내 품에 처음 안겼다. 나는 어떻게든 눈을 뜨고 세상과 마주하려고 애쓰는 아이를 물끄러미 바라보았다. 아이는 좁은 산도(産道)를 지나오느라 지쳐 있었고 나는 수면 부족과 아버지가 되었다는 두려움으로 멍한 상태였다. 간호사는 분만실 반대쪽에 있는 투명한 아크릴 상자를 가리켰다. 거기에 아이를 눕히라는 것 같았다. 나는 다행히 넘어지지 않고 2.72킬로그램밖에 되지 않는 아이를 상자 안에 깔린 얇은 담요 위에 누일 수 있었다.

아이의 머리 위에는 적외선등이 하나 달려 있었는데, 그것을 보니 감자튀김이 식지 않게 온도를 유지해 주는 맥도널드 매장의 온장고 조명이 생각났다. 적외선등에서 나오는 불빛이 태어난 지 1분밖에 되지 않은 아기에겐 너무 밝은 것 같아서 나는 왼손으로 빛을 가려 주었다. 바로 그때 아이가 그 작은 오른손을 뻗어 내 새끼손가락을 움켜쥐더니 곧 왼손까지 들어 내 엄지손가락을 잡았다. 그러고는 내 손을 자기 얼굴 쪽으로 끌어당겼다. 나는 그것이 원시적인 반사작용 중 하나인 뇌간 반사(stem reflex)일 뿐임을 알고 있다. 아이가 부모를 알아본 것도, 애정을 표현한 것도 아니었다. 하지만 그때, 아기는 교과서에 소개된 이름 모를 누군가의 아이가 아니라 바로 내 아들이었다. 나는 아이가 나를 알아보고 사랑을 표현하는 것이라고 확신했다. 과학적 객관성에 대한 이야기는 잠시 접어 두자.

이와 같이 무엇인가를 붙잡으려 하는 행동은 원시적 반사작용의 일종인데 '움켜잡기 반사'라고도 불리며 뇌간의 통제를 받는다. 새끼 원숭이는 어미가 이곳저곳을 돌아다닐 때 어미의 털을 꼭 붙잡고 매달려 있어야 하는데, 아기들에게서도 이와 유사한 행동이 관찰되는 것이다. 그래서 움켜잡기 반사는 진화 과정에서 없어지지 않고 그대로 남아 있는 반사작용이라고 여겨진다. 움켜잡기 반사는 신생아나 유아의 행동에서 자주 볼 수 있다. 아기의 손바닥에 손가락을 가져다 대면 아기는 손가락을 꽉 움켜쥔다. 움켜쥐는 힘이 꽤 세서 생후 2~3개월까지는 아기의 몸까지 들릴 정도다. 나는 아기의 체중이 더 늘어나면 이런 반사작용이 사라진다고 믿었었는데 그것은 틀린 생각이었다.

생후 몇 개월 동안 대뇌피질은 하행 섬유(descending fiber)[3]를 내려보내서 뇌간 반사를 억제한다. 이러한 억제가 발단 단계상 아주 이른 시기부터 이루어지기 때문에 양손은 원시적인 뇌간 반사에서 벗어나 대뇌피질에 있는 운동 영역의 통제를 받게 된다. 그리고 한 쌍의 집게에 불과했던 아기의 손은 열 손가락을 조화롭게 움직여 여러 가지 일을 해낼 수 있게 된다. 하행 억제와 관련된 또 하나의 흥미로운 이야기가 있다.

아들이 언젠가 노인이 되어 기억상실이나 정신적 혼동 증상을 보이면, 내 손주들은 그를 신경과 의사에게 데려가 검사를 받게 할 것이다. 신경과 의사는 아들을 진찰하면서 손바닥을 아래로 향하게 한 채로 팔을 최대한 뻗으라고 말할 것이다. 그리고 손가락을 내 아들의 팔 아래쪽에 대고 팔꿈치에서 손바닥까지 미끄러지듯 움직일 것이다. 손가락이 아들의 손에 이르렀을 때 신경과 의사는 손가락을 약간 오므려 아들의 손바닥을 자극하고 움켜잡기 반사가 일어나는지를 알아보려 할 것이다. 만약 움켜잡기 반사가 나타난다면 그것은 노인이 된 내 아들의 전두엽과 측두엽에 있는 뉴런들이 서서히 죽어 가고 있음을 의미한다.

그렇다면 움켜잡기 반사가 다시 나타나는 이유는 무엇일까? 움켜잡기 반사가 실제로는 사라지는 것이 아니라 글을 쓰거나 피아노 연주를 할 수 있을 만큼 양손을 자유롭게 만들기 위해 수십 년간 억제될 뿐이기 때문이다. 움켜잡기 반사를 억제해 주던 대뇌피질의 뉴런들이 치매 때문에 죽기 시작하면 뇌간이 다시 우리의 손을 통제하게 되고 억제되어 왔던 움켜잡기 반사가 되살아난다. 신경학자들은 이러한 상태를 '대뇌피질 해체 징후(cortical release sign)'라고 부른다. 움켜잡기 반사가 다시 나타나는 것은 대뇌피질의 기능에 문제가 생겼기 때문이다. 움켜잡기 반사는 사라지지 않는다. 다만 대뇌피질의 하행 신경망 회로에 의해 억제될 뿐이다.

> **신경과학 상식 : 대뇌피질 해체 징후**
> 원시적 반사작용이 성인기 이후에 다시 나타나는 것은 그것을 억제해 온 대뇌피질의 특정 영역이 손상되었음을 의미한다. 대뇌피질 해체 징후는 뇌에 생긴 손상이나 질병의 결과로 나타날 때가 많다.

내가 이런 이야기를 들려준 것은 신경과 의사가 되라고 권장하기 위해서가 아니라, 이러한 과정에 대한 이해가 내담자들이 안정 애착을 형성할 수 있도록 돕는 데 매우 중요하기 때문이다. 움켜잡기 반사를 억제하기 위해 뇌간으로 하행 섬유를 내려보내는 것과 마찬가지로, 대뇌피질은 편도체로도 하행 섬유를 내려보내고 이 하행 섬유는 눈앞에서 벌어지는 상황에 편도체가 어떤 식으로 반응할지를 결정한다. 내담자가 친밀함에 대한 두려움을 극복할 수 있도록 돕는 일은 관계에 대한 투쟁-도피 반응을 일으키는 편도체를 억제하기 위해 새로운 신경망 회로를 구성하는 것이기도 하다.

따라서 내담자와 함께 조절, 조절장애, 재조절의 반복적인 순환을 경험하는 것은 내담자의 애착 회로를 재구성하는 작업이 된다. 내담자들은 심리치료자가 자기를 비난하거나 모욕하거나 버릴 거라고 예상하지만 실제로는 정반대의 일을 겪기 때문에 그들의 머릿속에는 새롭고 긍정적인 기억이 하나둘 추가된다.

심리치료자가 내담자에게 불안을 해소할 수 있는 몇 가지 방법을 알려 주면, 내담자는 그 방법들을 활용하여 스스로를 성찰하고 대뇌피질을 더 활성화할 수 있다. 그래서 결과적으로 더 많은 하행 섬유들이 만들어지고 이미 갖고 있던 하행 섬유의 형태가 변화하기도 한다. 내담자가 스트레스를 받을 때 대뇌피질을 활성화할 수 있으면 정서 조절 능력도 더욱 향상될 것이다.

아이들에게 사사건건 개입하려 드는 '헬리콥터 부모'들처럼 편도체도 우리를 잠재적 위험으로부터 보호하고자 한다. 편도체가 우리를 겁에 질리게 만드는 것도 위험한 길로 접어들지 않게 하기 위해서다. 하지만 편도체의 과잉보호가 삶의 가치를 떨어뜨릴 수 있다. 겉보기엔 끝이 없어 보이는 조절, 조절장애, 재조절의 순환을 통해 심리치료자는 (마치 부모처럼) 새로운 대뇌피질 회로를 형성해 주고 내담자의 편도체에게 더 이상 두려워할 필요가 없다는 확신을 심어 주어야 한다. 심리치료라는 연금슐을 통해 우리는 신경망 회로를 강화하고 재구성할 수 있다. 그리고 수십 년 전에 프로그램된 공포감을 억제하고 현재의 환경에 더 효과적으로 적응할 수 있게 된다.

8장
핵심 수치심

최악의 외로움은 자기 자신이 불편하게 느껴지는 것이다.
– Mark Twain

우리 모두는 원초적이고 이기적이며 야만적인 본성으로 가득 찬 상태로 태어난다. 프로이트는 인간 정신의 일부인 이러한 본성을 원초아(id)라고 불렀다. 우리는 주변의 이목을 끌고 싶어 하고, 특히 부모의 관심을 독차지하려 한다. 생후 첫해에는 이러한 환상이 어느 정도 충족된다. 양육자가 아이의 모든 신체적·정서적 요구를 들어주려 하기 때문이다. 그러나 더 성장하여 주변 환경에 호기심을 느끼게 되면서 아이들은 위험한 세상에 노출된다. 이때 어른들은 아이를 보호하기 위해 수치심을 가르치지만, 수치심은 다른 사람에게 의존해야만 살아갈 수 있다는 사실을 상기시킬 뿐이다. 그 결과로 우리는 감정이 조금 상하기만 해도 목숨이 위협받는 것처럼 느끼게 된다.

이때 나타나는 '멈춤 반응(freeze response)'은 자율신경계 속에 부호화되어 있으며, 교감신경계가 주도하는 각성 상태가 부교감신경계가 지배하는 억제 상태로 급격하게 전환되기 때문에 나타난다. 호기심과 모험심으로 가득 찼던 아이도 멈춤 반응이 촉발되면 갑자기 공포에 사로잡혀 경직되고 위축되는 모습을 보인다. 그리고 멈춰 선 채 고개를 떨구고 어깨를 움츠리게 된다. 이와 같은 원시적인 사회적 통제는 친밀한 관계의 형성과 집단 내에서의 행동에 매우 중요한 영향을 미친다. 만약 당신이 사회적으로 우월한 개체를 열등한 개체보다도 뒤처지게 만들고 싶다면 핵심 수치심이야말로 가장 효과적인 수단이 될 것이다. 핵심 수치심을 가진 사람은 충성스러운 병사가 되기 위해 노력하고, 타인의 지시에 따를 때에만 편안함을 느낀다.

안 돼!

사람들이 권위에 복종할 때 나타날 수 있는
가장 부정적인 결과는 책임감을 잃는 것이다.
– Stanley Milgram

양탄자를 더럽히거나 소파를 물어뜯은 후 야단을 맞은 개는 몸을 둥글게 구부리고 배를 보이며 눕거나 꼬리를 다리 사이로 집어넣고 슬금슬금 도망갈 것이다. 사실상 모든 사회적 동물은 무리 속에서 소외되거나 비난을 받을 때, 혹은 다른 개체에게 굴복할 때 이와 비슷한 동작을 보인다. 이러한 동작은 본질적으로 '당신에게 복종하겠다'라는 메시지를 담고 있다.

대부분의 아이들은 이와 같은 '사회화 훈련'으로 인해 그리 큰 상처를 입지는 않는다. 우리는 살아가는 동안 수없이 많은 지적을 받아들여야 한다. 모두가 왕 또는 여왕이 되고 싶어 하지만, 부모는 공손하고 근면하며 행실이 바른 아이를 원한다. 그런데 질책과 비난, 거절이 되풀이되면 아이의 심리적·지적 발달에 심각한 악영향을 미칠 수 있다. 부모가 너무 엄하고 아이의 감수성이 지나치게 예민하거나 건강한 자존감의 형성을 방해하는 다른 요인이 있을 때 이런 문제가 나타난다. 훈육 목적으로 아이에게 지나친 수치심을 주면 아이는 오랫동안 정서 조절 문제를 겪게 될 수 있다. 부모가 지속적으로 수치심을 안겨 주면, 아이는 불안과 공포에 휩싸인 채 많은 시간을 보내게 되며 결과적으로 우울증이나 불안 장애를 겪게 될 가능성이 높아진다.

핵심 수치심이 생기지 않게 하려면 아이들이 부모와의 관계에서 상처를 받았을 때 재빨리 정서적으로 공감하고 반응해 줌으로써 그들이 내향성이나 조절장애 상태에서 벗어나게 해 주어야 한다. 수치심을 느낀 후 곧바로 부모와의 관계를 회복하고 교감을 나누는 일이 반복되면 자율신경계 기능의 균형을 되찾고 점진적으로 자기조절 능력과 자존감을 발달시키는 데 도움이 된다고 알려져 있다.

문제는 아이를 보호하기 위해 아주 오래전에 고안된 전략이 진화의 역사에서 한참 후에 나타난 애착, 사회적 지위, 정체성의 심리적 처리와 관련된 무의식적 기반으로 남아 있다는 것이다. 자신이 사랑받을 만한 사람이라는 느낌 혹은 그 반대의 느낌은 친밀한 관계의 형성, 스스로에 대한 인식, 집단 구성원으로서의 역할 수행 등에 매우 큰 영향을 미친다. 핵심 수치심을 가진 사람은 자신이 공격받거나 버려지거나 심지어 죽임을 당할 수도 있다는 생각에 사로잡힌 채 일생을 낭비하게 된다.

핵심 수치심의 원인

나는 칭찬을 쉽게 받아들이지 않는다.
– James Taylor

핵심 수치심이 형성되는 시기에 아이들은 모든 정보를 자기중심적으로 해석한다. 그래서 여러 가지 이유로 부모와 떨어지게 된 아이는 그 책임을 자신에게 돌리기 쉽다. 부모가 이혼하거나 병으로 죽는다는 것을 이해하지 못하고 자기가 사랑스럽지 않아서 부모가 떠난 것이라고 생각하기 때문이다. 아이들은 시간의 질적인 측면을 이해하지 못하기 때문에 함께한 시간의 양이 사랑의 깊이를 의미한다고 해석하는 경향이 있다. 당신이 대부분의 시간을 집 밖에서 보낸다면 아이는 그것을 일종의 거절로 해석할 것이다. 곁에 있어 줄 수 없었던 이유를 설명해도 아이에게는 통하지 않는다. 인간은 어린 시절을 양육자들 곁에서 보내면서 친밀한 관계를 맺어야 하는 존재이기 때문이다.

부모의 정서적 공감을 얻는 데 실패하면 야단을 맞거나 버림받을 때와 똑같은 부교감신경계 반응이 일어난다. 따라서 아이는 부모의 정서적 부재를 일종의 거절로 받아들이고 '나는 가족의 일원으로 받아들여질 만큼 중요하거나 가치 있거나 사랑스럽지 않아'라는 생각을 갖게 된다. 이것은 가족의 보호를 받아야만 살아갈 수 있는 아이들에게는 생명을 위협할 정도로 심각한 문제다. 어렸을 때 처음으로 애착관계를 형성하는 과정에서 그와 같은 경험을 하게 될 수도 있다. 아이들은 안정적인 관계를 기대하는데 부모나 양육자가 매정하고 무관심한 태도를 보이거나 화를 내서 그 기대를 완전히 저버리면 아이들은 거절당했다고 느끼게 된다. 이처럼 부모가 아이의 감정을 헤아려 주지 못하면 아이는 교감신경계의 통제를 받다가 갑자기 부교감신경계의 통제하에 놓이게 되는데, 사회성을 가진 다른 포유동물도 지배-복종 관계에 놓이게 되면 몸에서 이와 같은 반응이 나타난다.

좋은 부모와 건강한 자녀 사이에도 이 같은 문제는 일어나기 마련이다. 아무리 좋은 부모라도 아이의 감정을 헤아려 주지 못할 때가 있다. 하지만 예민하거나 불안을 쉽게 느끼는 아이는 부모와의 관계 속에서 일어나는 평범하고 일상적인 일 때문에 큰 상처를 입기도 한다. 부모와 자녀의 기질이나 성격 차이도 핵심 수치심의 원인이 될 수 있다. 그러한 차이가 두 사람의 정서적 조율을 지속적으로 방해하기 때문이다.

적절한 수치심 대 핵심 수치심

> 당신의 앵무새가 손님에게 어떤 말을 해도 부끄럽지 않게 살라.
> – Will Rogers

핵심 수치심은 집단의 윤리와 가치를 지킬 수 있게 해 주는 '적절한 수치심(appropriate shame)'과는 명확히 구분되어야 한다. 적절한 수치심은 어렸을 때 사람들이 우리에게 무엇을 기대하는지를 이해하고, 우리가 그 기대에 부응하고 있는지를 판단하고, 스스로 반사회적인 충동들을 억제하는 능력을 갖추기 시작하면서 형성되는 것이다. 적절한 수치심은 양심의 발달을 촉진하고, 타인에 대해 더 깊이 공감하게 해 주며, 타인과 서로 도우며 살아가게 해 준다.

반면 적절한 수치심보다 더 이른 시기(아동기의 첫 몇 개월 동안)부터 발달하기 시작하는 핵심 수치심은 개인으로서, 그리고 가족의 일원으로서 스스로를 얼마나 가치 있게 생각하는지와 관련이 있다. 핵심 수치심이 생기면 자신이 근본적으로 결함이 있고, 가치가 없으며, 사랑받을 자격이 없는 존재라고 느끼게 된다. 적절한 수치심은 긍정적인 정체성을 형성하는 데 도움을 주지만, 핵심 수치심은 자존감을 떨어뜨린다. 적절한 수치심이 자신의 잘못에 대한 부끄러움의 의식적 표현이라면, 핵심 수치심은 '자신의 존재 자체'에 대한 부끄러움이 내면 깊숙이 자리 잡은 것이라고 할 수 있다. 핵심 수치심을 가진 사람은 자신이 이미 명예를 잃었을 뿐 아니라 앞으로도 회복할 기회는 없다고 믿는다.

〈핵심 수치심이 우리에게 미치는 영향〉

심리적 영향

우울, 낮은 자존감

부적절한 자책

분노, 적대감, 질투, 책임 전가

대인관계에 미치는 영향

갈등 회피, 무조건적 사과

겉으로는 지나친 자신감을 보이지만 대인관계 문제를 해결하는 능력이 부족함.

가끔 격렬하게 화를 냄.

생물학적 영향

면역 기능 약화

코르티솔과 아드레날린 분비량 상승

신경가소성 감소

학업 및 직무에 미치는 영향

융통성 없는 완벽주의

좋은 성과를 얻어도 이전처럼 자부심을 느끼지 못함.

부정적 평가를 두려워하고 실패할 경우 지나친 자괴감을 느낌.

핵심 수치심을 가진 사람들이 아동기에 겪은 문제는 서로 비슷하다. 그들 중에는 권위적이고 비판적인 부모 밑에서 자랐거나 형제자매보다 사랑을 덜 받는다고 느끼며 성장한 사람이 많다. 부모 중 한쪽 혹은 양쪽으로부터 학대, 무시, 유기를 당했던 사람, 정서적으로나 실질적으로 자녀에게 의존하는 부모를 둔 사람도 많다. 부모가 제 역할을 하지 못하면 오히려 아이들이 부모를 정서적으로 돌보게 되는 경향이 있다.

이런 경우엔 부모에 비해 아이가 더 성숙하다고 할 수도 있다. 그러나 아이의 뇌는 적절한 양육을 받지 못하는 것이 자신의 무가치함 때문이라고 해석한다. '내가 사랑받을 자격이 있는 아이였다면 엄마 아빠는 내가 원하는 것을 해 줬을 거야.' 핵심 수치심은 자기가 형편없는 사람이라는 내적 확신과 그 사실이 타인에게도 알려질 수도 있다는 두려움이 합쳐진 것이다. 핵심 수치심을 가진 사람들은 설령 잘못한 것이 없더라도 문제를 바로잡을 방법은 없다고 생각한다. 자신을 사랑해 주지 않은 부모의 '범죄'를 제대로 인식하지 못하기 때문이다.

핵심 수치심을 가진 아이는 공부를 못하거나 왕따가 될 것이라고 지레짐작하기 때문에 불안하고 두려운 마음으로 교실에 들어서게 된다. 학교에서 새로운 친구를 사귀거나 수업을 들으면서 때때로 실패를 경험하

124

는 것은 자연스러운 일이다. 하지만 핵심 수치심을 가진 아이들은 자신의 실패를 용납하지 못하기 때문에 수업시간에 적극적으로 참여하고, 모든 친구들과 잘 어울리고, 소속감을 얻기 위해 고군분투한다.

핵심 수치심은 암묵적 기억에 저장되어 있기 때문에 우리는 그것을 언제 배웠는지 모르면서도 평생 잊지 못한다. 핵심 수치심은 생각해 본 적은 없지만 정확히 알고 있는 것들 중 하나인 것이다. 심리치료가 효과적인 이유도 핵심 수치심과 관련이 있다. 심리치료를 통해 핵심 수치심을 찾아내어 살펴볼 수 있고, 그것을 관리해 나갈 방법을 모색할 수 있기 때문이다.

자존감 대 핵심 수치심

> 자존감이 전부는 아니다.
> 하지만 자존감이 없다면 아무것도 할 수 없다.
> – Gloria Steinem

스스로에 대한 일관성 있는 개념, 즉 자기인식을 형성하게 되는 5~10세쯤에는 긍정적인 자존감이나 핵심 수치심 중 하나가 사회적·정서적 조건으로 자리 잡게 된다. 그것은 여러 가지 면에서 컴퓨터를 켠 후 마이크로소프트나 애플의 운영체제의 바탕화면을 보게 되는 것과 비슷하다. 우리는 컴퓨터를 사용할 때마다 바탕화면을 보면서도 그것을 만들어 내는 데 필요한 엄청난 분량의 프로그래밍 언어 코드에 대해서는 생각하지 않는다. 기본적인 자존감과 핵심 수치심 역시 아주 어린 시절에 프로그램되기 때문에 우리는 그것들의 존재를 본능적으로 알고 있지만, 그것들에 대해 생각해 보거나 직접적으로 설명해 보려고 하지는 않는다.

아이들은 커 가면서 다양한 또래 집단과 어울리게 되는데, 이 과정에서도 핵심 수치심은 큰 영향을 미친다. 독자들도 짐작할 수 있겠지만,

학교에서 괴롭힘을 당하는 학생뿐만 아니라 괴롭힘을 주도하는 학생도 핵심 수치심을 갖고 있을 가능성이 크다. 핵심 수치심의 영향은 특히 청소년기에 두드러지게 나타난다. 친구들에게 인정받고, 새로운 집단에 소속되고, 연애를 하는 것이 이 시기에는 아주 중요하기 때문이다. 그런데 핵심 수치심을 가진 아이는 다른 사람의 말과 행동을 잘못 해석하고, 모든 상호작용을 거절로 받아들인다. 그리고 이런 일이 반복되면 괴롭힘을 당하는 아이는 친구들에게 더 나쁜 평판을 얻고 새로운 관계를 맺기가 더욱더 어려워지는 악순환에 빠지게 된다. 결국 이런 아이들은 평생 동안 만성적 불안이나 우울로 고통받게 되고, 남들에게 인정받기 위해 끊임없이 노력하지만 별 소득이 없기 때문에 좌절하고 만다.

핵심 수치심을 가진 사람은 무엇인가에 대해 모르는 것을 견디기 어려워하기 때문에 해결책을 찾기 위해 끈기 있게 탐색하고 노력하기도 힘들다. 그들은 즉효성 처방을 찾는 경향이 있고, 불확실성으로 인한 불안에서 벗어나기 위해 종교 지도자나 대중심리학자가 제시하는 지나치게 간단명료한 해법에 매달린다. 이러한 내담자들이 긍정적 변화를 얻기 위해서는 공포감과 스트레스를 조절해야 한다. 나의 내담자는 이렇게 말한 적이 있다. "내가 어디에 있든 어디로 가든 상관없어요. 하지만 내가 어디로 가야 할지조차 모르는 상황은 정말 견디기 힘들어요."

심리치료와 핵심 수치심

> 친구란 당신의 치부를 알고 있으면서도
> 당신을 좋아하는 사람이다.
> – Jodie Foster

심리치료자는 핵심 수치심을 가진 사람들의 몇 가지 공통점에 주목할 필요가 있다. 완벽주의를 고집하는 그들은 스스로를 돌보지 않는 경향이 있다. 가학적이거나 냉혹한 배우자를 선택하는 경우도 많다. 혼자 있는 것을 못 견디는 사람이나 이별한 후에 자살을 시도하는 사람은 핵심 수치심을 갖고 있을 가능성이 높다. 핵심 수치심을 갖고 있으면 모든 이별을 생존에 대한 위협으로 느끼게 된다. 어린 시절에 버림받은 경험에 관한 암묵적 기억이 떠오르기 때문이다. 어떤 사람들은 자신의 부족함에 대한 지적을 받으면 공황상태에 빠지기 때문에 더 이상 무엇인가에 도전하거나 새로운 아이디어를 생각해 내지 못하게 된다. 심지어 다른 사람의 도움마저 거부하기도 한다.

수치심을 느끼면 우리의 뇌와 몸은 작동을 멈춘다. 특히 심한 수치심을 떠안고 살아가는 사람들은 부정적인 감정 때문에 인지 능력이나 지적 능력을 발휘하지 못하는 경우가 많다. 뇌가 마음에게 당신이 버림받거나 죽임을 당할 위험이 있다고 속삭이면 이성적으로 생각하거나 현실을 명확하게 직시하기가 어려워지는 것이다. 어떤 내담자는 이에 대해 다음과 같이 묘사했다. "수치심은 내게 사랑받을 자격이 없다는 확신을 심어 줘요. 그래서 난 사랑을 받을 수 없는 거죠. 누군가가 나를 사랑한다 해도 나는 그 사람의 판단력을 의심하면서 사랑을 거부할 수밖에 없거든요."

핵심 수치심을 가진 내담자들의 뇌에서 변화를 일으키기 위해서는 먼저 그들과 긍정적이고 진실한 관계를 맺어야 한다. 심리치료자는 그런 내담자들의 신뢰를 얻기 위해 부단히 노력하게 될 것이다. 때로는 내담자들이 상황을 역전시켜 심리치료자에게 고민을 털어놓으라고 요구할 수도 있다. 다른 사람을 돌봄으로써 자신의 문제를 감추어 아무도(심지어 자기 자신조차도) 알아차리지 못하게 할 수 있기 때문이다. 수치심이 분노와 적의를 낳기 때문에 내담자들은 심리치료자를 탓하고 적대적인 태도를 보일 수도 있다. 심리치료자의 헌신과 능력이 그들에게는 위협이나 공격으로 느껴질 수도 있는 것이다. 내담자는 자신의 수치심을 해소하기 위해 심리치료자를 희생양으로 삼기도 한다.

중독자와 범죄자의 자녀가 갖고 있는 핵심 수치심은 부모에 대한 부끄러움 때문에 더욱 악화될 수 있다. 아이는 자기를 학대하는 부모와 오히려 더 깊은 관계를 맺는 경우도 많다. 그러므로 학대당하거나 버림받은 아이들은 부모가 저지른 잘못을 자기 탓으로 돌리지 않을 거라고 예단해서는 안 된다. 어린 시절에 보살핌을 받지 못했던 내담자는 친절하고 배려심 많은 심리치료자를 공격할 수도 있다. 다른 사람의 보살핌을 받으면 자기를 돌봐 주지 않은 부모에 대한 슬픈 기억이 떠오르기 때문이다. 부모에 대한 분노를 좀 더 만만한 상대인 심리치료자에게 표출할 수 있는 것이다. 이러한 전이(transference) 문제를 해결하지 못하면 심리치료자가 아무리 선의를 베풀어도 돌아오는 것은 비난밖에 없을 것이다.

핵심 수치심을 가진 사람들은 타인의 분노를 피하거나 갈등을 막기위해 강박적으로 사과를 하고 그것을 당연하게 여기는 경향이 있다. 그들은 칭찬을 잘 받아들이지 않는 반면 비판으로 해석될 수 있는 말과 행동은 심각하게 받아들이고 곧바로 투쟁-도피 반응을 보인다. 누군가가 자신의 말이나 행동에 대해 지적하려 하면 과잉 반응을 보이기도 하는데, 이는 자신의 불안전함이 드러난 것에 대해 부끄러움을 느끼기 때문이다. 핵심 수치심을 가진 사람들은 성공에 대한 확신 없이는 새로운 시도를 하지 않으려 한다. 이러한 태도를 취하면 실패할 확률이 줄어들 수는 있지만, 새로운 일이나 도전을 기피하고 지나친 완벽주의로 인해 늘 불안을 느끼게 된다. 그러므로 심리치료의 성공은 내담자의 회피 행동을 줄일 수 있느냐에 달려 있다. 다시 말해, 내담자가 두려움을 회피하지 않고 정면으로 맞서야만 두려움을 억제하는 새로운 신경망을 형성할 수 있다.

타인과의 정서적 조율 실패는 불가피하게 일어나는 일이지만, 그때마다 신속하게 조율된 상태를 회복하면 오히려 감정을 조절하고 스스로를 통제하는 데 도움이 된다. 즉, 수치심을 느낀 후 곧바로 관계를 회복하고 정서적으로 조율하는 과정을 반복하면 자율신경계 기능의 균형을 되찾고 자기조절 능력을 점진적으로 발달시키는 효과가 있다. 이러한 반복적인 회복 과정은 중추신경계 전체에 본능적 기억, 감각 기억, 운동 기억, 정서 기억 등의 형태로 저장되고, 이를 통해 내담자들은 (아동기에 겪어 보지 못했던) 바람직한 양육에 관한 경험을 온전한 형태로 내면화할 수 있게 된다. 핵심 수치심은 근본적으로 다른 사람과 좋은 관계를 맺지 못하고 소외되거나 집단 내에서 배척당한 경험이 내면화된 것이며, 고통이나 두려움을 느낄 때와 똑같은 뇌 영역을 자극한다. 그래서 누군가에게 거절당했을 때 진통제를 복용하면 정서적 충격이 완화되기도 한다.

핵심 수치심은 엄청난 스트레스를 유발하여 결과적으로 뇌의 생화학 작용을 방해한다. 그러므로 핵심 수치심을 갖고 있으면 신경가소성이 현저히 떨어지고 학습이 잘 이루어지지 않기 때문에 심리치료의 효과를 얻기도 어려워진다. 따라서 심리치료자는 내담자의 핵심 수치심과 관련된 전이 현상을 주의 깊게 다룰 필요가 있다. 다시 말해, 심리치료자를 감정적으로 공격함으로써 부모에 대한 무의식적 원망을 해소하려는 시도를 간파하고 적절히 대처해야 하는 것이다. 핵심 수치심 때문에 발생하는 문제를 해결하기 위해서는 먼저 심리치료자와 내담자 사이의 정서적 간극을 좁혀야 한다.

심리치료자도 내담자만큼이나 핵심 수치심에 취약하다. 핵심 수치심을 가진 내담자는 타인의 약점과 불안을 파악해서 자신에게 유리하게 이용하는 데 매우 능하다. 내담자가 심리치료자의 평가를 두려워하는 경우에는 더더욱 그렇다. 그렇기 때문에 심리치료자가 자신의 수치심, 두려움, 약점에 대해 제대로 알고 있지 못하면 내담자는 그것을 금방 눈치채고 이용하려 한다. 공격이 최선의 방어이기 때문이다. 그러므로 심리치료자의 정서적 성숙과 자기인식 수준이 성공의 열쇠가 될 것이다. 따라서 심리치료자는 첫 번째 내담자를 만나기 전에 자신의 상처가 무엇인지 알아보고 치유할 필요가 있다.

지켜볼 거야!

여성과 대화할 때는 그녀의 눈이 하는 말을 들어라.
– Victor Hugo

세상에서 가장 중요한 정보는 얼굴을 통해 전달된다. 타인의 시선이 어디를 향해 있는지, 동공이 확장되었는지, 얼굴이 붉어졌는지, 어떤 표정을 짓고 있는지를 보면 그 사람의 속마음을 알 수 있다. 아이들도 아주 어릴 때부터 다른 사람과 눈을 마주치는 것을 좋아하고, 그것을 통해 사람들을 알아보기 시작한다. 아이들이 조금 더 크면 타인의 시선은 사회적 통제의 수단으로 활용된다. 대부분의 부모는 잘못을 저지른 아이를 꾸짖을 때 차갑고 엄한 표정을 짓는다. 우리는 그 표정만 보면 겁에 질리곤 했다. 전문가들에 따르면 사람들은 공중 화장실을 사용한 뒤에 손을 잘 씻지 않는데, 화장실 거울에 사람 눈을 그려 두면 '손 씻기'라는 친사회적인 행동을 할 가능성이 더 커진다고 한다.

사회적인 의사소통에서는 시선의 방향이 특히 중요하다. 상대방이 다른 사람이나 물건을 바라보거나 우리 뒤쪽에 있는 무언가를 쳐다보면 우리도 그들의 시선이 향한 곳을 보게 되고 함께 그것에 집중하게 된다. 상대방이 두려워하거나 놀란 표정을 지으면 우리는 그 이유를 찾기 위해 두리번거린다. 생후 3개월 정도만 되어도 다른 사람의 시선을 받으면 각성 수준이 올라가는데, 자폐 범주성 장애(autism spectrum disorder)[1]를 가진 사람의 경우에는 이러한 반응이 좀 더 늦게 나타나거나 아예 나타나지 않는다.

사람들의 시선을 한 몸에 받는 것은 단순히 사람들의 시선을 의식하는 것과는 또 다른 문제다. 이 차이는 심리치료자와 내담자가 눈을 마주치기가 어려운 이유이기도 하다. 주변의 사물을 보던 타인이 시선을 옮겨 당신을 바라보면 당신의 뇌는 각성 상태가 되고, 자율신경계가 활성화되며, 사회성을 주관하는 두뇌 영역이 경계 태세를 갖춘다. 자신이 타인의 시선을 한 몸에 받고 있다는 것을 알아차리고 그 의미를 분석하는 과정은 매우 빠르게 이루어진다. 눈을 마주치는 행위가 개인의 안전과 종족의 번식에 큰 영향을 미치기 때문이다. 우리의 몸이 타인의 시선으로 인해 경계 태세를 갖추는 과정을 실제로 느껴 볼 수도 있다. 이러한 반응은 특히 위협적이거나 매력적인 사람이 우리를 뚫어지게 쳐다볼 때 나타난다. 만일 두 사람이 몇 초 이상 눈을 마주치고 있다면 그 두 사람은 싸우거나 성관계를 가질 가능성이 크다.

직접적으로 눈이 마주치면 각성 수준이 높아지는데 이러한 상태는 투쟁-도피 반응이나 이성 간의 접촉과 밀접한 관련이 있다. 반면에 상대의 시선을 피하는 것은 거절, 배척, 무시를 의미한다. 누군가가 당신을 사랑이 담긴 눈빛으로 바라본다면 당신에게도 그 사람은 더욱 매력적으로 보일 것이다. 사람들은 대체로 사랑받는 것을 좋아한다. 반면에 상대방이 계속 다른 곳만 쳐다보면 당신은 자존심이 상하고, 관계를 유지하기가 싫어지며, 공격적인 충동을 느끼게 된다.

우리의 뇌는 사람들의 시선이 담고 있는 사회적 정보에 집중하고 그 정보를 수집하도록 되어 있다. 하지만 사람들이 눈을 통해 전하는 메시지는 그들이 어린 시절에 맺은 사회적 관계가 어떠했는지, 그리고 그들의 문화적 가치가 전전두피질에 어떠한 방식으로 자리 잡고 있는지에 따라 달라진다. 당신이 누군가를 뚫어지게 쳐다보면, 상대방은 당신이 모욕하거나 공격할 의도를 갖고 있다고 생각할 수도 있다. 우리는 대화할 때 상대방이 주의 깊게 듣고 있는지를 알기 위해 상대의 눈빛을 살피고, 그들이 너무 자주 시선을 돌리면 불쾌감을 느끼기도 한다. 그렇지만 어떤 국가에서는 시선을 피하는 것이 윗사람에 대한 공경을 의미하고, 이성 간에는 당연히 서로의 시선을 피해야 한다고 생각하기도 한다. 눈을 마주치는 행위는 사회적인 지배 관계를 확립하는 데에도 사용된다. 예를 들어, 아이들은 누가 더 용감한지를 겨루어 보려고 눈싸움을 한다. 한편 좋아하는 감정이 막 싹트기 시작한 두 사람이 한참 동안 눈을 마주치는 것은 접근을 허락하는 신호일 수 있다.

눈이 마주쳤을 때 내담자가 보이는 반응을 살펴보면 그들의 내적 상태에 대해 알 수 있다. 심리치료자의 시선을 두려워하거나 회피하는 내담자는 사회불안장애, 경계선 성격장애, 핵심 수치심을 갖고 있을 가능성이 높다. 직접적으로 눈이 마주치는 것은 여러 가지 의미로 해석될 수 있기 때문에 심리치료자의 시선에 대해 내담자는 안심할 수도 있고 위협을 느낄 수도 있다. 심리치료자의 태도와 내담자의 인식이 어떻게 상호작용하느냐에 따라 심리치료자의 시선은 전혀 다르게 해석될 수 있다.

나체촌에서 보냈던 일요일

> 다른 사람에게 창피를 주어서 자신의 명예를 드높이는 게
> 어떻게 가능한지는 아직도 이해할 수가 없다.
> – Mahatma Gandhi

어떠한 수단을 동원해서라도 큰 변화를 얻어 내고자 하는 내담자를 만나는 것은 심리치료자에게 크나큰 축복이다. 질리언이 바로 그런 내담자였다. 그녀는 지적이고 교양 있는 사람이었지만 여러 가지 질병으로 고통받고 있었고, **전환장애**(conversion disorder) 판정을 받았다. 심리치료를 받기 위해 찾아왔을 때 그녀는 자신의 질병이 아동기에 겪은 문제에서 비롯된 것이라고 확신하고 있었다. 질리언은 60세가 되어서야 자신이 평생토록 감정을 억제하고 어떻게든 남들 눈에 띄지 않으려 했던 것이

부모와의 관계 때문이었음을 깨달았다. 그렇지만 여러 가지 문제들에도 불구하고 질리언은 행복한 가정을 꾸렸고, 두 자녀를 건강하게 길렀으며, 가정 폭력 피해자들을 돕는 의미 있는 일에 참여해 왔다.

> **용어 설명 : 전환장애**
>
> 감정을 표현하지 않고 억압하면 그 잔향이 신체에 남아 있게 되는데, 이 때문에 항상성(恒常性) 유지 기능과 면역 기능이 저하될 수 있다. 프로이트는 이러한 증상을 전환장애라고 명명했다. 전환장애는 심리적·정서적 고통이 신체적 증상으로 표출되는 것을 의미한다. 후술하게 될 '위로, 왼쪽으로, 밖으로' 방법은 프로이트의 이론에 현대 신경생물학의 지식을 추가한 것이다. 감정을 표출하기, 자신을 드러내기, 자기주장 하기 등의 연습이 전환장애 치료에 효과적인 경우가 종종 있다.

그녀의 부모는 자존감, 애착, 성(性)과 관련된 자신들의 문제에 정신이 팔려 있어서 딸의 감정을 헤아려 주지 못했다. 질리언은 어렸을 때부터 그 나이에 맞지 않게 성적 매력을 드러내야 했고, 극단적인 순종을 강요당했으며, 친척이나 친구에게도 털어놓지 못할 비밀을 갖고 있었다. 질리언과 그녀의 형제자매들은 자기애에 빠져 있는 부모 때문에 느낀 혼란, 당혹감, 불안을 스스로 감당해야 했다. 질리언과 비슷한 경험을 가진 내담자는 종종 있지만 그녀의 내향성과 핵심 수치심은 조금 독특한 것이었다. 그녀의 부모가 나체주의자들이었기 때문이다.

질리언이 사춘기에 접어들었을 때 그녀의 부모는 일요일마다 아이들을 나체촌에 데려가기로 결정했다. 질리언은 가기 싫다는 의사를 표현했지만 억지로 가야 했고, 그곳에 갈 때마다 하루 종일 성인 남성들의 시선을 온몸으로 받아야 했다. "거기에 가면 우리 또래는 한 명도 없었어요. 다른 부모들은 아이가 청소년이 되면 더 이상 그곳에 오지 않았지만 제 부모님은 예외였죠. 그게 모든 문제의 시작이었어요." 질리언은 부모가 사람들의 관심을 얻고 친교를 맺기 위해 자신과 자매들을 이용하는 것 같다고 생각했다.

나는 질리언에게 애초에 그곳에 왜 갔느냐고 물었고, 그녀는 어머니가 나체촌에 가는 것은 전혀 이상한 일이 아니니 함께 가자고 고집을 부렸다고 대답했다. 하지만 그렇게 말하면서도 어머니는 나체촌에 간다는 이야기를 아무에게도 하지 말라고 주의를 주었다. 누가 알게 되면 아버지가 직장을 잃을 거라고 하면서 말이다. 질리언이 그처럼 쉽게 굴복할 수밖에 없었던 것은 그녀의 어머니가 지배하고 통제하는 성향을 갖고 있었기 때문이었다. 그녀는 반항해도 소용없을 것이라고 생각했다. 질리언은 부모의 지시를 따르도록 교육받아 왔기 때문에 나이가 든 후에도 자신이 일요일마다 나체촌에 다녔다는 것을 비밀로 했다.

질리언은 그녀의 가족들 주위에 모여 앉아 그녀와 자매들을 뚫어지게 쳐다보던 남자들의 모습을, 그리고 자신이 일요일마다 느꼈던 수치심과 당혹감을 기억했다. 그때 질리언은 스스로를 어떻게든 보호하기 위해 책 속에 얼굴을 파묻고 온몸으로 느껴지는 타인의 시선을 애써 무시하려 했다. 나체촌에서 보낸 시간들 때문에 질리언은 성인이 된 후에도 타인의 시선이나 관심을 두려워하게 되었다. 그녀는 특히 누군가가 자기를 성적인 대상으로 보는 것을 견딜 수 없었다. 그녀는 가장 볼품없는 옷을 골라 입었고 화장도 거의 하지 않았다. 여성성을 드러내는 일은 무엇이든 피하느라 인생을 허비한 셈이었다. 그녀는 옷차림에 전혀 신경을 쓰지 않는 사람처럼 보였지만 그 모습은 사실 의도적으로 연출된 것이었다.

핵심 수치심을 가진 질리언은 남의 눈에 띄고 싶지 않았기 때문에 직장에 다니지 않고 아이와 남편을 돌보는 데에만 온 정성을 쏟았다. 나를 처음 만났을 때 그녀는 분노와 두려움을 거의 완전히 억눌러 둔 상태였고, 그런 감정이 신체적 증상으로 전환되어 자가면역질환을 비롯한 여러 가지 질병을 앓고 있었다. 질리언은 감정을 표출하는 방법을 배워야 한다고 생각했지만, 두려움 속에 숨어 살아온 삶을 하루아침에 뒤바꿀 수는 없다는 것도 알고 있었다.

나는 질리언의 핵심 수치심, 타인의 시선에 대한 두려움, 그녀가 살아오면서 겪은 현실적 고통을 이해하기 위해 최선을 다했다. 질리언은 한시라도 빨리 심리치료의 성과를 얻고 싶어 했지만 나는 천천히 한 단계씩 밟아 나가야 한다고 이야기해 주었고, 심리치료의 모든 과정은 언제나 그녀의 통제하에 있다는 것을 알려 주었다. 자신에게 상처를 준 사람에게 지배당해 왔던 내담자들에게는 통제권이 그들에게 있다는 사실을 일깨워 주는 것이 특히 중요하다.

나는 우선 그녀의 질병에 초점을 맞추고 내가 '위로, 왼쪽으로, 밖으로'라고 부르는 치료 방법에 대해 설명했다. 이 방법은 다음과 같은 가정을 바탕으로 고안한 것이다. 우리의 감정은 몸속에서 어떤 작용을 일으키고 저장된다. 그다음에는 우뇌 피질—신체가 감정을 처리하는 과정의 정점—로 전달되는데, 이 단계에서 우리는 감정을 의식적으로 자각하게 된다. 마지막으로 좌뇌 피질의 처리 과정까지 거친 후에 비로소 우리는 감정을 스스로에게, 그리고 타인에게 언어로 설명할 수 있다.

질리언은 아버지와는 더 이상 만나지도, 대화를 나누지도 않고 있었다. 하지만 어머니는 계속 연락을 하면서 여전히 딸을 통제하려 했다. 질리언은 확실하게 선을 긋지는 못하고 단지 어머니의 전화를 받지 않는 식으로 대처했다. 심리치료를 받으면서 질리언이 처음으로 시도해 본 일은 어머니에게 더 이상 연락하지 말라고 확실하게 이야기함으로써 의도적으로 선을 긋고 자신의 통제력을 되찾는 것이었다.

질리언의 어머니는 또 크리스마스 같은 특별한 날마다 도자기를 선물하면서 딸에게 간섭하려 했다. 질리언과 그녀의 남편은 그게 너무도 싫었지만 선물을 받은 뒤 어쩔 수 없이 찬장이나 옷장에 쑤셔 넣곤 했다. 그래서 질리언이 두 번째로 시도해 본 일은 '도자기 깨기'였다. 우리는 여기에 의미를 부여해서 도자기를 깨는 것이 질리언의 삶에 대한 어머니의 영향력을 깨뜨리는 일종의 의식이라고 생각해 보았다. 질리언은 차고 바닥에 깨진 도자기 조각들이 쌓여 있는 사진을 여러 장 보내 왔다. 비슷한 시도를 해 본 내담자들은 모두 이런 시도가 생산적일 뿐만 아니라 만족스럽고 즐거웠다는 이야기를 했다.

더 이상 숨지 않고 당당하게 살기 위한 질리언의 세 번째 시도는 그녀가 가정 폭력 피해자들을 위해 해 온 일들에 대한 글을 쓰고 그것들을 나중에 책으로 출판할 수 있도록 정리하는 것이었다. 그리고 마지막인 네 번째 시도는 옷장을 새 옷으로 채우고 자신의 차림새를 남의 눈에 더 잘 띄게, 더 매력적으로 보이도록 바꾸는 것이었다. 그 네 가지 시도는 하나씩 떼어 놓고 보면 그리 대단한 일처럼 보이지 않을 수도 있다. 하지만 그 모든 일들을 통해 질리언은 어둠에서 벗어나 밝은 세상을 향해 한 걸음씩 나아갈 수 있게 되었다.

이와 같은 시도들을 서두르지 않고 하나씩 적용하면서 분석할 수도 있고, 다음에 다루게 될 문제에 대비해 내용을 조금씩 바꿔 볼 수도 있다. 이러한 시도는 편도체의 활성화를 막아 주는 하행 신경망 회로를 갖추게 해 주기 때문에 스스로를 드러내고 자기주장을 내세우며 통제력을 발휘하는 데 도움이 된다. 부모가 정서적 조율을 위해 노력하면 아이는 자신의 경험에 대해 솔직하고 자유롭게 이야기할 수 있다. 이런 경우에는 편도체를 조절하는 신경망 회로를 아주 어릴 때부터 갖출 수 있다. 하지만 내가 만났던 수많은 내담자들은 노력하기에 따라서는 성인기 이후에도 그러한 신경망 회로를 형성할 수 있다는 것을 보여 준다.

9장
사회적 지위 도식
- 세상에서 우리가 차지하는 위치 -

양이 사자 떼를 이끄는 것보다는
사자가 양 떼를 이끄는 편이 낫다.
- Daniel DeFoe

지난 10여 년 동안 많은 심리치료자들은 애착에 관한 연구의 개념과 발견을 활용해 왔다. 심리치료와 애착 이론은 어린 시절의 친밀한 관계가 뇌와 정신의 발달과 기능은 물론이고 이후의 대인관계에도 큰 영향을 미친다고 전제하는 공통점을 갖고 있다. 애착 도식의 형성 과정을 파악하고, 그것이 생리적 조절부터 회복탄력성(resiliency)[1]에 이르는 내담자의 모든 능력에 미치는 영향을 이해하는 것은 심리치료의 사례 개념화와 실무에 있어 필수적인 과제가 되어 왔다. 어린 시절의 애착이 핵심 수치심의 형성과 결과에 미치는 영향에 대한 이해는 심리치료자들에게 더욱 중요한 문제가 되어 가고 있다.

아직까지는 심리치료자나 애착 연구자가 **사회적 지위 도식**(social status schema)의 중요성, 혹은 초기 경험이 사회적 행동의 형성에 미치는 영향에 대해 직접적으로 언급하는 경우가 드물다. 애착 도식과 마찬가지로 암묵적 기억의 일종인 사회적 지위 도식은 우리가 상호작용하는 방법과 집단 내에서 수행하는 역할을 결정한다. 사회적 지위 도식은 불안-공포와 관련된 원시적 신경망 회로를 통해 우리로 하여금 알파(우두머리) 혹은 베타(추종자)의 역할을 맡게 한다.

자신의 위치와 역할을 깨닫기

　포유동물이 사회성을 갖추게 되면서, 규모가 큰 집단이 영역이나 식량 등의 자원을 확보하는 데 우위를 점하게 되었다. 그런데 집단의 규모가 커지면서 얻는 이점도 많았지만 동시에 구성원 간의 협력을 도모하고, 조직을 잘 편성하고, 리더십을 갖추기 위한 전략이 필요해지기 시작했다. 영장류 집단의 구성원들은 신경화학물질, 호르몬, 자연적 본능의 영향을 받아 행동하는데, 궁극적으로는 집단 전체의 생존을 추구하는 것처럼 보인다. 인간 사회는 문명화되었지만 영장류 집단에서 볼 수 있는 조직 구조나 위계질서를 여전히 가지고 있다. 그래서 원숭이나 침팬지를 비롯한 유인원에게서 관찰되는 행동 양상을 놀이터, 직장, 칵테일 파티, SNS에서도 쉽게 볼 수 있다.

　애착을 다룬 책은 셀 수 없이 많지만 사회적 지위라는 주제를 언급한 책은 드물다. 이는 대부분의 심리치료자가 사회적 활동에 적극적으로 참여하기보다는 고독하고 묵묵하게 자신의 일을 해 나가고 있기 때문일지도 모른다. 그래서 심리치료자가 사회적 위계질서 속에서 차지하는 위치를 판단하기도 쉽지 않다. 또 다른 이유는 심리치료자들이 사회적 지위를 애착 안정성의 부산물 정도로 여긴다는 것이다. 하지만 사회적 지위는 매우 중요한 주제다.

　사회적 지위 도식에 대한 연구가 충분히 이루어지지 않는 이유는 명확하지 않지만 그 때문에 우리가 사랑과 일에 관한 아주 중요한 무언가를 놓치고 있는 것만은 분명하다. 사회적 지위는 자존감과 정체성의 발달과 아주 밀접한 관련이 있다. 그러므로 이 장과 다음 장에서는 사회적 지위 도식의 존재를 확인하고 그것을 심리치료에서 어떻게 다뤄야 할지에 관해 생각해 보고자 한다.

우리가 사회적 지위 도식을 갖고 있는 이유

관리자는 주어진 상황을 받아들이지만 리더는 의문을 제기한다.
– Warren Bennis

집단의 생존을 위해서는 구성원들이 사회적 위계질서 속에서 자신에게 맞는 역할과 위치를 찾아내야 한다. 이를 통해 집단은 생존의 기반이 되고, 구성원들은 집단 내에서 사랑과 일에 대한 욕구를 충족할 수 있다. 집단 내에서 구성원들의 협력을 도모하기 위해서는 알파와 베타가 필요하다. 위계질서가 확립되고 각 구성원의 역할이 정해져야 구성원 모두가 집단의 생존이라는 공동의 목표에 집중할 수 있기 때문이다. 개미의 경우에는 여왕개미, 병정개미, 일개미 등의 역할 구분이 전체의 생존을 좌우한다. 이와 매우 유사하게, 인간 역시 사회 속에서 자신에게 들어맞는 역할을 찾아야 한다. 이를테면 타인을 이끌지 아니면 누군가를 따를지, 자신에게 맞는 직업은 무엇인지를 판단해야 한다.

애착 도식의 형성 과정에서 공포와 불안은 부모와 아이가 안전과 생존을 위해 서로 긴밀한 관계를 맺게 만드는 역할을 한다. 사회적 지위 도식의 형성 과정에서도 공포와 불안은 베타들이 존경심을 갖고 기꺼이 알파 뒤를 따르게 만든다. 알파는 전면에 나서서 핵심적인 역할을 담당하고, 무리를 이끄는 데 필요한 자질을 보여 준다. 반면에 베타는 언제나 알파를 바라보며 지도와 안내를 갈구하고, 알파가 베푸는 은총 속에 머물고자 한다. 불안정 애착 도식을 가진 사람의 경우와 유사하게, 불안은 베타가 알파에게 주의를 기울이게 만들 뿐만 아니라 구성원들의 조화와 협력을 촉진하며 리더십의 유지에도 기여한다. 사회적 동물은 새로운 집단을 형성할 때마다 곧바로 서로의 힘, 지능, 자원을 시험한다. 그리고 그 결과로 집단의 리더가 탄생한다.

 애리조나의 무더운 어느 날, 나는 개와 늑대가 마주치는 것을 본 적이 있다. 그 일은 사회적 지위 도식을 명확하게 보여 준 사례였다. 늑대를 기르는 친구와 나는 볼일이 있어서 택시를 타고 투손 대학교에 갔다. 친구가 데려온 늑대가 갑자기 택시 밖으로 뛰어내리자마자 앞쪽에서 비슷한 크기의 개 한 마리가 달려왔다. 둘은 곧바로 서로의 냄새를 맡으며 꼬리를 흔들기 시작하더니 몇 초 되지 않아 갑자기 관목으로 둘러싸인 넓은 잔디밭으로 잽싸게 뛰어가기 시작했다. 둘은 전속력으로 달렸는데, 관목에 가까워지자 개는 속도를 주체하지 못하고 관목으로 돌진한 반면 늑대는 우아하게 관목 위를 뛰어넘어 반대편에 있던 벽에 다다랐다.

 개는 잠시 흥분을 가라앉히고는 또다시 늑대를 향해 잔디밭을 내달렸지만 오히려 늑대에게 쫓기는 꼴이 되었다. 늑대가 개의 뒷발을 밟아서 넘어뜨렸고 개는 흙먼지 속에서 나뒹굴었다. 개는 다시 일어나서 먼지를 털어내고는 우리를 향해 달려왔다. 그리고 택시 근처에 다시 오자 늑대의 뒤에서 등을 대고 누워서 배를 보였고 목을 드러냈다. 겨우 일 분 만에 늑대와 개의 서열이 정해진 것이다. 그 후 둘은 누가 우두머리인지에 대해서는 전혀 개의치 않고 함께 뛰놀기 위해 다시 저편으로 내달렸다. 개과 동물의 무리에서는 신체적 능력과 지능에 따라 지위가 결정되는데 늑대가 개보다 모든 면에서 훨씬 우위에 있었다. 개는 인간의 좋은 친구로 진화했지만, 그런 잔재주는 늑대를 상대할 때는 무용지물이다.

집단 내에서 각자의 위치를 파악하는 것은 구성원 모두의 생존에 매우 중요하다. 그러므로 사회에서 성공하거나 실패한 경험은 우리의 마음, 몸, 영혼에 각인된다. 사람이라면 누구나 갖고 있는 성공 또는 좌절의 기억은 우리가 집단의 일원으로서 갖게 될 자기상을 구체화해 준다. 각인된 기억은 우리가 성인이 되어서 알파가 될지 아니면 베타가 될지에 영향을 미치고, 그 영향은 평생토록 지속된다. 물론 그 기억이 달라질 수도 있지만, 아동기의 수치스러운 경험이 성인이 된 후에도 영향을 주는 것을 보면 우리의 뇌와 정신이 집단 내에서 획득한 사회적 지위를 가능한 한 유지하도록 진화했다는 것을 알 수 있다.

알파가 될지 베타가 될지는 태어날 때부터 정해지는 것일까 아니면 성장하면서 결정되는 것일까? 유전자, 경험, 성격, 본능의 영향을 받는 것일까 아니면 단지 환경에 따라 달라지는 것일까? 다른 동물들의 왕국에서는 아비와 어미의 사회적 지위가 유전적·생물학적·행동적 요인의 복합적 작용에 의해 새끼에게 대물림되는 경향이 있다. 인간의 지위는 다른 동물들에 비해 조금 더 복잡한 방식으로 결정되는 것처럼 보인다. 체구와 힘, 매력, 재산, 옷차림, 성격 등의 다양한 기준을 갖고 서로를 평가하기 때문이다. 그리고 다른 동물들과 달리 사람은 여러 가지 집단에 참여하기 때문에 동시에 여러 가지 지위를 갖고 있을 수도 있다. 그러므로 개인의 사회적 지위를 단순하게 알파와 베타 중 어느 하나로 규정하기는 어렵다. 그러나 내담자의 성격과 내적 경험이 알파나 베타 중에서 어떤 유형에 해당하는지를 알면 심리치료에 큰 도움이 된다.

알파의 것과 베타의 것

리더와 추종자의 차이는 혁신이다.
– Steve Jobs

알파는 사회라는 바퀴의 중심축이다. 그래서 알파가 아닌 다른 구성원들은 불안과 불확실성으로 인해 고통받을 때 알파가 보호해 주고 이끌어 주기를 기대한다. 고릴라 무리에서는 가장 몸집이 큰 수컷이 알파가 되는데, 이들을 실버백(silverback)이라고 부른다. 무리를 적의 공격으로부터 보호하는 데 탁월한 실버백은 또 다른 실버백이 될 몸집이 큰 수컷 새끼를 남길 가능성이 크다. 코끼리 무리에서는 가장 나이가 많은 암컷이 알파 역할을 한다. 물웅덩이가 어디에 있는지, 그리고 새끼를 어떻게 길러야 하는지에 대해 자세히 알고 있기 때문이다. 즉, 반드시 체구가 크고 힘이 센 수컷만이 알파가 되는 것은 아니다. 주어진 환경에서 무리의 생존 가능성을 가장 많이 높여 줄 수 있는 개체가 알파의 지위를 차지하게 되는 것이다.

알파는 구성원들이 전체의 생존을 위해 헌신하게 만들기 때문에 '집단의 뇌' 역할을 한다고 볼 수 있다. 하나의 무리가 번성하기 위해서는 전체의 생존을 위협하는 문제들에 잘 대처할 수 있는 알파가 있어야 한다. 어떤 무리에 속해 있는지에 따라 알파에게 필요한 덕목은 힘일 수도 있고 영리함일 수도 있으며 앞일을 내다보고 대처하는 능력일 수도 있다. 인간의 두뇌와 사회 집단은 끊임없이 변화하는 현재를 예측하고 그 현재에 적응하는 것을 최우선 과제로 삼는다. 나는 알파에도 여러 종류가 있음을 이해하는 것이 아주 중요하다고 생각한다. 우리의 문화는 알파를 흔히 특정한 성별, 체형, 행동 양식과 동일시하는 편향성을 갖고 있지만, 나는 알파의 다양성을 강조하고 싶다. 사회적 지위는 특정한 환경에 적응하는 과정에서 결정되는 것이기 때문이다.

앞에서 설명한 것처럼, 사회적 지위 도식은 애착 도식과 마찬가지로 뇌의 생화학적·신경해부학적 측면을 포함한 다양한 수준에서 프로그램된다. 우리가 태어나기도 전부터 어머니의 경험, 감정, 내적 상태는 우리의 신경계에서 분비되는 신경화학물질의 양과 작용에 영향을 미치기 시작한다. 우리의 성향과 미래의 대인관계를 결정하는 신경망의 대부분은 이 시기에 형성된다. 신경망 형성 과정은 평생 동안 지속되지만 초기 경험이 가장 큰 영향을 미친다.

부모나 형제자매와의 관계, 그리고 어린 시절 또래들과의 상호작용은 사회적 지위 도식에 커다란 영향을 미친다. 아이들은 대개 부모를 알파로 인식하기 때문에 성장 과정에서 부모와 모종의 경쟁을 벌이게 된다. 물론 다른 한편으로는 생존을 위해 부모의 사랑과 자비에 의존해야만 한다. 정서적으로 성숙한 부모는 아이를 독립된 개인으로서 존중한다. 그리고 아이가 성취감을 느끼고 확신을 갖게 함으로써 경쟁 충동을 조절해 주고 이를 통해 아이의 발달과 성취를 독려한다.

부모 스스로가 어린 시절에 적절한 양육과 안정을 제공받지 못했다면, 그로 인한 문제가 자녀에게 대물림될 수도 있다. 정서적으로 미성숙한 부모는 아이와의 경쟁 구도에 빠졌을 때 자신이 부모라는 사실을 잠시 망각하고 아이에게 좌절감과 수치심을 안겨 줄 수 있다. 이런 부모는 아이를 위협적인 존재로 인식하기 때문에 아이의 성취에 대해 격려하거나 자랑스러워하지 못한다. 불안정하고 권위적인 부모가 하나부터 열까지 간섭하려 들면 그 아이가 자신감을 기르고 새로운 기술을 습득하기 어려워진다. 이런 부모는 자신의 부모에게서 느낀 절망감을 무의식적으로 아이에게 물려주게 된다.

사회적으로 성공한 아버지를 둔 남자아이는 특히 더 큰 어려움을 겪는다. '아버지의 기대를 충족시키려면 어떻게 해야 할까'와 같은 고민을 갖게 되기 때문이다. 사회적으로 성공한 아버지는 대체로 가정보다는 직장에서 훨씬 더 인정받는 경우가 많다. 자수성가한 후 아이를 위해 열심히 일하는 아버지들은 아이가 자기처럼 진취적이고 부지런하지 않다는 것에 대해 분개하기도 한다. 그런 아버지는 자신이 어린 시절에 겪은 결핍, 두려움과 고난이 성공의 원동력이 되었다는 것을, 그리고 아이들만은 그런 어려움을 겪지 않게 하려고 노력해 왔다는 것을 종종 잊어버린다. 성공한 사람들은 자녀를 이해하지 못하는 경우가 많다. 남성 내담자들 중 자신이 아버지를 실망시켰다고 느끼는 사람이 많은 것은 그 때문일 것이다.

사별이나 이혼으로 부모 중 한 명을 잃게 되면 아이는 위태로운 상황에 놓이게 된다. 어떤 아이는 성장기에 자기를 인도해 줄 어른이 없다는 사실에 좌절하고 삶의 의욕을 잃는다. 반면에 부모의 부재로 인해 오히려 투지를 불태우고 잠재된 힘을 계발하여 성공을 거두는 아이도 있다. 나는 그 결과가 어떻든 부모의 부재는 뿌리 깊은 불안감을 낳는다고 생각한다. 물론 그 불안감에 어떻게 반응하느냐에 따라 성취에 대한 욕구를 갖게 될 수도 있고 반대로 의욕을 잃게 될 수도 있을 것이다. 알파 혹은 베타가 된다는 것은 어떤 면에서는 부모의 사회적 행동을 모방하는 것이다. 그러므로 부모가 없으면 아이가 집단 내에서 자신의 위치를 확립하기 어려워지는 것은 당연하다.

사람들은 흔히 신체적으로나 감정적으로 타인을 공격함으로써 자신의 사회적 지배력을 확고히 하려 한다. 우리는 이러한 공격을 '괴롭힘'이라고 부르는데, 남들과 조금 달라서 또래 사이에서 튀는 아이들은 괴롭힘을 당할 가능성이 높다. 이런 아이들은 낮은 자존감 때문에 힘들어하고 스스로를 제대로 방어하지 못하며, 다른 사람들의 도움을 받기도 어렵다. 괴롭힘을 당하면 감정이나 행동에 심각한 문제가 생길 수 있다. 그 괴롭힘의 정도가 아주 심했거나 오래도록 지속된 경우에는 더더욱 그렇다. 특히 고통스러운 경험에 매우 취약한 아동기에 괴롭힘을 당하면 그 기억은 피해자의 삶에 평생 동안 영향을 미칠 수 있다. 그러므로 내담자가 아동기에 괴롭힘을 당한 경험이 뇌, 정신, 감정에 미치는 영향을 과소평가해서는 안 된다.

누군가를 괴롭히는 상황은 대체로 복수의 제삼자들에게 공개되는데, 그들은 이를 목격하고 기억함으로써 사회적 위계질서의 확립과 유지에 기여한다. 피해자는 많은 사람이 보는 앞에서 괴롭힘을 당하기 때문에 훨씬 더 큰 수치심을 느끼고, 가해자의 사회적 지위는 높아진다(최소한 가해자 스스로는 그렇게 생각한다). 결국 괴롭힘으로 인해 갖게 된 수치심은 피해자가 베타의 역할밖에 할 수 없다는 사실을 피해자 본인과 다른 사람들에게 재확인시켜 준다.

어떤 사람은 괴롭힘을 당했던 과거의 기억을 분노로 전환하여 알파에게 도전하고 굴복시키기도 한다. 하지만 아동기와 청소년기에 여러 차례 괴롭힘을 당한 사람들은 대체로 성인이 되어서도 그 고통에서 벗어나지 못하는 경향이 있다. 베타에 해당하는 성인은 대체로 괴롭힘을 당한 일을 뚜렷하게 기억하며, 그 기억 때문에 자신의 사회적 지위가 낮은 것이 당연하다고 믿는다. 이들은 흔히 우울증이나 불안감에 시달리고, 감수성이 무뎌지며 제대로 잠을 자지 못하고 외상후 스트레스장애 증상을 보이기도 한다. 정신질환의 증상으로 규정된 것들이 어떤 면에서는 일생 동안 사회적 통제의 수단이 되기도 하는 것이다.

네 가지 도식

> 나의 저항 정신은 결코, 결코 만족할 줄 모른다.
> – Duke Ellington

집단은 구성원들이 주변 환경에 적응하고 생존할 수 있도록 해 준다는 점에서 뇌와 비슷한 기능을 한다. 이때 알파와 베타가 서로를 얼마나 잘 보완해 주는지가 집단의 생존에 큰 영향을 미친다. 대부분의 집단은 소수의 알파와 다수의 베타로 구성되어 있다. 집단이 형성되면 구성원들은 더 좋은 지위를 차지하기 위해 서로 다투고, 자신의 능력을 보여 주며, 다른 사람들을 자기편으로 만들기 위해 노력한다. 표면적으로는 개인적인 이익을 추구하기 때문에 이러한 행동을 하는 것처럼 보인다. 하지만 조금 뒤로 물러서서 살펴보면 출세하기 위해 노력하고 맞서 싸우며 서로를 공격하는 과정에서 집단의 잠재적인 리더들이 등장하게 된다는 것을 알 수 있다. 알파와 베타의 갈등은 남성들 사이에만 나타난다고 생각하기 쉽지만 여성들 사이에서도 똑같이 중요한 문제이며 심지어 이성 간에도 발생한다.

나는 주변 사람들과 내담자들을 관찰하면서 사회적 지위를 네 가지 유형으로 나눌 수 있음을 알게 되었다. 그중에서 두 가지는 자신에게 잘 어울리는 사회적 지위를 가진 사람들에게 해당하는 것이다. 나는 그 두 가지 유형을 각각 '타고난 알파'와 '타고난 베타'라고 부른다. 세 번째 유형은 자신이 베타임을 알고 있지만 알파가 되기를 원하는 사람들(알파추구형)이고, 네 번째 유형은 자신이 알파라고 생각하지만 실제로는 베타인 사람들(가짜알파)이다. 알파추구형과 가짜알파는 자신이 원하는 사회적 지위와 맞지 않게 프로그램된 생화학적 상태, 사고방식, 행동 양식 때문에 갈등을 겪는 사람들이다.

타고난 알파는 아주 드물다. 그들은 리더 역할을 잘 해낼 수 있고, 그 역할을 수행하면서 만족을 얻는다. 다른 사람의 의견을 무시하지는 않지만, 그들은 기본적으로 집단의 의견에 관심을 기울이기보다는 자신의 직관과 내적 이상에 의지하여 다른 사람들을 이끈다. 타고난 알파는 늘 미래에 대해 생각하고, 현 상태에 불만을 가지면서 남들은 잘 알지 못하는 기쁨을 느낀다. 이와 같은 타고난 알파의 자질은 집단 전체에 상상력과 이상을 불어넣어 주고 집단의 적응력을 강화해 준다. 타고난 알파는 알파가 되기 위해 의식적으로 노력하지 않아도 된다. 그들의 지위는 내적 안정감, 성공에 대한 예상과 기대, 타고난 성향 등으로 인해 자연스럽게 획득한 것이기 때문이다.

타고난 베타는 그 수가 꽤 많은 편인데, 이들도 자신에게 잘 맞는 지위를 갖고 있다. 타고난 베타는 목표를 이루지 못하거나 재능을 꽃피우지 못할까 봐 두려워하지 않는다. 그들은 현재의 직업과 사회적 관계를 통해 즐거움을 느끼며, 이미 성취한 것에 만족한다. 타고난 베타는 사회 구조에 순응하는 편이고, 주어진 규칙과 계획에 대해 확신과 만족감을 느낀다. 그들은 현재 상태에 초점을 맞추고 지금 갖고 있는 자원을 최대한 활용하고자 노력하는 경향이 있다. 거대한 조직이 성공하기 위해서는 다수의 타고난 베타가 있어야 한다는 것을 쉽게 짐작할 수 있을 것이다.

네 가지 사회적 지위 도식

타고난 알파 : 집단 내에서 자신감 있게 목소리를 낼 수 있고 필요할 때에는 다른 구성원을 이끌 수 있는 타고난 리더. 이들은 생물학적으로 불안감을 덜 느끼고, 탐험심이 강하며, 신체적·사회적 스트레스를 받은 후에 신속히 회복되도록 프로그램되어 있다.

타고난 베타 : 주어진 역할을 수행함으로써 집단에 기여하는 것에서 의미를 발견하고 만족감을 얻는 타고난 추종자. 그들은 생물학적으로 어느 정도의 불안감을 느끼고 타인의 의견에 따르도록 프로그램되어 있다.

알파추구형 : 생물학적·심리학적 측면에서는 베타로 프로그램되어 있지만 알파 역할을 맡고 싶어 하며, 실제로 그럴 능력을 갖고 있는 경우도 많다. 이들은 남의 이목을 끌고 자신의 의견을 표출하고 싶어 한다. 하지만 알파추구형은 집단의 일부가 되어 리더를 따르도록 프로그램되어 있기 때문에 갈등을 겪게 된다. 개인적 성장을 위해 심리치료와 진로상담을 가장 많이 받는 사람들이기도 하다.

가짜알파 : 겉보기엔 알파로 보이지만 내면의 베타 때문에 갈등을 겪는 사람들이다. 가짜알파는 스스로를 알파라고 생각하기 때문에 자신의 본모습을 부정하고, 타인을 공격하며, 허세를 부리면서 불안감을 억누른다. 가짜알파는 대체로 지인의 권유로 심리치료를 받는 경우가 많다. 가짜알파가 가족이나 동료로서 함께하기 어려운 사람들이기 때문이기도 하고, 약물 남용과 그 밖의 자기파괴적인 행동을 저지르는 경우가 있기 때문이기도 하다.

타고난 알파와 타고난 베타는 사회적 지위와 관련된 갈등을 겪지 않는다. 그들의 뇌, 마음, 관계가 현재의 지위와 조화를 이루고 있기 때문이다. 실패를 두려워한다는 비난을 받은 타고난 베타와 자아도취자 취급을 받은 타고난 알파는 그런 주위의 평가를 아무렇지도 않게 무시할 수 있다. 자신이 누구인지를 알고, 자신에게 어울리는 집단 내의 위치를 알면 커다란 자신감을 얻을 수 있기 때문이다. 가장 이상적인 집단은 한 명의 타고난 알파, 다수의 타고난 베타, 리더 자리가 비었을 때 그 역할을 수행할 수 있는 소수의 알파추구형으로 이루어진 집단일 것이다.

알파추구형은 베타와 비슷한 심리적 특성을 갖고 있지만 자신에게 알파가 될 자질과 리더 역할을 해낼 만한 진취성이 있다고 생각한다. 그들의 마음은 눈에 띄는 존재가 되어 위험을 무릅쓰고 막중한 책임을 떠안으라고 속삭이지만, 그들의 뇌는 다른 사람을 따르고 집단의 질서에 순응하라고 명령한다. 따라서 알파추구형은 갈등을 겪게 될 수밖에 없다. 한편으로는 타인의 이목을 끌고 싶어 안달이 나 있지만 다른 한편으로는 자신의 생각과 의도를 드러내기를 주저하는 양면성을 갖고 있는 것이다. 알파추구형은 자신의 역량을 드러내고자 하는 욕망과 남의 눈에 띄는 것에 대한 두려움을 모두 갖고 있기 때문에 팽팽한 긴장감 속에서 살아간다. 그리고 이러한 긴장감은 스스로에 대한 의심('내가 그 일을 할 만큼 똑똑하고 강인할까')과 수치심('내가 타인의 사랑과 존경을 받을 가치가 있는 사람일까)으로 나타난다.

한편, 겉으로는 알파처럼 보이지만 실제로는 베타의 성향을 갖고 있는 사람들도 있다. 다른 동물들의 무리에도 이런 유형이 있는지는 불확실하지만 인간 집단에는 분명히 존재한다. 나는 이와 같은 유형을 가짜 알파라고 부른다. 그들 중엔 경영자, 의사, 변호사, 혹은 정치인으로서 성공한 사람이 많은데 대체로 고위직에 있으면서 타인의 존경을 받는다. 아주 가까운 극소수를 제외한 대부분의 사람들은 이들을 타고난 알파로 본다. 그러나 가짜알파는 타인 앞에 나서는 것을 두려워하면서 살아가기 때문에 상당한 불안, 회의, 갈등을 겪게 된다. 그들 중에는 무능하거나 집단에 해악을 끼치는 리더가 많다. 그들의 불안정성과 자기애적 방어가 집단에 나쁜 영향을 주기 때문이다.

타고난 알파와 타고난 베타는 뇌, 마음, 관계가 서로 조화를 이루고 있기 때문에 더 큰 행복감과 성취를 누리는 반면에 별다른 갈등을 겪지는 않는다. 알파추구형과 가짜알파는 뇌, 마음, 관계가 조화롭지 못한 상태이기 때문에 그 결과로 심리적·사회적 갈등을 겪고, 다양한 행동을 통해 내적 모순을 드러낸다. 결론적으로, '불안정한 베타'라고 할 수 있는 이 두 가지 유형은 자신의 삶에 만족하지 못한다. 그들은 타인에게 좌절하고 분노한다. 그리고 잠재력을 충분히 발현하지 못하고 스스로에게 실망하는 경우가 많다. 이들은 심리치료자의 주된 고객이기도 하다.

알파와 베타의 뇌와 마음

> 힘 있는 사람은 타인을 다스리지만,
> 진정으로 강한 사람은 자신을 다스린다.
> – 노자

알파의 뇌와 마음은 두려움이나 불안감을 덜 느끼고, 스트레스를 받은 후 쉽게 회복되며, 모험과 새로운 시도를 추구하는 특성을 갖고 있다. 알파에 해당하는 사람은 위험이나 실패를 덜 두려워하는 생물학적 특성을 갖고 있으며, 실패를 맛본 후에도 기꺼이 다시 도전하는 경향이 있다. 그들의 기억 회로는 미래에 대해 긍정적인 기대를 하고 좋은 결과를 예상하도록 만들어져 있다. 다시 말해, 그들은 경험에 대해 낙관적인 태도를 갖고 있다.

심리적 측면에서 알파는 자신의 의견을 자유롭게 표현할 수 있는 반면에 타인이 자기를 어떻게 인식하든지 신경 쓰지 않는다. 그들은 남의 이목을 끌게 되어도 불편해하지 않으며, 관심을 한 몸에 받는 상황을 꺼리지 않는다. 알파는 확신을 갖고 자신과 타인의 행동 방향을 계획하며 자신의 결정이 빚은 결과를 기꺼이 받아들인다. 이 모든 특성은 생존 여부를 좌우하는 상황에서 집단을 성공적으로 이끌 수 있게 해 준다. 안정 애착 도식을 가진 사람들도 비슷한 특성을 갖고 있기는 하지만 그들 중에 타고난 알파는 그리 많지 않다.

알파의 성향을 가진 사람은 리더가 된다

신체적 반응 : 정지 상태일 때도 위협이 발생하면 즉시 대응할 수 있음, 필요할 경우에 행동할 준비가 되어 있음.

감정 : 침착함, 호기심이 많음, 열정적임, 낙관적임.

사고 : 긍정적인 결과를 기대함.
　　　실패에 대해 걱정하지 않음.
　　　외부 상황을 정확하게 진단함.
　　　자신의 강점, 약점, 능력에 대해 정확한 평가를 내림.

행동 : 모험심이 강하고 위험을 기꺼이 감수함.
　　　문제를 해결할 준비가 되어 있음.

베타의 사회적·내면적 경험은 알파의 그것과는 전혀 다르다. 베타는 타인이 자기를 어떻게 생각할지에 관해 훨씬 더 불안해하고 걱정하며 실패를 두려워한다. 타인의 이목을 끌거나 어떤 직책을 맡거나 다수의 의견에 반대하는 것이 그들에게는 위험한 일로 여겨진다. 베타는 남의 시선을 의식하면 두려움을 느끼고 부교감신경계가 활성화됨에 따라 움츠러들거나 자신감을 잃는다. 베타는 무리 속에 자연스럽게 섞인 채 리더를 따르는 것을 더 편안하게 느낀다. 그래서 이들은 많은 사람들 앞에서 발표를 하거나 타인의 주목을 받으면 공황발작을 일으킬 수도 있다. 중요한 결정을 내려야 하는 책임을 회피하는 베타는 심지어 술자리에서 많은 사람들 앞에서 축복의 말을 하는 것조차 부담스러워한다.

베타의 뇌는 주변의 위험을 극도로 경계하는 성향을 갖고 있으며, 특히 타인의 눈빛에 민감하게 반응한다. 눈은 편도체와 직접적으로 연결되어 있기 때문에 다른 사람의 눈을 보면 그들이 우리에 대해, 혹은 우리가 하는 일에 대해 어떻게 생각하는지를 알 수 있다. 따라서 베타는 다른 사람의 눈을 보고 자신이 무엇을 해야 하는지, 그리고 알파가 자신에게 만족하는지를 알아내려 한다. 알파가 없을 때에도 베타는 기존의 질서를 유지한다. 그들의 마음속에는 프로이트가 '초자아'라고 명명한 내면의 눈과 목소리가 있기 때문이다. 베타는 자신의 능력과 지위에 대한 불안감을 갖고 있으며, 그로 인해 알파의 영향력은 더욱 커진다. 진화 과정에서 베타는 고분고분하고 순종적인 기질을 갖게 되었고, 타인의 위협에 의해 통제될 뿐만 아니라 다른 사람이 없을 때에도 내면의 목소리에 의해 통제될 수 있는 사람이 되었다.

베타의 성향을 가진 사람은 추종자가 된다
신체적 반응 : 위협에 대한 과도한 경계심
　　　　복종하는 반응

감정 : 불안, 두려움, 슬픔, 우울, 의기소침

사고 : 위험과 열등감을 느끼기 쉬움, 언제나 실패를 예상함.
　　　　망신이나 기만을 당할 것이라고 예상함.

행동 : 불안을 느낄 수 있는 상황을 회피함.
　　　　은둔하거나 존재를 숨김.
　　　　사회적으로 위축되거나 위험을 회피하는 경향을 보임.
　　　　자신의 기술과 능력을 과소평가함.
　　　　실패할 수 있는 상황을 회피함.

알파와 베타의 특성은 상호 보완적이기 때문에 집단의 응집력을 높여 주고 협력을 촉진한다. 한 유형에서는 리더가, 다른 유형에서는 훌륭한 군인이 배출되는 것이다. 알파와 베타의 성향은 집단 전체를 하나의 단위로 기능하게 해 주는 '집단정신'을 통해 서로 연결된다. 베타가 지시를 기다릴 때 알파는 문제의 해결책을 찾는다. 알파와 베타의 뇌는 집단의 생존을 위해 서로 협력하도록 되어 있다. 현재의 사회적 지위를 개인적 성취나 실패의 결과로 보기 쉽지만, 실제로는 모든 사람이 각자 맡은 지위와 역할을 통해 집단의 생존에 기여하고 있는 것이다.

사회적 지위 도식 바꾸기

여자에게 남자가 없는 것은
물고기에게 자전거가 없는 것과 같다.
– Irina Dunn

우리 사회는 누구나 알파가 될 수 있다는 가르침을 설파하는 것 같다. 누구든지 부유해질 수 있고 유명인이나 대통령이 될 수도 있다는 것이다. 하지만 이런 행운을 만나는 사람은 극소수이기 때문에 대부분의 사람들은 좌절을 느끼게 된다. 베타가 될 운명인 우리들 대다수는 내적 프로그램으로 인해 종종 갈등을 겪게 된다. 알파가 되어야 한다는 사회적 요구와 집단 내의 질서를 지키고 순응해야 한다는 무의식적 프로그램이 충돌하는 것이다. 그렇다면 알파가 되기에 충분한 자질을 갖추고 있으면서도 핵심 수치심 때문에 베타의 뇌와 마음을 갖게 된 사람들은 어떨까?

심리치료, 상담, 코칭의 목표는 뇌, 마음, 관계의 조화를 통해 내적 안정성을 획득하도록 돕는 것이다. 타고난 알파와 타고난 베타는 사회적 지위 도식 때문에 어려움을 겪지는 않는다. 심리치료를 받으러 오는 이들은 대개 알파추구형이고 가끔씩 가짜알파에 해당하는 사람들이 찾아올 때도 있다. 심리치료자가 이런 사람들에게 전해 주어야 할 메시지는 베타가 되도록 프로그램되어 있는 사람도 알파가 될 수 있다는 것이다. 우리의 마음을 활용하여 새로운 전략을 세우고 새로운 기술을 습득함으로써 베타의 운명을 거부할 수 있다. 물론 시간과 노력이 필요하고 내면의 두려움에 맞설 수 있어야 한다. 그리고 그 여정을 함께할 안내자 혹은 심리치료자가 필요하다.

대부분의 경우에 심리치료의 주목적은 내담자가 베타의 위치에서 알파의 위치로 이동하도록 돕는 것이다. 심리치료를 받는 사람들 중 다수는 꿈을 이루려 하는 알파추구형이거나 내면세계와 외부 세계의 부조화로 인해 고통을 겪는 가짜알파다. 이들이 갖고 있는 가장 흔한 문제 중 하나는 평생 동안 자신의 가치를 다른 사람의 관점에 따라 평가해 왔다는 것이다. 그래서 이들은 자신만의 감정이나 관점을 갖지 못하게 된다. 이런 현상이 일종의 세뇌 혹은 사회적 통제처럼 보인다면 그렇게 불러도 좋다. 다만 세뇌의 주체가 사이비 종교의 교주가 아니라 수백만 년 동안 다듬어진 진화의 전략이라는 차이가 있을 뿐이다.

알파추구형은 어느 정도의 사회적 성공을 거둔 후 많은 사람들 앞에서 발표를 하게 될 수도 있다. 이때 알파추구형은 큰 불안감을 느끼고 심지어 공황발작을 일으키기도 한다. 이들은 단호하게 결단을 내려야 할 때 주저하고, 정서적 문제가 복잡하게 얽혀 있을 때 사람들을 만나기를 꺼린다. 알파추구형은 부하 직원들에게 지시를 내리는 것조차 어려워한다. 그것이 자신의 역할 중 하나인데도 말이다. 그들은 스스로를 제대로 홍보하지 못하기 때문에 능력과 경험 면에서 뒤떨어지는 경쟁자가 승진하는 것을 지켜보기만 해야 할 수도 있다. 이런 일이 직장에서만 벌어지는 것도 아니다. 줄을 설 때 습관적으로 다른 사람이 앞에 서도록 해 주거나, 레스토랑에서 더 좋은 테이블을 양보하거나, 좋아하는 사람에게 고백할 기회를 놓치기도 한다.

베타가 늘 양보만 하는 것이 아니라 가끔은 자신이 원하는 일을 주도적으로 한다면 문제가 없을 것이다. 그러나 양보하는 것을 하나의 생활양식으로 받아들이는 사람도 있고, 그렇게 하지 않는 것을 생각만 해도 불안해지는 사람도 있다. 만일 그렇다면 베타의 성향이 그 사람의 삶을 구속하고 있다고 볼 수 있다. 베타의 성향을 가지고 있는 사람들 중에는 특정한 사상을 받아들이거나 종교에 귀의함으로써 자신의 행동을 정당화하는 사람도 있다. 누군가가 한쪽 뺨을 때리면 다른 쪽 뺨도 돌려 대고, 자존심을 굽히고, 언제나 다른 사람을 자기보다 먼저 생각하는 것이다. 이런 사고방식은 심오한 철학에서 비롯된 신념일 수도 있지만 다른 사람의 이목을 끌지 않기 위한 자구책에 불과할 수도 있다.

심리치료와 사회적 지위

꿈을 향해 자신 있게 나아가라.
그리고 늘 꿈꿔 온 삶을 살라.
- Henry David Thoreau

누군가를 돕기 위해서는 먼저 믿을 수 있고 안전하게 느껴지는 관계를 맺어야 한다. 훌륭한 심리치료자, 감독자, 교사, 부모는 온화하고 수용적인 태도를 보여 주고 상대에게 긍정적 관심을 기울인다는 공통점을 갖고 있다. 이들은 사회적인 우위를 차지하기 위해 싸우는 사람들과는 정반대의 특성을 갖고 있는데, 그것은 단순한 우연이 아니다. 서로를 도와주고 서로의 마음을 치유해 주는 관계는 적응, 학습, 성장을 담당하는 신경망을 활성화하기 위해 만들어진 것이다. 그러므로 우리가 심리치료를 받으려 하거나 심리치료자가 되고자 하는 것은 다른 사람들의 관심과 공감을 원하고 그들과 관계를 맺기를 소망하기 때문이다.

내담자와 심리치료자의 관계에서는 최소한 두 가지의 내러티브가 동시에 진행된다는 것을 염두에 두어야 한다. 그중 하나인 표면적 내러티브(surface narrative)는 따뜻하고 지원을 아끼지 않는 심리치료자와 기꺼이 도움을 받고자 하는 내담자 사이의 상호작용을 의미한다. 하지만 그 이면에서 진행되는 과정적 내러티브(process narrative)는 사회적 지위와 관련된 갈등과 어린 시절의 애착관계가 재현되는 것이다. 심리치료자와 내담자는 각자의 과거를 마음속에 간직한 채 상담실에 들어오고, 과거의 기억은 전이와 역전이를 통해 두 사람의 관계에 영향을 미친다. 이 사실을 간과하면 퇴행적인 역학관계가 활성화되기 때문에 치료상의 진전을 거두기 어려워진다.

심리치료의 가장 위대한 목표 중 하나는 의식적인 진화가 잘 이루어지도록 돕는 것이었다. 하지만 이것을 심리치료의 유일한 목표로 삼는다면 문제가 생길 수 있다. 우리는 여전히 원시적인 포유류의 감성을 가지고 있는 영장류이기 때문이다. 우리는 더 높은 지위를 얻고 더 나은 짝을 차지하기 위해 경쟁한다는 점에서 다른 동물들과 다를 바가 없다. 상담실에 들어온 내담자와 심리치료자도 생존을 위해 경쟁하는 동물이다.

10장에서 살펴보게 되겠지만, 내담자가 알파의 지위를 획득하도록 돕기 위해서는 전통적인 심리치료의 틀에서 벗어난 새로운 방법이 필요하다. 더 많이 소통해야 하고 외부 환경과도 더 많이 상호작용해야 한다. 심리치료자가 부모나 치어리더 역할을 할 뿐만 아니라 때로는 강력한 경쟁자가 되어야 할 수도 있다. 그러므로 이러한 재양육을 위해서는 일반적인 심리치료에서 요구되는 모성적 방식과는 다른, 좀 더 남성적인 접근이 필요하다.

10장
알파가 되고 싶은 내담자를 돕는 방법

어떤 자질을 갖추고 싶다면
이미 그것을 가진 것처럼 행동하라.
– William James

사회적 지위를 바탕으로 구분한 네 가지 유형 중에서 알파추구형은 심리치료를 받을 가능성이 가장 높다. 알파추구형은 자신의 역량과 능력을 인정받으려는 욕구가 크고, 영향력 있는 사람들과 어울리고 싶어 하며, 자신의 생각이 진지하게 받아들여지기를 바란다. 알파가 되고자 하는 갈망이 꼭 결실을 맺는 것은 아니지만, 대부분의 알파추구형 내담자들은 알파가 되기 위해 무엇이든 시도해 보기를 원한다. 이러한 욕구는 자연선택의 결과물이며, 현재의 리더에게 도전하게 만들어 집단의 건전성을 유지해 주는 작용을 한다. 알파가 되기 위한 투쟁은 인류가 출현하기 전부터 존재했으며, 영웅 신화들의 핵심 요소이기도 하다. 그 투쟁은 외부의 장애물과 내면의 의혹을 극복하고 부, 사랑, 자유 같은 결실을 거두기 위해 떠나는 여정이다.

베타는 알파가 될 수 있을까? 그러지 못할 이유가 무엇이겠는가? 우리는 우리의 마음을 바꿀 수 있고, 우리의 뇌도 평생 동안 신경가소성을 잃지 않는다. 그렇다면 베타가 알파의 지위를 얻지 못할 이유가 없다. 특정한 행동, 감정, 생각과 신체적 반응이 베타라는 지위를 구성하는 핵심 요소라면 내담자의 두뇌가 알파의 성향을 갖지 못할 이유는 없을 것이다. 다소 뻔하고 진부하게 들리는 "이루기 전까지는 이룬 척이라도 하라"

라는 말은 일종의 모방을 권장하는데, 모방은 인간의 학습 능력이 진화해 온 과정에서 가장 중요한 수단이었다. 아이가 놀이를 하는 데 열중하는 것도 그 때문이다. 아이의 놀이는 성인이 된 후 세상에서 살아가는 데 필요해질 기술을 안전한 환경에서 미리 연마해 보는 것이다. 아이들은 소꿉놀이를 하고, 전쟁놀이를 하고, 의사선생님 놀이를 한다. 그러한 상황을 실제로 겪기 한참 전부터 말이다. 베타였던 내담자가 알파가 되기 위해서는 목표를 정하고 그 목표를 이루기 위한 계획을 세워야 한다. 이것은 일반적으로 다음의 세 단계를 거친다.

첫째, 내담자는 심리치료자와 함께 자신이 원하는 미래의 모습을 그려 본다. 심리치료자는 내담자의 삶의 목표가 무엇인지를 알아보고, 그 목표를 이루는 데 필요한 알파의 특성을 하나하나 정리해 두어야 한다. 그리고 내담자가 자신의 목표에 걸맞게 행동하고 생각하고 느끼도록 도울 필요가 있다. 그리고 '알파 되어 보기'가 처음엔 어색할지라도 연습을 계속하면 자연스럽게 느껴지게 된다는 것을 알려 주어야 한다. 이것은 속임수가 아니다. 모방은 우리의 뇌가 학습을 하기 위해 사용하는 가장 핵심적인 전략이고 우리의 상상력과도 직접적인 관련성이 있다. 단순한 모방에서 시작하여 조금씩 변화를 시도한 끝에 결국 새로운 창조에 이르게 되기 때문이다.

둘째, 사람들은 자신에 대한 이야기를 할 때 은연중에 정체성을 드러낸다. 그러므로 내담자로 하여금 자신에 대한 이야기를 하고 그 이야기 속에서 무의식적인 '베타의 성향'을 찾아낼 수 있도록 도와주어야 한다. 내담자는 심리치료자의 도움을 받아 자신의 이야기를 객관적으로 살펴보고 베타의 생각, 감정, 행동을 알파의 그것으로 바꿀 수 있다. 내담자의 이야기가 탐험, 리더십, 용기의 청사진이 될 만한가? 아니면 포기와 변명으로 가득 차 있는가? 혹은 알파의 도움을 바라는 수동적인 소망에 불과한가? 알파추구형은 자신의 이야기가 스스로를 과소평가하게 만들 수 있다는 것을 깨달아야 한다. 그리고 새로운 줄거리, 전개 방식, 결론을 갖고 삶의 이야기를 다시 쓸 수 있다는 사실도 인식해야 한다.

셋째, 공포에 직면할 때 베타의 성향은 부교감신경계를 활성화하고 우리를 위축시켜 한 걸음 물러나게 만든다. 만약 당신이 사람들 앞에서 발표를 하기 직전이라면, 베타의 성향은 예기 불안을 일으키고 머릿속에서 부정적인 생각을 떠올리게 만들 것이다. 당신이 연단에 오를 때 갑자기 공황발작이 일어날 수도 있다. 이와 같은 반응을 일으키는 베타의 성향은 편도체에 저장되어 있으며 우리로 하여금 리더를 따르게 만든다. 그러므로 내담자가 불안과 공포를 퇴각 명령이 아니라 진격의 신호로 재해석할 수 있도록 도와야 한다. 심리치료의 성공을 위한 가장 중요한 과제 중 하나는 회피 반응을 줄이는 것이다. 내담자는 두려움에 직면함으로써 원시적 공포 회로가 베타의 성향에서 벗어나 알파의 성향을 갖게 만들 수 있다. 미지의 난관에 부딪혔을 때 알파와 베타는 전혀 다른 반응을 보인다. 베타는 뒤로 물러서지만 알파는 앞으로 전진한다. 용기란 두려움이 없는 상태가 아니라, 두려움을 느끼면서도 앞으로 나아가는 태도를 뜻한다. 알파추구형이 진정한 알파가 되기 위해 필요한 것은 바로 용기다.

알파 되기

중요한 것은 단 하나, 무언가를 시도할 용기뿐이다.
– Fyodor Dostoyevsky

베타인 사람이 알파가 되기는 쉽지 않다. 특히 핵심 수치심 때문에 베타가 된 사람에게는 더더욱 그렇다. 따라서 심리치료자는 내담자의 특성을 고려하여 그들을 격려하는 동시에 도전할 과제를 제시해야 한다. 그리고 내담자가 느끼는 두려움에 대해 공감해 주면서도 그것을 피하지 않고 맞설 수 있도록 격려해야 한다. 심리치료자는 내담자가 수치심을 극복하고, 마음을 변화시키며, 삶의 주인이 되도록 안내할 수 있다.

여기에서는 알파와 베타의 차이에 대해 논의해 보고자 한다. 알파와 베타의 차이를 분석해 보면 베타의 성향이나 핵심 수치심을 극복하기 위한 전략을 세울 수 있다. 가장 먼저 할 일은 내담자로 하여금 알파의 특징 중 하나를 선택하게 한 뒤 최선을 다해서 그 특징을 가진 사람처럼 살아 보도록 하는 것이다. 심리치료자는 매 회기마다 내담자와 함께 알파처럼 살아 보는 새로운 실험을 시작하고, 지난주의 실험 내용을 다시 정리해 보고, 혹시 문제가 생기면 그 문제를 해결하는 데 시간을 할애해야 할 것이다. 내담자가 가장 먼저 선택했던 알파의 특징 중 하나를 자신의 것으로 만들었다면 또 다른 특징을 선택해서 동일한 과정을 반복할 수 있다.

베타의 마음은 불안정하기 때문에 외부로부터 주어지는 정보를 왜곡하는데, 이 때문에 베타들은 계속 다른 사람들에게 복종할 수밖에 없게 된다. 심리치료자가 이와 같은 부정적 왜곡을 확인할 수 있는 방법을 알려 주면 내담자는 베타의 성향이 제공하는 부정적인 정보를 어느 정도 무시할 수 있게 된다. 독자들은 '알파 되기 전략'의 목표가 심리치료, 경영자 코칭, 자녀 교육의 목표와 일치한다는 것을 알 수 있을 것이다. 이것은 우연의 일치가 아니다. 정서적 갈등이나 대인관계 문제는 우리가 갖고 있는 사회적 지위 도식에 내포된 베타의 성향에서 비롯되는 경우가 많다.

#1 알파의 자신감

> 자신감이 있다면 싸움을 시작하기도 전에 이긴 것과 같다.
> – Marcus Garvey

자신의 능력에 대한 확신은 알파의 가장 큰 장점이다. 알파는 자신의 판단에 따라 위험을 무릅쓰며, 전략을 개선하는 데 도움이 되는 지적을 기꺼이 받아들인다. 알파는 누군가에게 실수를 하면 정중하게 사과한다. 그들은 자신의 존재에 대해서가 아니라 자신이 저지른 실수에 대해 사과한다. 반면 불안정한 베타는 자신이 잘못을 했건 안 했건 무조건적으로 사과하는 경향이 있다. 베타의 사과는 그들이 저지른 실수와 무관하며, 실제로는 굴복을 나타내는 사회적 신호라고 할 수 있다.

베타들이 무조건적으로 사과를 하는 이유는 누군가가 계속 자기를 지켜보고 있다고 느끼기 때문이다. 이러한 느낌은 핵심 수치심이 무엇인지를 아주 잘 설명해 준다. 이와 대조적으로, 가짜알파는 자존심이 강하기 때문에 실수를 저지른 후 오히려 남을 탓한다. 그리고 자신의 위치, 인맥, 집안에 대해 끝없이 이야기하면서 허세를 부리고 자기 이름 뒤에 자꾸 부연설명을 붙이려 한다. 이들은 그 누구보다 빨리 남의 잘못을 지적하며 거만한 태도를 보인다. 그리고 강한 자존심 때문에 다른 사람의 의견에 예민하게 반응하고 불안해한다.

#2 알파는 결과에 책임을 진다

> 위대함에는 그에 합당한 책임이 따른다.
> – Winston Churchill

알파는 자신의 행동과 집단의 성공에 대한 책임을 지고, 베타는 실수에 대해 변명하면서 남을 탓한다. 실패를 겪었을 때, 알파는 변화를 일으킬 기회를 찾는다. 그들은 또 다른 실패를 막기 위해 대안을 찾을 만한 유연성도 갖추고 있다. 알파는 목표를 이루어 가는 과정에서 우발적으로 일어나는 사건들을 최대한 통제하기 위해 노력하고 실패를 교훈으로 삼는다. 이러한 전략을 갖고 있기 때문에 알파는 성공할 가능성이 더 높고 성공에 대한 확신도 강한 편이다. 불안정한 베타는 처음부터 실패를 예견하기 때문에 변명거리를 찾기 위해 애를 쓰고, 자신의 계획을 방해한 사람들의 목록을 작성하며, 실패의 원인을 외부에서 찾는다. 이런 태도는 자신의 결점을 애써 외면하고 핵심 수치심의 영향에서 벗어나기 위한 근시안적인 미봉책일 뿐이다.

내담자가 자신의 실패와 단점에 대해 변명한다면, 심리치료자는 내담자의 개인적 책임감을 일깨워서 실패와 변명의 악순환을 끊을 수 있다. '내가 선택할 수 있었던 다른 대안은 무엇이었을까'라고 자문해 보게 하고 더 나은 정보와 전략으로 무장한 채 한 번 더 시도하는 모습을 상상해 보게 하는 것이다. 심리치료자는 내담자가 어떤 문제에 직면하든 거기에서 교훈을 얻는 방법을 깨우치도록 도울 수 있다. 현재의 지위를 바꾸기 위해서는 모든 면에서 스스로 책임을 지는 태도가 필요하다. 책임감을 가지면 우리는 더 큰 자긍심을 갖게 되며 우리를 향한 타인의 시선도 달라질 것이다.

#3 알파는 실패를 두려워하지 않는다

절대로, 절대로, 절대로 포기하지 말라.
– Winston Churchill

알파는 장애물에 매력을 느끼고 그것을 해결해 나가면서 문제해결 능력을 기를 수 있을 것이라고 생각한다. 알파는 실패를 성공에 이르기 위한 과정으로 보지만, 베타는 실패한 경험에 집착하고 자주 마음속으로 떠올리곤 한다. 그 때문에 베타는 순종적인 태도를 유지한 채 알파의 인도를 기다리게 된다. 핵심 수치심을 가진 베타에게 실패란 인간으로서의 가치를 의심하게 만드는 충격적인 경험이다. 그래서 베타는 실패를 피하기 위해 도전 자체를 포기해 버린다. 삶을 운전에 비유하면, 베타는 백미러를 보며 운전하는 사람이라고 할 수 있다. 과거의 실패에서 벗어나지 못하는 것이다. 알파는 운전대를 잡고 정면을 응시한다. 그들은 지지 않기 위해서가 아니라 이기기 위해서 도전한다.

심리치료자는 내담자가 실패를 교훈으로 삼고 치료 과정에서 많은 것을 배울 수 있도록 도와야 한다. 자신의 약점들을 애써 외면하기보다는 하나하나 자세히 살펴보고 그것이 강점으로 승화되도록 노력하는 편이 낫다.

#4 알파는 자신의 판단을 믿는다

> 오케스트라를 지휘하려면 청중에게 등을 돌려야 한다.
> – James Cook

타고난 알파는 동료의 압력이나 집단사고의 영향을 상대적으로 적게 받는다. 알파는 집단에 도움이 되는 대안을 제시하기 위해 새로운 아이디어를 생각해 내고 그 내용을 다른 구성원들에게 알린다. 이와 관련하여 알파는 어떤 판단을 내릴 때 자신의 가치관을 기준으로 삼는다. 다른 사람들의 의견에 구속되지는 않지만 그것을 전적으로 무시하지도 않는다. 알파는 타인의 의견을 존중하고 거기에서 유용한 정보를 얻어 내려 한다. 그들도 비판을 들으면 고통을 느끼지만 그런 반응이 무조건적으로 일어나는 것은 아니다. 알파는 타인의 의견에 대해 생각해 보고, 그것이 자신의 생각과 일치하는지 검토한다. 그들은 여러 가지 자료를 살펴보고 그중에서 가치 있는 정보를 골라낸다.

알파의 지위를 얻고 싶다면 타인의 평가에 대해 걱정하며 시간을 낭비해서는 안 된다. 반면에 어떤 상황 속에 담겨 있는 정치적 측면에는 주의를 기울여야 한다. 여기에서 정치적 측면이란 개인적인 것이 아니다. 알파에게 정치란 팀에 기여하고, 공동의 문화를 형성하며, 목표를 이루어 내는 것을 의미한다. 개인적인 사항에 지나치게 사로잡히면 불안감이 커지고 실행 기능이 약화된다. 불안정한 베타는 비판을 받으면 여과 없이 그대로 받아들이고 먹기 싫은 음식을 억지로 삼킨 것 같은 기분을 느낀다. 그러므로 내담자가 다음과 같이 상상하게 하라. 먼저 비판이라는 음식을 쟁반 위에 놓고 한번 살펴본 뒤, 그것을 삼킬지 말지 결정하는 것이다. 심리치료자에게 온전히 집중하는 내담자는 거의 없다. 베타는 자신이 심리치료자에게 어떤 사람으로 보일지를 걱정할 뿐이고, 알파는 다른 할 일이 많기 때문에 애초에 심리치료를 받으러 오지 않는다. 우리는 스스로 판단을 내려야 한다. 그러므로 내담자가 타인의 판단을 기다리는 실수를 저지르지 않게 해야 한다.

#5 알파는 감정을 조절할 수 있다

예전의 당신이라면 감히 상상할 수도 없던 존재가 되라.
– Paulo Coelho

알파는 역정을 내지 않는다. 격한 감정을 주체할 수 없게 되는 것은 답답하고 무기력하고 두렵기 때문이다. 하급자에게 소리를 지르는 사람, 배우자와 자녀를 때리는 사람, 스스로를 통제하지 못하는 사람 중에 알파는 거의 없다. 물론 알파도 가끔은 격한 감정에 휩싸일 때가 있지만 그것은 어디까지나 예외적인 경우일 뿐이다.

가짜알파는 공격적인 행동으로 자신의 힘을 드러낼 수 있다고 생각하지만 실제로는 그 반대다. 헤어진 연인을 쫓아다니며 괴롭히는 행동은 힘이 아니라 연약함과 절망감을 보여 줄 뿐이다.

긴장하기 쉽고 불안감을 잘 느끼는 내담자에게는 호흡을 의식하고 통제하는 방법을 가르쳐 보라. 호흡은 자율신경계의 상태와 신체적 각성 수준과 밀접한 관련이 있다. 그러므로 호흡을 의식하고 통제함으로써 신체와 감정을 조절할 수 있고, 불안감을 일으키는 상황에 대처할 수 있다.

호흡은 말하기와도 깊은 관련이 있다. 내담자는 호흡을 의식하는 방법을 배우면서 말의 속도와 목소리에도 주의를 기울여야 한다. 말하는 속도와 목소리의 높낮이가 달라지면 주변 사람들의 인식이 달라지고 당신도 스스로를 이전과는 다르게 느끼게 된다. 느리고, 부드럽고, 확신에 찬 목소리가 더 큰 설득력을 가지는 경향이 있다. 불안에 사로잡힌 채 늘 분주히 움직이는 내담자에게는 '알파는 늘 편안함을 느끼며 자신의 움직임을 통제할 줄 안다'는 사실을 상기시켜 주어야 한다. 사람은 누구나 불안감을 느낀다. 핵심 수치심을 극복하고 알파가 되기 위해서는 불안감의 지배에서 벗어나 통제력을 되찾아야 한다.

#6 알파는 목표와 그것을 실현할 계획을 갖고 있다

> 리더십은 이상을 현실로 바꾸는 능력이다.
> – Warren Bennis

알파는 대체로 미래에 대한 이상을 품고 있다. 그리고 집단 전체에 이익을 가져오는 것에 초점을 맞춘다. 그들의 뇌와 마음은 주어진 현실과 정보를 뛰어넘는 생각을 한다. 그래서 최소한 현대 세계에서만큼은 알파가 '경력'을 쌓아 가는 반면 베타는 그저 '직업'을 얻는 데 만족한다. 알파는 분명한 목표를 가진 노력가이기 때문에 다른 사람 덕분에 성공하는 것을 원하지 않는다. 알파는 위대한 성취에 이르기 위해서는 이상과 노력이 모두 필요하다는 것을 알고 있기 때문에 목표에 도달하기 위해 많은 시간과 에너지를 투자한다.

베타는 다른 사람이 만들어 둔 조직 구조에 의존한다. 그에 반해, 알파는 다른 사람 밑에서 일할 때조차 자신이 CEO로서 경력을 쌓아 가는 중이라고 여긴다. 그들은 현재의 업무에 충실하면서도 미래를 꿈꾼다. 알파에게 이상적인 미래란 지식과 능력을 더욱 확장해 줄 도전으로 가득 찬 미래다. 알파의 특성은 집단이 요구하는 리더의 자질과 일치한다. 바람직한 리더는 상황의 변화에 따라 새로운 관점을 취할 수 있는 사람, 다시 말해 '적응력'이 뛰어난 사람이기 때문이다.

현재의 상황에 국한된 생각밖에 할 수 없는 내담자도 있다. 하지만 심리치료자는 실습이나 질문을 활용하여 틀에서 벗어난 생각의 중요성을 일깨워 줄 수 있다. 내담자는 여러 가지 과제를 수행하고 질문에 답해 봄으로써 대안적인 실행 체계를 형성할 수 있게 된다. 심리치료자는 내담자가 기존의 관점과 신념에 도전하고 부적응적인 사고방식을 탈피할 수 있도록 격려해야 한다. 그리고 내담자가 객관적인 관점으로 새로운 방향과 계획을 모색하도록 도울 수도 있다.

#7 알파는 말의 힘을 이해하고 활용한다

> 무의미한 천 마디 말보다
> 평화를 가져다주는 한 마디 말이 낫다.
> – 붓다

인류의 역사가 시작된 이래, 스토리텔링은 집단행동(group behavior)을 가르치고 안내하기 위한 도구로 활용되어 왔다. 알파는 이야기를 잘 전하는 방법을 알고 있고, 요점을 전달하기 위해 유머를 활용하고 스스로를 드러내는 데 능숙하다. 진정한 알파는 자신이 하는 말의 힘을 잘 알고 있기 때문에 아주 조심스럽게 입을 열면서도 원하는 바를 이루어 낸다. 제일 큰 목소리로 떠들면서 다른 사람의 말을 가로막거나 끼어드는 사람은 대체로 가짜알파다. 진정한 알파는 타인의 말을 들을 줄 알고 자기 내면의 목소리에 귀 기울일 줄도 안다.

침묵을 지키며 타인의 말을 듣고 깊이 생각해 보는 것은 '마음챙김에 기초한 자각(mindful awareness)'의 핵심 요소다. 한편으로는 내담자와 심리치료자가 모두 갖추어야 할 태도이기도 하다. 강박적으로 말하는 사람은 대체로 불안감 때문에 타인과 소통하기 어렵고 자신의 내면에 대해서도 알지 못하게 된다. 우리는 반사적으로 말하는 습관을 버려야 하고, 그러기 위해서는 연습이 필요하다. 시간을 갖고 우리가 할 말의 효과에 대해 생각해 보면 다른 사람과 더 효과적으로 소통할 수 있고 스스로를 더욱 깊이 이해할 수 있다. 베타가 알파의 지위를 획득하기 위해서는 다른 사람의 말에 귀 기울이고 적게 말하면서도 많은 것을 전달하는 법을 배워야 한다.

#8 알파는 자신의 약점을 인정한다

그 무엇도 완벽할 수는 없다.
– Vladimir Horowitz

알파는 자신의 잘못을 기꺼이 인정하기 때문에 실패를 쉽게 극복할 수 있다. 자기의 부족함을 잘 알기 때문에 때로는 다른 사람의 지도를 따르기도 하고 더 나은 능력과 기술을 가진 사람의 조언을 구하기도 한다. 반면에 불안정한 베타는 완벽을 추구하기 때문에 결코 만족할 줄을 모르고 그 때문에 불안을 느끼게 된다. 베타는 항상 내면적 압박감 때문에 고통받는다. 자신의 불완전함을 어떻게든 숨기려 하기 때문이다.

베타는 자신의 잘못이나 실수를 인정하지 않으려 한다. 그러나 알파는 부족함을 인정함으로써 자유를 얻는다. 자신의 불완전함을 드러내면 내면적 수치심으로 인한 압박감에서 벗어날 수 있다. 심리치료자는 베타의 성향을 가진 내담자들로 하여금 부족함을 인정하고 그것을 자신의 일부로 받아들이도록 도울 수 있다. 안전한 환경에서 내담자는 두려움과 불안감을 이겨 내고 자신의 결점을 직시할 수 있다. 완벽해질 필요가 없다는 것을 깨달으면 자신의 단점을 더 객관적으로 바라보고 인간이 갖고 있는 커다란 힘을 인식할 수 있게 된다.

#9 알파는 배우자를 '의식적으로' 선택한다

진실된 친구를 아내로 맞이한 사람은 행복하다.
– Franz Schubert

베타는 자기를 좋아해 주는 사람에게 호감을 느끼는 경향이 있다. 그들은 상대가 얼마나 가치 있는 사람인지, 혹은 자신과 어울리는 사람인지를 깊이 생각해 보지 않는다. 그래서 핵심 수치심을 지닌 불안정한 베타의 대인관계는 기대에 못 미칠 때가 많다. 설상가상으로 베타는 자신의 부족함이나 실망감에 대한 책임을 배우자에게 전가한다. 베타가 자신에게 부족한 장점을 가진 배우자를 선택하는 경우도 있지만, 나중에는 배우자의 장점 때문에 화를 내기도 한다.

알파는 배우자를 '의식적으로' 선택한다. 즉, 지나치게 감정에 치우치지 않고 이성의 목소리에도 귀를 기울인다는 것이다. 알파는 자신에게 매력을 느끼는 상대보다는 자신의 강점과 능력에 어울리는 상대를 선호한다. 알파는 직장에서나 사생활에서나 자기 같은 사람을 부담스럽게 느끼지 않는 상대—즉, 타고난 알파나 타고난 베타—와 관계를 맺는 경향이 있다. 알파는 타고난 베타를 만나 서로 보완하며 살아갈지, 아니면 대등한 동반자가 될 수 있는 또 다른 알파를 만날지를 심사숙고하여 결정한다. 바람직한 관계의 유형은 상황에 따라 달라진다는 것을 알파는 잘 알고 있다.

#10 알파는 침묵과 고독을 두려워하지 않는다

고독한 시간을 어떻게 보내느냐에 따라
자아가 궁핍해질 수도 있고 더욱 풍요로워질 수도 있다.
– May Sarton

깊은 생각에 잠긴 채 홀로 있는 시간은 위협이 아니라 성장의 기회가 되어야 한다. 베타는 스스로의 가치를 판단할 자격이 없다고 생각하기 때문에 한 인간으로서 자신이 어떤 존재인지를 평가할 권한을 남에게 넘겨준다. 베타는 어떻게든 주변의 관심을 끌기 위해 노력하고 다른 사람의 말에 의존한다. 그리고 다른 사람이 자기를 어떻게 볼지 상상하고 그에 따라 스스로를 평가하려 한다. 반면에 알파는 고독을 즐길 줄 알고, 자신의 내면에서 에너지와 위대한 성찰을 끌어낸다.

마음속의 부정적인 목소리에 맞서는 법을 터득한 내담자는 타인의 의견에 크게 신경 쓰지 않고 내면에서 자신만의 안전한 공간을 찾아낸다. 그 공간에서는 무엇을 생각하고 느낄지를 자유롭게 선택하고 자신의 삶에 대한 결정을 할 수 있다. 심리치료자는 머릿속에서 벌어지는 대화의 양상도 바뀔 수 있다는 것, 즉 그런 대화가 '학습된 행동'일 뿐이라는 사실을 내담자에게 알려 주어야 한다. 내면의 어린아이를 돌보고 보호할 수 있는 사람은 자기 자신의 좋은 친구가 될 수도 있다.

분노의 심리치료

확신이 생기기 전부터 난 말하곤 했다.
내가 가장 위대한 복서라고.
– Muhammad Ali

내담자의 핵심 수치심과 관련된 문제를 다루고 그들이 알파가 되도록 안내하기 위해 심리치료자는 어떻게 해야 할까? 심리치료에서 전통적으로 활용해 온 방법으로 절반 정도의 성과는 얻을 수 있다. 즉, 내담자에게 공감하고, 그들을 이해해 주고, 심리치료자와 내담자 사이에 신뢰할 수 있는 관계를 형성하는 것이다. 나머지 절반을 채우기 위해서는 많은 심리치료자가 기피해 온 방법을 써야 한다. 즉, 내담자로 하여금 난관을 극복함으로써 더욱 강해지고, 더 큰 위험을 무릅쓰며, 내면의 어둠과 맞서게 해야 하는 것이다.

트라우마에 관한 경험은 뇌의 신경망에 저장되는데, 베타의 지위에 머물게 만드는 프로그램도 이와 동일한 신경망에 같은 방식으로 저장되고 자리를 잡는다. 편도체의 원시적 실행 체계는 위험하다고 판단되는 모든 것으로부터 우리를 보호하기 위해 최선을 다한다. 그래서 베타의 뇌는 자신감, 분노, 자기주장을 사회적 불안, 위험, 공포감과 관련짓는다. 문제는 분노할 권리를 포기하면 더 무기력한 존재가 될 뿐만 아니라 타인에게 자신의 존재를 드러내기도 어려워지게 된다는 것이다. 결과적으로 스스로를 다른 사람이 이끌어 주길 바라는 수동적인 베타로 만들어 버리게 된다.

심리치료자는 내담자가 갖고 있는 베타의 성향에 대항할 두 가지 무기를 갖고 있다. 첫째는 내담자를 위한 '아미그달라 위스퍼러'가 되어 공포감을 진정시키는 방법을 단계적으로 가르치는 것이다. 둘째는 내담자로 하여금 원시적 분노—공포보다 강력한 단 하나의 본능—와 접촉하도록 돕는 것이다. 전자는 심리치료에서 아주 일반적으로 쓰이는 방법이다. 심리치료자는 매우 여성적인 직업이다. 심리치료자는 물론이고 내담자 중에도 여성이 훨씬 더 많다. 후자는 상대적으로 생소한 방법이다. 심리치료자는 자기 마음속의 분노를 회피할 뿐 아니라 내담자가 품고 있는 분노를 두려워하는 경우가 많다. 특히 여성 심리치료자는 남성 내담자와 단둘이 마주 앉아 있을 때 상대방의 잠재된 분노가 표출될지도 모른다는 두려움을 느끼게 된다. 따라서 분노의 감정을 다루기가 더 어려워지는 것이다. 생각해 보면 모두 이해가 가는 일들이다.

여성이 남자아이의 아버지 노릇을 해 줄 수 없는 것처럼, 여성 심리치료자가 남성 내담자의 분노 조절을 돕기 어려운 것은 당연하다. 공감하기 위해, 가까워지기 위해, 혹은 단순히 물리적 폭력을 피하기 위해 여성 심리치료자는 알파가 되고자 투쟁하는 남성 내담자의 분노를 외면하고 슬픔에 초점을 맞추는 경향이 있다. 물론 슬픔도 아주 중요한 감정이므로 결코 간과해서는 안 된다. 그러나 남성은 때때로 분노를 드러내며 상대를 노려보거나 난투극을 벌여야 할 때가 있는데, 대다수의 여성들은 이런 상황에 연루되고 싶어 하지 않는다. 물론 여성 심리치료자도 같은 여성 내담자들이 내면에 잠재된 분노와 단호함, 힘을 인식하도록 도울수는 있다. 그러기 위해서는 먼저 자기 자신의 분노와 단호함, 힘을 인식해야 한다.

머신 건 켈리

누구든 화를 낼 수 있다. 그건 아주 쉬운 일이다.
하지만 적절한 대상에게, 정당한 목적으로,
올바른 방법으로 화내기는 어렵다.
– Aristoteles

내가 '머신 건 켈리'[1]라고 부르는 실습은 분노를 다루는 데 어려움을 겪는 내담자와 심리치료자에게 도움이 될 것이다. 실습의 첫 단계에서 내담자는 두려움을 안겨 주었던 알파를 한 명 떠올린다. 대부분의 내담자들은 너무 두려워서 맞설 엄두조차 내지 못했던 아버지나 폭력적인 선생님, 배우자를 떠올린다. 알파 한 사람을 떠올렸다면 그다음에는 자신을 두려움에 사로잡히게 했던 상황을 하나 떠올린다. 그렇다고 해서 알파로부터 신체적인 위협을 당했던 장면만을 떠올려야 하는 것은 아니다. 알파가 내담자를 혐오나 거절의 눈빛으로 바라보았다거나 단순히 내담자를 무시한 것과 같은 상황도 좋다. 내담자의 뇌에 생존에 대한 위협으로 기억되어 있는 상황이라면 무엇이든 활용해 볼 수 있다.

두 번째 단계에서는 내담자가 기관총을 가지고 총알을 마구 발사하는 상상을 해 본다. 내담자의 상상은 구체적이어야 한다. 두려움을 느끼게 했던 알파를 산산조각 내고 그 파편들이 날아다니는 것을 상상해 보는 것이다. 문제를 좀 더 깊은 수준에서 다루고 싶다면 여기서 더 나아가도 괜찮다. 예를 들어, 내담자들이 상상 속에서 무술을 사용해도 된다. 기합을 넣고 자세를 취하면서 과거에 느꼈던 감정들을 밖으로 끄집어내는 것이다. 심리치료자는 내담자에게 알파를 난도질해 보라고 지도할 수도 있다. 이러한 상상 연습 후에는 내담자가 느낀 감정에 대해 함께 이야기해 보는 시간을 가져야 한다. 내담자는 들떠 있을 수도 있고, 두려워하거나 알파를 동정할 수도 있다. (이 실습은 매우 극단적인 장면들을 상상하게 만들기 때문에 감정을 억누르는 데 익숙한 내담자들은 수동적인 태도를 보이거나 아예 실습을 거부하기도 한다. 그럴 경우에는 내담자가 상상 과제를 꺼리는 것에 대해 함께 이야기를 나누는 것만으로도 의미 있는 탐색, 이해, 성장을 이끌어 낼 수 있다.)

내담자가 자신의 감정에 대해 충분히 이야기했다면 내담자로 하여금 산산조각 내었던 알파를 다시 이어 붙여서 처음에 했던 것을 반복하도록 해야 한다. 실습을 반복할 때마다 새로운 요소를 추가해서 이 실습이 감정이 배제된 요식 행위로 느껴지지 않도록 하는 것이 좋다. 내담자는 실습을 하며 원하는 대로 마음껏 반응할 수 있고, 심리치료자는 내담자가 보인 반응에 대해 함께 논의하거나 그 의미를 해석해 볼 수 있다. 심리치료자는 내담자의 과거, 문제, 성격에 따라 실습 방식을 조금씩 바꿀 필요가 있는데, 특히 내담자가 분노를 단호하고 강력한 방식으로 표출하도록 도와야 한다. (두려웠던 장면을 상상할 때 꼭 기관총이나 무술을 사용할 필요는 없다. 알파가 소중하게 생각하는 물건을 부수거나 알파의 집에 페

인트를 마구 뿌리는 것만으로도 충분하다고 느끼는 내담자도 있기 때문이다.)

상상 연습을 여러 차례 반복한 후 대부분의 내담자는 상상하는 것이 갈수록 쉬워지고, 두려움의 감정이 분노로 바뀌며, 결국에는 실습이 지루하게 느껴진다는 것을 깨닫는다. 이 실습의 궁극적인 목표는 내담자로 하여금 지루함을 느끼게 하는 것이다. 이는 공포감 문제가 다루어지고 역학관계가 변화하면서 상상의 효과가 줄어들기 때문이다. 공포에 관한 과거의 기억이 현재의 대뇌피질 작용에 통합됨에 따라, 무서운 알파에 관한 내담자의 생각과 감정도 변화한다. 물론 결과가 언제나 긍정적인 것은 아니겠지만 시도해 볼 가치는 있다. 적어도 내담자의 내면세계에 관한 흥미로운 정보를 수집하고, 어린 시절의 알파-베타 지위 도식이 내담자의 중추신경계에 얼마나 깊이 각인되어 있는지를 살펴볼 수 있기 때문이다. (주의하라. 이 실습은 통제할 수 없을 정도의 분노를 가진 내담자가 아니라 자신의 분노를 인정하거나 표현하지 못하는 내담자를 위한 것이다.)

처음에는 알파에 대한 두려움과 원시적 본능에서 비롯된 충성심 때문에 대다수의 내담자가 이 실습을 하지 않으려고 할 것이다. 스톡홀름 증후군, 즉 인질이 인질범에게 동조하면서 심리적 공감을 느끼는 현상도 이러한 원시적 본능과 관련이 있는 것 같다. 모든 원시적 반응은 그 정도가 지나치면 역기능적이고 병리적인 행동을 야기한다. 약간의 식료품을 구입하려다 온 집안을 잡동사니로 가득 채우게 되고, 정리 정돈을 좋아하는 사람이 강박장애를 갖게 되고, 착한 아이가 되고 싶었던 나머지 자신의 의견이나 신념뿐만 아니라 스스로를 보호하려는 본능마저 포기하게 될 수도 있는 것이다.

기계에 대한 격분[2]

격분(rage)은 사랑하는 사람이 위협을 받거나 소중하게 여기는 대상이 공격을 받을 때 표출되는 극단적인 형태의 투쟁-도피 반응이다. 격분은 평상시엔 불가능했던 일을 할 수 있게 만드는 아드레날린 분비와 관련이 있다. 아드레날린이 분비되면 시간이 천천히 가는 것처럼 느껴지고, 신경이 날카로워지며, 이성적 사고는 잠시 마비된다. 격분하는 것은 그리 도움이 되지 않는 것 같지만 생산적인 측면도 있다. 누구나 한번쯤은 아이를 구하기 위해 초인적인 힘을 발휘한 부모의 이야기를 들어 본 적이 있을 것이다. 격분은 무의식의 프로그램을 거부함으로써 우리에게 이익을 가져오기도 한다. 격분의 원초적 힘은 두려움에 저항하여 베타의 지위를 벗어나게 해 준다.

베타는 좌절과 무기력함에 사로잡혔을 때 종종 격분한다. 이 같은 '무기력한 격분'은 가장 가까운(그리고 만만한) 사람들을 향해 표출된다. 알파가 있을 때 베타 구성원들의 테스토스테론 수치와 공격성이 감소한다는 사실은 잘 알려져 있다. 알파의 부재로 인해 이러한 억제가 사라지면 구성원들의 격분은 가장 약한 대상인 아이, 애완동물, 배우자 등을 향한다. 집단 내의 약자들은 자신을 향한 격분을 묵묵히 받아들일 수밖에 없다. 이런 유형의 격분은 매우 파괴적이기 때문에 많은 사람들이 심리치료를 받는 이유가 된다. 그러므로 격분이라는 감정을 건설적으로 활용한다는 아이디어는 설득력이 별로 없어 보인다. 그러나 격분은 부교감신경계가 지배하는 억제 상태에서 벗어나기 위한 열쇠 중 하나다. 두려움을 떨쳐 내야만 자신의 분노, 단호함, 힘을 인식할 수 있다. 모든 분야의 감독자나 훈련교관은 이 사실을 잘 알고 있다.

샌디라는 남성이 나를 찾아와 도움을 구한 적이 있었다. 그는 '자신의 삶을 제자리로' 되돌려 놓기를 원했다. 그는 정서적·신체적 학대로 얼룩진 12년간의 결혼 생활에서 벗어나기 위해 이혼 소송을 진행하고 있었다. 그는 아내와의 관계에서 긍정적인 부분은 어린 두 딸 외에는 없다고 생각했다. 샌디는 오랫동안 경험해 온 적대적인 비난, 신체적 공격, 그가 '정서적 파업'이라고 부른 아내의 태도로 인해 지칠 대로 지치고 의기소침한 상태였다. 곧 전처가 될 여자에게 모든 책임을 전가했던 그의 이야기를 요약해 보면, 그는 동료와의 관계에서도 아내를 대할 때처럼 지나치게 소심하고 수동적이며 예의 바른 태도를 취한 것 같았다. 샌디는 이러한 태도가 자신의 성공에 심각한 걸림돌이 되고 있다는 것을, 그리고 사랑하고 일하지 못하도록 방해하는 요인이 자신의 내면에 있음을 깨달았다.

나와 조금씩 가까워지면서 샌디는 그가 대학에 진학하여 집을 떠날 때까지 끊임없이 두려움을 안겨 준 아버지의 신체적·정서적 학대에 대해 털어놓기 시작했다. 그는 수동적인 태도와 깊은 신앙심의 소유자였던 어머니를 더없이 존경한다고 말했다. 그의 어머니는 자신의 건강과 감정을 희생하면서까지 가족을 지키기 위해 노력한 분이었다. 샌디는 스스로를 어머니와 동일시했고, 어머니에게 종교적 신념뿐만 아니라 갈등을 회피하는 태도까지 물려받게 되었다. 뼛속까지 베타였던 그는 친구와 직장 동료들이 반대했는데도 아내가 더없이 좋은 짝이라고 생각했다.

샌디는 직업적인 경력에서 수많은 기회를 놓쳐 버렸다. 그는 재능과 창의력이 넘치는 엔지니어였고, 여러 가지 훌륭한 발명품을 만들어 냈다. 하지만 자신의 아이디어를 적극적으로 홍보하지 못했기 때문에 기회를 번번이 놓치고 말았다. 그는 투자자와 접촉하는 일을 두려워했고, 중요한 거래를 위해 전화를 거는 일조차 불편해했으며, 많은 사람들 앞에서 자신의 발명품에 대해 제대로 설명하지 못했다. "갈등을 일으키거나 실패할 가능성이 있는 일은 모두 피했어요. 하지만 그래서 갈등을 겪고 실패했던 것 같네요."

샌디는 갈등이 생길 징조가 보이면 그때까지 진행해 온 일을 자동적으로 잊어버리고 다른 일로 넘어가곤 했다고 말했다. "내가 회피하고 숨어 버렸기 때문에 그동안 성취했던 모든 것이 결국 무용지물이 된 거예요. 좋은 뜻으로 무언가를 시작해도 결과는 좋지 않았고, 열심히 돈을 벌어도 빚을 갚고 나면 남는 게 없었죠." 샌디의 편도체는 그가 살아남기 위해서는 남의 눈에 띄지 않도록 주의하고 분노를 억눌러야 한다고 '믿었다'. 그 때문에 샌디는 많은 고통과 실패를 겪으면서도 다른 시도를 할 엄두도 내지 못했다. 그는 스스로를 실패한 베타로 규정하는 자기서사 혹은 삶의 이야기를 만들어 왔다.

베타의 지위와 관련된 생물학적 요소들은 매우 원초적이기 때문에 그의 뇌를 변화시키기 위해서라면 어떤 수단이라도 써야만 했다. 그의 분노, 단호함, 힘은 억제된 상태였지만 나는 그의 내면에 남아 있는 원초적 격분을 활용할 수 있다고 생각했다. 만일 그렇다면 그의 원초적 격분이 부교감신경계에 의한 억제를 이겨 낼 만큼 충분히 강할까? 그가 자신을 옭아맸던 두려움에서 벗어나기 위해 원초적 격분을 일깨우고 활용하려면 어떻게 해야 할까? 나는 샌디에게는 '머신 건 켈리' 실습보다는 그의 실생활에 더 가까운 방법이 낫다고 판단했다. 내가 생각해 낸 방법은 다음과 같다. 나는 샌디에게 눈을 감고 다음과 같은 장면을 상상해 보라고 요구했다.

저자 : 당신은 방과 후에 두 딸을 태워서 집으로 오는 길에 주유소에 들렀습니다. 기름을 채우는 동안 딸들은 간식을 먹자고 졸랐고, 세 사람은 편의점으로 들어갑니다. 진열대에 놓인 간식거

리를 살펴보고 있던 일곱 살 된 딸이 한 남자의 손에 붙들린 채 편의점 입구 쪽으로 끌려갑니다. 그녀는 "아빠, 아빠" 하고 외칩니다.

샌디에게 어떤 생각이나 감정이 떠오르는지를 물어보려고 했는데 그의 몸이 긴장한 채로 정면을 향해 기울어지는 것을 보았다. 눈물을 글썽이는 그에게 어떤 느낌이 드는지를 물었다.

샌디 : 두렵기도 했지만 참을 수 없을 만큼 화가 났어요.

저자 : 몸에서는 어떤 느낌이 드나요?

샌디 : 딸을 구해야 한다는 마음에 당장이라도 그놈에게 달려들 것 같아요. 몸속에서 아드레날린이 솟구치는 게 느껴지네요. 그 남자를 산산조각 내고 싶어요.

저자 : 그 남자 앞에 가서는 어떻게 할 생각이었죠? 딸을 놓아 달라고 정중하게 부탁해 보고, 상대가 말을 안 들으면 딸을 데려가는 걸 잠자코 볼 생각이었나요?

샌디 : 지금 농담하는 거요? 침팬지가 그 여자에게 했던 것처럼[3] 나도 그 자식의 면상을 찢어 버릴 생각이었어요.

저자 : 그 남자가 당신보다 힘이 세고 덩치가 더 크면 어쩌죠? 당신에게 폭력을 휘두를 수도 있어요.

샌디 : 내 숨이 붙어 있는 한 절대로 내 딸은 못 데려가요. 힘으로 안 된다면 그놈 목이라도 물어뜯을 겁니다.

저자 : 바로 그거예요!

샌디의 내면에는 한 마리의 '야수'가 있었다. 그의 원시적인 뇌 속 어딘가에, 수치심이 자리 잡은 곳보다 더 깊은 심연에 잠들어 있었을 뿐이다. 어린 시절부터 그를 지배해 온 두려움도 그의 분노를 없애지는 못했다. 우리 모두는 이러한 감정이 어떤 것인지를 알고 있고 샌디의 반응을 이해할 수 있다. 만약 앞의 예시가 실제 상황이고 샌디가 유괴범에게 심각한 부상을 입혔다고 해도 그를 탓하기는 어려울 것이다. 그런 상황에서는 약육강식의 법칙을 따를 수밖에 없고, 부모라면 누구나 샌디는 무죄라고 판단할 것이다.

바로 그때, 샌디는 그동안 스스로를 겁쟁이로 인식해 온 것이 결코 진실이 아님을 깨달았다. 나는 샌디에게 그의 원초적인 알파 에너지가 온전하게 남아 있는 게 분명하다고 말했다. 무엇보다도, 나는 10초도 채 되지 않는 시간에 단순한 상상 작업만으로 그의 숨겨진 감정에 접근할 수 있었다. 그는 필요할 때라면 언제든 그 감정을 끌어낼 수 있었다. 그는 자신에게 그 감정이 남아 있다는 것을 몰랐을 뿐이다. 그리고 그의 자기서사는 그에게 내면에서 그런 감정을 찾아 봤자 아무 소용이 없다고 체념하게 만들었다.

나는 샌디에게 말했다. "그것은 샌디 씨가 갖고 있는 알파의 에너지입니다. 당신의 삶을 앗아 간 공포감을 재해석하기 위해서는 그 에너지를 활용해야 합니다. 당신은 두 딸에게 신경 쓰는 만큼 스스로에게도 신경을 써야 하고, 당신을 현재의 삶 속에 가두었던 공포의 얼굴을 갈기갈기 찢어 버려야 해요. 아버지에 대한 최선의 저항은 당신이 힘 있고 착한 아버지가 되어 스스로를 보살피는 것입니다. 당신의 아버지는 그러지 못했지요. 그리고 천사가 되기를 거부함으로써 당신의 어머니에게도 저항해야 합니다. 이것은 전쟁이에요. 당신은 맞서 싸워서 당신의 삶을 지켜내야 합니다."

우리 모두에게 적용되는 한 가지 진실이 있다. 어린 시절에 화를 내지 못하면 성인이 된 후에도 분노를 억눌러야 한다는 것이다. 그러나 분노를 억누르면 단호함과 힘도 억제된다. 폭력적인 부모 밑에서 자란 사람이라면 이런 억제가 아동기의 생존을 위해 필요했겠지만, 성인이 된 후에는 그 억제로부터 벗어나야 한다. 변화를 위해서는 용기를 내어 '머릿속의 기계에 대한 격분'을 표출해야 하는 것이다. 그러면 우리의 신체와 감정이 활력을 되찾게 될 것이다. 편도체는 과잉보호를 일삼는 부모와도 같기 때문에 진정한 삶을 누리고 싶다면 그것으로부터 독립해야만 한다.

베타를 위한 주의사항

사회적 도식을 바꾸면 무엇인가를 잃게 된다. 때로는 가장 소중하게 여겼던 믿음을 버려야 할 수도 있는데, 그런 믿음의 예를 들면 다음과 같다. (1) 다른 사람의 그늘 속에서 사는 편이 낫다. (2) 남들이 나를 어떻게 생각하는지를 늘 살펴야 한다. (3) 실수를 저지르지 않도록 조심해야 한다. (4) 나의 부정직함을 경계해야 한다. 이러한 믿음을 버리기 위해서는 우리가 베타의 지위에 머무르기를 바라는 사람들과 연을 끊어야 할 수도 있다. 그 사람은 친구, 배우자, 심지어는 부모일 수도 있다. 베타로 머무르던 안전지대에서 벗어나면 더 열심히 일하고, 더 많은 위험을 무릅쓰고, 때로는 실패를 받아들여야 한다. 변화를 이루기는 쉽지 않지만, 그 보상은 표현할 수 없을 만큼 크다.

제3부

해리와 통합

– 심리치료에 대한 적용 –

11장
불안과 스트레스

고통 그 자체보다 고통에 대한 두려움이
더 나쁜 거라고 그대의 마음에게 일러 주게.
– Paulo Coelho

사람의 뇌는 탐욕스러운 돼지와 같아서, 다른 어떤 신체기관보다도 훨씬 더 많은 에너지를 소모한다. 이처럼 막대한 투자는 뇌가 우리의 생존에 매우 중요하다는 것을 의미한다. 인간을 비롯한 동물의 뇌는 적응을 위한 기관으로서 다음과 같은 세 가지 역할을 수행한다.

1. 뇌는 사회적·물리적 환경의 긍정적 가치와 부정적 가치를 평가한다. 이걸 먹으면 좋을까? 저 개는 순한 놈일까? 절벽 가장자리를 걸어 다니면 위험하지 않을까? 즉, 좋은 것과 나쁜 것의 차이를 판별하는 것이다.

2. 뇌는 필요한 것에는 다가가고 피해야 할 것에서는 멀어지는 길을 찾고 방향을 결정한다. 뇌는 기고 걷고 헤엄치는 것과 같은 기능을 관장할 뿐 아니라, 우리가 세상 속에서 움직이는 경로, 속도, 방식을 선택하기도 한다.

3. 이러한 평가와 결정의 결과는 미래의 활용을 위해 암묵적 기억에 저장되며 이러한 과정은 '경험학습(learning from experience)'이라고 불린다. 뇌는 보상이나 처벌을 받은 경험, 어떤 전략을 써서 성공한 경험 등을 기억해 두고 필요할 때 적용한다.

평가하고, 결정하며, 경험을 통해 학습하는 능력과 그러한 능력을 구조화하는 뇌의 신경망은 수백만 년 동안 서로 영향을 미치면서 함께 진화해 왔다. 현대인의 경우에는 이 모두가 통합되어 신경계 전체의 기능으로 작동한다. 신경계 속에 내재화된 정보가 사회적·물리적 환경에 들어맞으면 우리는 건강과 행복을 얻고 사랑하며 활동할 수 있다. 누군가에게 심리치료가 필요하다면, 이는 그 사람의 뇌가 제공하는 평가 및 결정 전략, 학습 성과가 현재의 삶이나 열망과 들어맞지 않다는 것을 의미한다.

우리의 뇌가 아주 정교해졌기 때문에 현대인의 신경계가 각성, 스트레스, 공포에 관여하는 원시적 생존 회로와 뒤섞여 있다는 것을 망각하기 쉽다. 가장 원시적인 피질하 영역의 투쟁-도피 회로는 우리의 파충류 조상들이 물려준 것이다. 그것은 진화 과정 속에서도 보존되어 왔고, 현대인이 가진 뇌의 핵심부를 이루고 있다. 대뇌피질이 발생하고 확장됨에 따라, 이 원시적 영역은 가장 고도로 진화된 신경망과 긴밀하게 연결되는 방향으로 진화했다. 그 결과로 안전에 대한 감각이 모든 것—주의를 기울이고 집중하고 학습하는 능력부터 세계와 미래와 우리 자신에 대한 핵심적 신념까지—을 조절하게 되었다.

불안과 공포는 우리의 뇌와 신체가 주변의 위협을 탐지하는 과정에서 내린 의식적·정서적 평가의 결과다. 불안이 적응에 도움이 될 때도 있는데, 예를 들어 우리가 도로를 건너기 전에 좌우를 살피고 봉투를 밀봉하기 전에 세금계산서에 서명을 했는지 확인하는 것은 불안감 덕분이다. 하지만 불안은 학습과 탐색을 가로막으며, 감수해야 할 위험을 무조건 피하게 만듦으로써 적응을 방해하기도 한다. 수없이 많은 의식적·무의식적 신호들에 의해 촉발되는 불안은 우리의 행동, 생각, 감정을 형성하는 힘을 갖고 있다. 처음에는 단순한 경보 장치였던 것이 세심한 관리를 요하는 골칫덩어리로 진화한 셈이다. 불안감에 취약한 사람의 경보

장치는 토스터 위의 화재경보기처럼 잘못 울릴 때가 많다.

모든 스트레스는 생리적 변화를 촉발하고, 그에 따라 신체는 투쟁 혹은 도피를 준비하게 된다. 심혈관과 근육이 긴장함에 따라 동원된 에너지는 소화, 성장, 면역 반응이 억제됨으로써 보존된다. 그리고 글루코코르티코이드, 에피네프린, 내인성 오피오이드의 수치가 높아질 뿐 아니라 시상하부, 뇌하수체, 부신에서 생화학적 연쇄 반응이 일어난다. 스트레스의 생리적 결과는 특히 학습과 밀접한 관련이 있다. 거의 모든 스트레스는 주의, 집중, 기억에 부정적인 영향을 미치기 때문이다.

성인은 자동차 사고, 스포츠 경기의 결정적인 순간, 혹은 격렬한 토론 같은 상황에서 교감신경계의 각성 수준 증가와 그로 인한 변화를 경험한다. 아동과 청소년도 수업 시간에 발표를 하거나 운동장에서 괴롭힘을 당하거나 가정불화를 겪을 때 똑같은 경험을 한다. 사회적 동물인 우리에게 안전함과 스트레스를 제공하는 주된 근원은 타인이다. 타인이 우리를 대하는 방식은 직접적·지속적으로 우리의 교감신경계 각성 수준에 영향을 미친다.

심리치료는 본질적으로 학생과 교사가 각각 한 명씩 있는 교실이다. 내담자는 스스로에 대해 더 깊이 이해하고 더욱 적응적인 생각, 감정, 행동을 발전시키기 위해 심리치료자를 찾아온다. 우리는 이 책의 뒷부분에서 '스트레스가 어떻게 학습을 방해하는가', '내담자의 스트레스 조절을 돕는 것이 심리치료의 성공을 좌우하는 이유는 무엇인가'와 같은 주제를 탐구할 것이다. 학습의 성공 여부는 가소성에 달려 있고, 가소성은 각성 수준에 의해 조절된다. 그러므로 심리치료자가 상호작용을 통해 내담자의 불안감을 조절하는 것은 가장 강력한 치료 도구가 된다. 결론적으로, 뇌가 학습을 할 수 없는 상태라면 심리치료를 해도 아무런 효과를 거둘 수 없는 것이다.

편도체, 해마, 그리고 스트레스

스트레스를 이겨 낼 가장 강력한 무기는
다른 생각을 하는 능력이다.
– William James

간단하게 설명하면, 해마는 의식적인 학습과 기억을 부호화하고 저장하는 과정의 핵심이라고 할 수 있다. 해마는 수상돌기의 변성, 세포의 죽음, 기능의 억제를 초래하는 스트레스 호르몬의 부정적 효과에 극단적으로 민감하다. 중앙 평가-처리 과정의 중심인 편도체는 종의 진화 과정과 개체의 발달 과정에서 최초의 실행 중추가 되며, 평생에 걸친 정서적 학습에서 핵심적인 역할을 수행한다. 다시 말해, 편도체는 의식적·무의식적으로 위험 징후를 감지한 후 생존 반응을 준비하는 과정을 주도한다. 편도체는 주변 환경을 평가하고 투쟁-도피와 관련된 생화학적 연쇄 반응을 촉발하는 데 중요한 역할을 담당하기 때문에 기억 처리, 정서 조절, 애착 형성에 필수적인 부분이다.

편도체와 감각수용기 사이의 신경망 투사(neural projection)[1]는 스트레스, 불안, 두려움이 복합적인 신체 작용으로 표출되게 만든다. 예를 들어, 편도체와 외측 시상하부(lateral hypothalamus)의 신경망 투사는 심장 박동수와 혈압을 증가시키며, 편도체와 삼차 안면 운동 신경(trigeminal facial motor nerve)의 신경망 투사는 얼굴에 두려운 표정이 나타나게 만든다. 노르에피네프린 생성과 관련된 소체인 청반(locus coeruleus)은 편도체에서 시작되는 신경망 투사의 중요한 목표 지점 중 하나다. 노르에피네프린은 새로운 정보의 습득과 같은 '덜 필수적인' 활동을 억제하고 위험에만 집중하게 만든다.

만성 스트레스가 우리의 건강과 안녕에 그토록 해로운 이유는 무엇일까? 만성 스트레스의 주된 작용 기제는 글루코코르티코이드로 알려진 호르몬군, 그중에서도 특히 코르티솔과 관련이 있다. 부신에서 분비되는 글루코코르티코이드의 주된 역할은 당장의 생존 가능성을 높이는 것이다. 글루코코르티코이드의 여러 가지 작용 중 가장 먼저 발견된 것은 착화합물(complex compounds)[2]을 분해하여 에너지원으로 전환한다는 것이다. 이 호르몬군 중에서 최초로 발견된 것이 당질 복합체를 분해하는 것으로 밝혀졌기 때문에 글루코코르티코이드라는 명칭을 얻게 되었다.[3] 이러한 분해 과정은 투쟁-도피 반응을 위해 신속하게 에너지를 공급해 준다.

연구가 좀 더 진척되면서 글루코코르티코이드가 투쟁-도피 반응에서 좀 더 광범위한 역할을 수행한다는 사실이 드러났다. 글루코코르티코이드는 즉각적인 에너지 공급을 위한 이화작용에 관여할 뿐 아니라, 신체의 일반적 유지 기능을 억제하기도 한다. 이러한 억제의 논리는 당면한 위협을 물리치고 살아남지 못하면 장기적 유지 기능은 시간 낭비에 불과하다는 것이다. 따라서 글루코코르티코이드의 또 다른 역할은 단백질 합성을 막는 것, 그리고 뇌와 신체 조직의 구성에 필요한 단순 단백질(simple protein)[4]의 결합을 차단하는 것이다.

자세히 살펴보지 않으면 이러한 작용이 그리 해롭지 않다고 생각할 수도 있다. 하지만 단백질 합성이 억제되면 면역 기능이 마비될 뿐 아니라 학습에 필요한 새로운 신경망 구조의 형성도 멈춘다. 다시 말해, 당장의 죽음을 피하기 위해 전염병의 위험을 감수하거나 새로운 정보를 무시하는 것이다. 이런 체계는 상상력이 그다지 필요하지 않은 단순한 환경에서 살아가는 원시적인 동물에게는 유용하겠지만, 인간에게는 그렇지 않다.

신경과학 상식 : 코르티솔의 작용
- 신속한 에너지 공급을 위해 당류, 지방, 단백질을 분해한다.
- 신경망의 성장을 억제하고 장기적 건강을 희생시킨다.
- 염증[5]을 억제한다.
- 백혈구, T-세포, 자연살생세포(natural killer cell)[6] 등의 생성을 막음 으로써 면역 기능을 억제한다.

장기적 스트레스와 해마 위축은 스트레스 호르몬의 이화작용으로 인해 생물학적 관련성을 갖게 되는 것 같다. 전반적으로 장기적 안녕은 당장의 생존을 위해 희생된다. 스트레스가 일시적인 것일 때는 이러한 전략이 매우 효과적이다. 그러나 만성 스트레스는 코르티솔 수치의 증가 와 더불어 신체적 질병을 초래하고 학습과 기억을 방해한다.

인간의 뇌는 일시적으로 스트레스를 겪더라도 장기적으로는 손상을 입지 않고 버틸 수 있게 되어 있다. 최적 상태에서는 스트레스를 적절한 대처 기술과 다른 사람의 도움으로 즉시 해결할 수 있다. 쥐와 버빗원숭 이를 대상으로 실험한 로버트 새폴스키(Robert Sapolsky)는 장기적 스트 레스가 해마의 위축과 여러 가지 기능 장애를 유발한다는 것을 입증했 다. 그의 연구가 중요한 것은 아동기에 겪은 스트레스와 트라우마의 부 정적인 영향이 장기간 지속되는 이유를 설명하는 데 도움을 주기 때문 이다.

신경과학 상식 : 코르티솔이 해마, 기억, 학습에 미치는 영향
- 신경 조직의 형성, 신경망의 성장, 세포의 유지 등을 억제한다.
- 수상돌기의 수축, 수초 형성의 결핍, 세포의 죽음을 초래한다.
- 새로운 학습, 암묵적 기억, 공간 추론 등에 장애를 일으킨다.

우리에게 남아 있는 구석기 시대의 원시적인 스트레스 대응 체계는

인간의 대뇌피질과 현대사회가 야기하는 지속적이고 심각한 스트레스나 코르티솔 생산량에 대응하기에는 역부족이다. 이 체계는 비상시의 일시적‧스트레스에 대처하는 데 알맞게 설계된 것이므로 한 번 작동을 시작한 후 장기간 지속되지는 않는 것으로 보인다. 하지만 스트레스와 관련된 생물학적 처리 과정은 장기적으로 부정적인 영향을 미친다. 그러므로 당장의 위기를 넘긴 후에는 이러한 처리 과정을 즉시 멈추어 신체의 회복과 치유 기능을 되찾아야 한다.

스트레스가 장기화되고 글루코코르티코이드와 코르티솔 수치가 높아진 상태로 유지되면 뇌와 신체를 유지하고 생성하는 세 가지의 중요한 작용에 문제가 생긴다. 첫째, 신진대사를 높은 수준으로 유지하기 위해 단백질 합성이 억제됨에 따라 면역 체계를 구성하는 중요한 요소들—백혈구, B-세포, T-세포[7], 자연살생세포 등—의 생산도 억제된다. 감염과 질병에 대한 저항력의 약화는 장기적 스트레스와 질병 사이의 밀접한 관련성을 설명해 준다.

둘째, 뉴런과 수상돌기의 생성을 위해서도 단백질 합성이 필요하므로 높은 수준의 스트레스가 지속되면 뇌의 성장이 억제되고 학습 능력이 저하된다. 셋째, 스트레스가 지속되면 뇌의 신진대사 수준이 만성적으로 높아지는데, 이는 단기적으로 이로울 수도 있지만 장기적으로는 나쁜 결과를 초래한다. 스트레스가 반복되면 뉴런으로 유입되는 나트륨의 양이 크게 늘어나고, 결국엔 뉴런의 나트륨 배출 능력을 초과할 지경에 이른다. 시간이 흐름에 따라 뉴런 내의 수분 비율이 높아지면서 세포막이 파열되고 결국 뉴런은 죽게 된다. 이 과정에서 특히 해마가 손상되며, 그 결과로 다양한 기억 결함과 우울증이 나타난다. 이 모든 변화는 내담자의 능력 계발을 방해하기 때문에 매일의 삶에 적응하거나 심리치료의 효과를 얻기도 어려워진다.

학습의 스위트 스폿[8)

> 천재란 아이의 정신을 나이 든 후에도 유지하는 것,
> 즉 결코 열정을 잃지 않는 것을 의미한다.
> – Aldous Huxley

우리의 직관은 내담자가 심리치료에 적극적으로 참여하기 위해서는 수용적인 심리 상태를 유지해야 한다고 믿기 쉽다. 그러나 더 중요한 것은 뇌의 상태다. 왜 어떤 사람의 뇌는 유달리 학습을 잘 받아들이는 것일까? 그 비밀은 해마와 편도체의 작용, 그 둘의 지휘를 받는 신경망들, 뇌의 생물학적 활성화 사이의 균형에서 찾아야 한다. 학습과 각성의 관련성을 다룬 기초 연구를 살펴본 후, 그 지점에서 심리치료에 대해 다시 논의해 보자.

약 1세기 전에 로버트 여키스(Robert Yerkes)와 존 도슨(John Dodson)은 학습과 각성 사이에 밀접한 관련이 있을 것이라고 가정했다. 그들의 가설은 동물이 스트레스를 많이 받을수록 배우고자 하는 의욕이 커지고, 결국 더 많이 배우게 된다는 것이었다. 예를 들어, 학습을 게을리한 생쥐에게 그에 대한 '처벌'로 더 강한 충격을 가할수록 생쥐는 더 많은 것을 학습하게 된다. 여키스와 도슨은 학습과 각성이 정비례 관계를 이룬다고 추측했다.

하지만 그들은 생쥐가 강하거나 약한 충격보다는 중간 정도의 충격을 피하는 방법을 더 먼저 배운다는 사실을 발견했다. 그들은 이러한 발견을 X축을 각성 수준으로, Y축을 학습 수행으로 설정한 그래프로 나타냈다(그림 1을 보라). 그 후 수년 동안 똑같은 현상이 인간을 포함한 다른 종의 동물에게서도 관찰되었다. 그리고 학습 과제를 달리해도 같은 현상이 나타났다. 두 사람의 이와 같은 발견은 '역(逆)U 학습 곡선'으로 알려지게 되었다.

학습과 각성의 '역U' 관계가 진화적 측면에서 유용한 이유는 식량, 동료애, 안전에 대한 욕구가 충족되고 그 밖에도 흥미를 끄는 일이 없다면 무언가를 배우느라 에너지를 소모할 이유도 없어지기 때문일 것이다. 그러므로 각성 수준이 낮을 때 편도체는 해마에게 잠시 활동을 멈추고 쉬라는 신호를 보낸다. 반면 위험 상황이 되면 즉각적인 행동이 우선이므로 대뇌피질의 새로운 학습은 뒷전으로 밀려난다. 이런 경우에도 편도체는 해마와 대뇌피질에게 신호를 보내 잠시 멈추게 하고 모든 에너지를 신체적 생존이라는 당면 과제를 위해 집중시킨다. 이 두 가지 전략은 각각 역U 곡선의 왼쪽과 오른쪽에 대응한다.

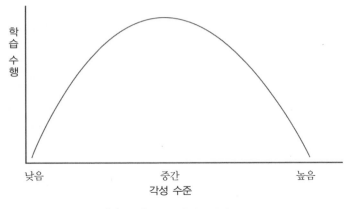

[그림 1] 역U 학습 곡선

이 양극단 사이에서 신경가소성의 스위트 스폿을 찾을 수 있다. 그 지점에서는 편도체가 해마에게 신호를 보내 주의를 집중하고 학습에 전념하게 만든다. 스위트 스폿의 정확한 위치는 역U 곡선의 최고점보다 약간 왼쪽으로 치우쳐 있는 것 같다. 이 지점의 각성 상태를 가리켜 우리는 동기, 탐험심, 호기심이라고 부른다. 이 상태는 대체로 약간의 위기의식을 동반하지만 방어와 위축을 촉발할 정도는 아니다.

학습에 관한 신경과학적 지식이 축적되기 전에 여키스와 도슨의 연구는 이미 잘 알려졌지만, 해마의 활성화와 관련된 근원적 생화학 작용에서도 이와 똑같은 역U 패턴이 발견되어 왔다. 그러나 이 경우에는 각성 수준이 높을 때는 물론이고 중간 정도일 때도 신경가소성이 억제된다.

각성 수준이 낮을 때, 편도체는 적정량의 노르에피네프린과 글루코코르티코이드 분비를 촉진함으로써 해마와 대뇌피질의 신경가소성을 증가시킨다. 이와 같은 화학적 신호를 통해 해마는 경험을 기억으로 저장할 필요성을 인지하고 장기강화작용(long-term potentiation, LTP)[9], 신경형성, 신경가소성 등 학습과 관련된 생물학적 작용에 집중하게 된다. 편도체의 활성화 수준이 낮으면 신경망 성장 호르몬의 활성화 수준, 단백질 합성, 후생학적 유전자 전사(epigenetic transcription) 등이 촉진되기 때문에 결과적으로 해마와 대뇌피질의 가소성도 증가한다. 우리가 지나치게 불안해하거나 두려워하면, 편도체는 노르에피네프린과 코르티솔의 과다 분비를 촉발하고 그에 따라 해마의 활성화가 억제되며 새로운 학습도 어려워진다.

해마의 뉴런을 자극하고 구조를 유지하는 데는 소량의 코르티솔만으로도 충분하다. 그리고 코르티솔 수치가 높아지면 해마 뉴런의 성장과 신경가소성이 억제된다. 코르티솔은 단백질 합성을 조절함으로써 학습과 신경가소성에 영향을 미친다. 수상돌기의 성장에 필수적인 단백질 합성은 신경가소성과 관련된 그 밖의 여러 가지 작용—장기강화작용(LTP), 장기시냅스저하(long-term synaptic depression)[10], 초회돌발강화작용(primed burst potentiation)[11] 등—의 기초가 된다. 높은 수준의 스트레스는 엔도르핀 분비를 촉발함으로써 단백질의 합성과 명시적 기억의 통합을 방해한다.

신경과학 상식 : 분계선조침대핵

분계선조침대핵(bed nucleus of the stria terminalis)[12]은 편도체에 가까이 붙어 있는 변연계 조직이다. 편도체와 마찬가지로 위로는 전전두피질과, 아래로는 자율신경계와 연결되어 있다. 그러나 분계선조침대핵은 추상적인 신호에 민감하게 반응하고, 활성화된 상태를 장기간 유지할 수 있다는 점에서 편도체와 차이가 있다. 이러한 특성으로 미루어 보건대, 분계선조침대핵은 진화 단계상 편도체보다 나중에 출현한 것으로 보이며, 예기 불안과 관련하여 모종의 역할을 수행하는 것 같다. 편도체가 공포에 특화된 반면, 분계선조침대핵은 우리의 뇌가 '4월에 세금을 납부해야 하는데 어디서 돈을 구해야 할까'와 같은 미래 지향적 사고를 하면서 갖게 된 좀 더 복잡한 불안감을 다루기 위해 진화해 온 것으로 보인다. 암컷 쥐의 분계선조침대핵은 새끼를 키우게 되었을 때 그 크기가 더 커지는 것으로 밝혀졌다. 아이가 생겼을 때 많은 사람들이 기쁨과 함께 심각한 고민을 갖게 되는 것도 분계선조침대핵과 무관하지 않을 것이다.

심리치료자가 상담실에서 대인관계 기술과 심리치료 기법을 활용하여 내담자들의 스트레스를 조절하는 것은 그들의 신경가소성을 촉진하는 과정이기도 하다. 탐험과 적응은 학습을 촉진하지만 스트레스와 불안은 학습을 저해한다는 사실을 기억해야 한다. 우리는 이 원리를 활용하여 신경가소성을 강화함으로써 학습을 촉진하고 뇌의 긍정적 변화를 이끌어 낼 수 있다.

심리치료의 성공을 위해서는 관계의 질을 높이고 회피 행동을 줄여야 한다. 안정적인 관계는 긍정적인 신진대사 작용을 촉진하고 불안감을 조절함으로써 뇌가 신경가소성의 스위트 스폿을 유지할 수 있게 해 준다. 회피 행동이 줄어들었다는 것은 불안감이 잘 조절되고 있음을 뜻한다. 그럼으로써 우리의 뇌는 그동안 공포를 불러일으켜 온 원인을 직시하고 극복할 수 있게 된다.

심리치료와 신경가소성

　진화의 숙명에서 비롯된 불행 중 하나는 편도체가 출생 시부터 성숙한 상태인 반면에 그것을 조절하고 제어하는 체계가 발달하고 성숙하기까지는 긴 세월이 필요하다는 것이다. 따라서 우리는 엄청난 두려움으로부터 스스로를 보호할 능력을 갖추지 못한 채 세상에 첫발을 내딛어야 한다. 하지만 다행스럽게도 우리의 뇌가 충분히 성숙하기 전까지는 양육자와의 정서적 조율을 통해 우리의 공포 회로가 조절된다. 부모가 불안과 공포로부터 우리를 보호하는 방법은 우리의 사회적·정서적 신경망 회로를 구조화하는 틀이 된다. 이것이 바로 우리가 어린 시절에 정서 조절을 위해 부모와 친밀한 관계를 유지하는 이유다.

　안정 애착을 가진 아이는 부모를 안전한 도피처로 활용할 수 있으며, 스트레스를 겪을 때 자율신경계가 활성화되는 것을 억제할 수도 있다. 심리치료자와의 관계에서 안정 애착을 형성한 내담자는 새로운 학습으로 인한 스트레스에 대처할 수 있고, 심리치료자의 도움을 받아 실패에 대한 두려움을 극복할 수 있다. 뇌가 여러 가지 유형의 학습, 그중에서도 심리치료의 유익을 얻기에 충분한 가소성을 갖추려면 이와 같은 안정 애착과 자율신경계 조절이 필요하다.

　편도체가 위협을 기록하고 저장하여 미래를 위한 참고 자료로 활용하는 반면에, 해마는 새로운 학습을 위해 계속 '리모델링'된다. 편도체가 끊임없이 수상돌기를 만들어 내기 때문에 우리는 편도체 안에 저장된 고통과 트라우마에서 벗어나기 어렵고, 그 때문에 불안과 두려움을 느끼게 된다. 두려움과 공포증을 극복하기 위해서는 대뇌피질과 편도체가 새로운 하행 신경망 회로를 통해 연결되어야 하는 것으로 보인다. 이 새로운 연결은 편도체가 교감신경계를 활성화하거나 불안, 두려움, 공황상태를 일으키지 못하도록 막아 줄 것이다.

대뇌피질이 편도체를 억제할 수 있음을 입증하는 증거 중 하나는 그 두 가지의 활성화 패턴 사이에 상관관계가 있다는 것이다. 대뇌피질과 편도체 중 어느 하나가 활성화될수록 다른 하나는 위축된다. 공포와 불안의 강도가 높을수록 편도체는 더 많이 활성화되는 반면에 안와내측전전두피질(orbitomedial prefrontal cortex, OMPFC)[13]의 크기와 반응은 줄어드는 경향이 있다. 오늘날의 학자들은 안와내측전전두피질에서 편도체의 중심핵으로 이어지는 하행 신경망이 소거 학습(extinction learning)[14]과 공포감 억제에 필수적인 역할을 수행한다고 믿고 있다. 불안을 느꼈지만 결과적으로 별다른 해를 입지 않으면, 뇌는 공포를 일으키는 자극에 대해 이전과 다르게 반응하는 법을 배우게 된다. 심리치료가 성공적일 경우에는 이 같은 새로운 학습이 가능해진다.

불안과 우울은 상명하달식(top-down) 통제력이 줄어드는 것과 관련이 있다. 즉, 어떤 위협을 연상시키는 단서를 통제하지 못하면 불안을, 부정적 감정을 불러일으키는 단서를 통제하지 못하면 우울을 느끼게 되는 것이다. 이는 두려움을 느끼면 문제를 해결하기 힘들어지고 충분한 대비를 하면 두려움을 덜 느끼는 이유를 어느 정도 설명해 준다. 주의력이 강하기 때문에 오히려 위협에만 집중하는 사람도 있지만, 우리들 대다수는 자극을 더욱 명확하게 인식함으로써 상명하달식 통제력을 발휘할 수 있다. 결론적으로 스트레스, 불안, 두려움은 모두 학습의 적이다. 그것들은 대뇌피질의 작용, 문제의 해결, 신경가소성의 근원적 생화학 작용을 방해한다. 심리치료자가 자신과 내담자의 불안과 스트레스를 최소화할 수 있다면 긍정적 변화의 가능성도 더 높아질 것이다. 내담자가 신경가소성의 스위트 스폿을 유지할 수 있게 돕는 것이야말로 심리치료의 핵심이다.

12장
트라우마의 이해와 치료

두려움에 사로잡힌 채 이룰 수 있는 일은 없다.
- Florence Nightingale

스트레스와 트라우마[1]는 하나의 연속선을 이루고 있으며 서로 밀접한 관련이 있다. 둘 사이엔 정도의 차이만 있을 뿐이다. 그러므로 트라우마를 이해하기 위해서는 스트레스의 의미부터 파악해야 한다. 그러나 스트레스와 트라우마의 경계가 언제나 불분명한 것만은 아니다. 우리 모두는 어떤 지점에서 불안감이 갑자기 두려움으로, 더 나아가 극심한 위협으로 바뀌는 것을 경험한다. 옆방에서 나는 소음의 원인을 찾다가 누군가가 창문으로 기어오르는 장면을 보게 되었을 때, 혹은 중요한 발표를 망쳐 버릴지도 모른다는 두려움이 상사의 표정을 본 후 확신으로 바뀔 때 우리의 마음과 몸은 일련의 생존 반응을 일으킨다.

이런 상황에서는 뇌의 상대적으로 원시적인 부분이 주도권을 쥐게된다고 추측할 수 있으며, 실제로도 그렇다. 이런 원시적 반응은 우리의 파충류 조상으로부터 물려받은 것이며, 아주 단순한 뇌 구조와 매우 짧은 시간에 적합하게 설계되어 있다. 앞에서 살펴본 것처럼, 진화가 초래한 가장 큰 문제 중 하나는 이처럼 단순한 반응 체계가 아주 복잡한 사회 구조 속에서 살아가는 현대인의 아주 복잡한 뇌 속에 자리 잡고 있다는 것이다. 다섯 살 된 아이가 항공관제 시스템을 통제한다면 어떻게 되겠는가?

모든 생물학적 유기체는 내부와 외부의 관계를 조절하기 위한 일련의 보호막을 갖고 있다. 피부는 체온을 조절해 주고, 독성 물질의 유입을 막고 생존에 필요한 물질은 받아들이며, 우리를 외부의 물리적 환경으로부터 분리해 준다. 몸속의 위장관은 음식물의 소화를 돕는 다양한 세균들에게 서식처를 제공한다. 영양소는 장을 통과하여 흡수되지만 세균은 그렇지 않다. 위장관의 점막과 같은 표면 막은 우리 몸 전체에서, 그리고 수많은 동물들의 몸속에서 다양한 방식으로 형성된다.

우리의 심리적·정서적·사회적 생존에도 여러 가지 보호막이 필요하다. 이러한 보호막을 가리켜 심리치료자들은 방어(defense), 사회심리학자들은 왜곡(distortion)이라고 부른다. 피부와 마찬가지로, 방어와 왜곡은 의식적 자각에 전달되는 정보의 유형과 양을 조절해 준다. 이러한 작용은 불안감을 줄여 주고 실패의 부정적인 영향을 완화해 줌으로써 우리의 생존에 기여한다. 삶의 혹독한 현실을 견디는 데 필요한 생각, 감정, 행동을 만들어 내게 해 주기도 한다. 면역 체계와 마찬가지로, 개인이 가진 심리적 방어의 힘도 천차만별이다. 어떤 사람은 건강하고, 활력이 넘치며, 정서적 고통을 겪고도 쉽게 회복된다. 하지만 유독 자주 아프고, 고통과 상실감을 너무 쉽게 느끼며, 사소한 모욕에도 큰 상처를 받는 사람들도 있다.

스트레스를 잘 견디고 정서적으로도 강인한 사람도 있지만, 그 누구도 트라우마에 대한 완벽한 면역력을 가질 수는 없다. 모든 사람의 심리적 방어에는 한계점이 있으므로 결국엔 스트레스와 두려움이 심리적 방어를 무너뜨릴 수도 있다. 그러면 스트레스는 극심한 공포로 바뀌게 된다. 이에 착안하여 일종의 심리적 피부라고 할 수 있는 자극장벽(stimulus barrier)의 존재를 가정할 수 있다. 프로이트는 트라우마를 '자극장벽이 무너진 상태'로 정의했다. 나는 그의 정의에 매료되곤 한다. 나는 프로이트가 인간의 심리와 생명작용 사이의 관련성을 찾으려 했다고 생각하지만, 그의 정의를 은유 이상으로 받아들이기는 힘들다.

여기에서 잠깐

우리의 몸은 물리적인 위협에 대응할 때와 똑같은 방식으로 비판, 거절, 사회적 수치에 반응한다. 상대적으로 늦게 진화한 우리의 사회 체계가 신체적 생존에 전념하는 원시적 뇌 구조와 접목되었기 때문이다. 이는 진통제나 소염제를 복용하면 사회적 거절로 인한 심리적 고통이 완화되는 이유이기도 하다. 마음과 몸, 자기와 타인이 신경망을 통해 서로 얽혀 있는 것이다.

트라우마 : 자극장벽의 붕괴

우리가 두려워해야 할 만큼 무시무시한 괴물은 거의 없다.
– André Gide

우리는 부정적인 경험 중에서 일부를 효과적으로 처리하고 곧바로 극복할 수 있다. 하지만 또 다른 일부는 외상후 스트레스장애의 원인이 될 수도 있는데, 그 이유는 무엇일까? 자극장벽은 무엇이고, 그것이 어떻게 붕괴될 수 있을까? 다시 말해, 트라우마는 어떤 기제를 통해 우리에게 영향을 미치는 것일까? 트라우마를 가진 내담자들을 수년 동안 관찰하고 그들의 뇌를 연구하면서 그러한 의문에 대한 실마리가 조금씩 드러나고 있다.

자극장벽은 뇌, 마음, 관계가 함께 작용하여 항상성(恒常性)을 유지하는 일련의 과정이라고 볼 수 있다. 자극장벽은 신경망의 통합을 유지하고 주변 상황을 의식하며 타인과의 관계를 유지한 채로 스트레스를 처리할 수 있게 해 준다. 자극장벽 덕분에 대뇌피질이 통제력을 유지하고 의식적 자각이 지속되며 우리의 생각, 감정, 행동이 하나의 내러티브 속으로 스며들 수 있는 것이다. 각각의 신경망들이 서로 단절되거나 회피와 부정, 기억상실로 인해 의식의 지속성에 문제가 생기거나 타인과의 관계를 유지하는 능력이 약화되면 자극장벽이 붕괴될 수 있다. 이때 대뇌피질은 억제되고, 정보 처리 체계들은 서로 분리되며, 내러티브도 파편화된다.

신경과학 상식 : 트라우마의 신경생물학적 영향

1. 편도체가 실행 기능과 기억 처리를 지배하게 된다.
2. 전두엽과 두정엽의 실행 기능이 크게 억제된다.
3. 투쟁-도피 반응의 신경생물학적 작용이 몸, 마음, 감정을 지배한다.
4. 언어와 내러티브를 관장하는 좌뇌 영역이 억제된다.
5. 사회적 뇌 체계가 분리되거나 억제된다.
6. 정보 처리에 있어 과거와 위협에 초점을 맞추게 된다.
7. 만성적 위협이 교감신경계와 부교감신경계의 균형을 무너뜨린다.

결론적으로, 그 모든 것은 물리적·사회적 환경을 유연하고 일관성 있게 다루기가 어려워짐을 의미한다. 이는 압도적인 스트레스 때문에 신경생물학적 기능의 조화가 깨진 결과다. 다시 말해, 우리의 뇌와 우리 자신이 통제 불능의 상태에 빠지는 것이다. 의식적 자각을 조정하는 대뇌피질 영역이 억제되면 트라우마를 가진 사람은 파편화된 정서와 감각에 압도된 채 두려움을 안겨 주는 잡념의 바다에 빠져 허우적댈 수밖에 없다.

여기에서 잠깐

트라우마를 정의하고자 하는 『정신질환의 진단 및 통계 편람(DSM)』의 시도는 유익한 것이지만 결코 완전하지는 않다. 정신의학자나 제약회사의 분류와 정의에만 얽매이면 인간의 경험에 내재된 복잡성을 놓치게 된다. 그러므로 내담자가 트라우마를 겪었는지, 그리고 그 후유증으로 고통받고 있는지를 판단하기 위해서는 진단기준을 뛰어넘어 그들의 삶과 경험에 초점을 맞추어야 한다.

외상후 스트레스장애

두려움에 사로잡힌 사람은 결코 고요함을 느낄 수 없다.
– Sophocles

인류의 역사를 살펴보면 트라우마가 대인관계, 생리작용, 심리에 지대한 영향을 미친다는 것을 알 수 있다. 전 세계의 수많은 문학작품에는 전쟁이나 자녀의 죽음, 혹은 자연재해를 겪은 후 행동과 성격뿐만 아니라 대인관계까지 뒤바뀌어 버리는 인물이 등장한다. 트라우마로 인해 나타나는 일련의 증상들은 위협적인 상황이 해결된 후에는 조금씩 완화된다. 이러한 자연적 치유는 시간의 흐름, 주변 사람들의 지원, 생리적 재조절, 건강한 심리적 방어의 재건 등이 함께 어우러진 결과다.

불안, 두려움, 위협이 장기화되면 인지적·감각적·정서적 정보 처리의 통합에 있어 심각한 부조화가 일어날 수 있다. 대체로 트라우마가 심각하고 장기화될수록, 그리고 어린 시절에 겪은 것일수록 그 후유증도 더 부정적이고 심각하다. 트라우마가 해결되지 못한 채 지속되면 외상후 스트레스장애(posttraumatic stress disorder, 이하 'PTSD'로 표기함)를 초래할 수 있다. PTSD의 증상은 사회적 파편화, 과잉각성, 침투, 회피 등으로 분류된다. 이 네 가지 증상은 앞에서 소개한 '트라우마의 신경생물학적 영향'과 관련이 있다.

사회적 파편화는 사회적 연결과 자기인식을 관장하는 신경망이 억제됨에 따라 교감, 동조, 공감의 능력이 약화된 결과다. 사회적 파편화가 일어나면 친밀감 형성과 정서 조절에 문제가 생기고 개인의 정체성이 분열된다. 그리고 사적인 관계를 통해 치유의 효과를 얻기도, 심리치료자와 적절한 관계를 맺기도 어려워진다.

과잉각성은 스트레스로 인해 편도체와 자율신경계가 지나치게 활성화되는 것을 의미한다. 과잉각성 상태가 되면 놀람 반응(startle response)[2)

의 강도가 지나치게 커지고, 쉽게 불안해지거나 안절부절못하는 모습을 보이며, 자극에 예민해지는 경향이 있다. 카페인을 너무 많이 섭취했을 때를 떠올리면 과잉각성 상태를 이해하기 쉬울 것이다. 과잉각성의 치료에 있어 핵심적 요소 중 하나는 바이오피드백(biofeedback)이나 이완을 통해 각성 수준을 낮추는 전략과 기법이 포함되어야 한다는 것이다.

침투(intrusion)는 암묵적 기억에 포함된 트라우마에 관한 기억이 의식적 자각 속으로 스며들어 와서 마치 현재 일어나고 있는 것처럼 느껴지는 현상이다. 침투는 악몽이나 플래시백 속에서도 나타난다. 참전 군인 중에는 고장 난 자동차 엔진의 소음을 폭발음으로 착각하고 머리를 감싸 쥔 채 땅바닥에 엎드리는 행동을 보이는 사람이 있다. 강간 피해자는 남편과 사랑을 나누던 중에 갑자기 공황발작을 일으킬 수도 있는데, 이런 현상은 어떤 감각적 혹은 정서적 단서에 의해 촉발된다. 기억 저장의 원리에 관한 심리학 교육은 이와 같은 '비합리적인 반응'을 이해하기 위한 인지적 틀을 제공해 주기 때문에 매우 중요하다.

회피는 세상과의 접촉을 제한하고, 다른 사람과 거리를 두고, 생각과 감정의 폭을 좁힘으로써 위험에서 벗어나려는 시도다. 회피는 부정, 억압, 해리, 기억상실의 형태로 나타날 수도 있다. 회피 증상의 치료에 있어 핵심은 생리적 공포-각성 반응을 관리하기 위한 새로운 기술을 발달시킨 후 두려움을 불러일으키는 자극에 접근하는 것이다.

이 네 가지 증상은 복합적으로 나타나면서 활성화되었다가 둔화되고 다시 활성화된다. 이러한 순환은 몸이 트라우마를 기억하고 있고 희생자의 고통이 끝나지 않았음을 의미한다. 트라우마에 대한 기억은 두려움과 관련된 정서적 반응을 촉발하는데, 그 때문에 우리의 몸이 새로운 외부적 위협에 대응하기도 어려워진다. 친밀한 관계를 맺지 못하면 트라우마를 치유하기 위한 가장 중요한 통로를 잃게 되고 희생자는 고립된 내면세계에 갇혀 두려움에 사로잡히게 된다.

PTSD의 신경화학

인간이 두려워해야 할 것은 죽음이 아니라
새로운 삶을 시작하지 못하는 것이다.
− Marcus Aurelius

트라우마와 급성 스트레스로 인해 나타나는 생화학적 변화는 예측 가능한 것으로서, 위협에 대처하기 위한 신체적 반응의 일부다. 그러므로 위협을 감지했을 때 몸에 어떤 일이 생기는지를 파악하고 이를 내담자에게 가르치는 일은 매우 중요하다. 대부분의 사람들은 이런 생화학적 변화가 그들의 경험에 엄청난 영향을 미친다는 사실을 알지 못한다. 관련된 지식이 부족하기 때문에 트라우마의 희생자는 자신의 증상을 인격적 결함이나 초자연적 원인의 탓으로 돌리게 된다. 반면에 그러한 지식을 갖춘 내담자는 심리치료에 적극적으로 참여하여 소기의 성과를 얻을 수 있다.

해박한 지식을 가진 생화학 전문가가 될 필요는 없지만, 우리의 경험을 설명해 주는 이론을 알아 두면 대뇌피질의 작용을 활성화하여 편도체를 억제하는 데 도움이 된다. 뇌와 마음에서 일어나는 현상을 이해하고 내담자에게 논리적으로 설명하는 것은 '아미그달라 위스퍼러'가 되기 위한 핵심 요건이다.

두려움은 특정한 생화학물질과 신경 호르몬의 분비량을 증가시킴으로써 에너지를 끌어모으고, 경계 수준을 강화하며, 고통에 둔감해지게 만든다. 이 체계는 우리의 영장류 조상으로부터 물려받은 유물이며, 생명을 위협하는 긴급 상황에 신속하게 대처할 수 있도록 설계되어 있다. 스트레스와 트라우마가 지속되거나 만성화되면 그로 인한 신경화학적 변화는 반영구적인 변형을 초래하여 삶의 모든 측면에 영향을 미치게 된다. 다음 글상자에서 소개하는 다섯 가지 신경화학물질은 스트레스 반응과 관련하여 나름의 역할을 수행한다. 그리고 PTSD의 후유증이 장기화되는 것과도 밀접한 관련이 있다.

> ### 신경과학 상식 : PTSD의 신경화학
>
> PTSD 환자는 노르에피네프린 수치가 높은 경향이 있다. 노르에피네프린 수치가 증가하면 투쟁—도피 반응을 준비하고 트라우마에 관한 기억을 생물학적으로 부호화하기가 용이해진다. 노르에피네프린 수치의 증가 상태가 지속되면 각성 수준, 불안 수준, 과민성도 증가한다. 그리고 강도 높고 조절되지 않은 놀람 반응이 나타난다. 놀람 반응의 강도가 높아지면 사소한 스트레스도 예민하게 받아들이게 된다. 과도한 놀람 반응이 지속되면 PTSD 환자는 세상을 더욱 불안정하고 위험한 장소로 인식하게 되는데, 이는 생리적 작용과 심리적 작용 사이에 형성되는 피드백 루프(feedback loop)[3]의 좋은 예다.
>
> PTSD 환자에게서 발견되는 세로토닌 감소는 과민성, 불안, 공격성, 우울 같은 증상과 관련이 있다. 안전함, 행복, 관계의 인식과 관련된 신경 전달물질인 세로토닌의 감소는 고립감과 배고픔, 위기감 등을 초래하는 것으로 추측된다.
>
> 피할 수 없는 충격에 노출된 후 트라우마를 갖게 된 인간과 동물은 세로토닌이 감소하는 경향을 보인다. 세로토닌 분비량이 만성적으로 낮은 상태는 과민성, 우울 수준, 자살 시도, 각성 수준, 폭력성 등의 증가와 관련이 있다.
>
> PTSD 환자의 경우에는 도파민 수치가 높아지기도 한다. 도파민 증가는 스트레스 상황에서의 과잉경계, 편집증, 지각 왜곡과 관련이 있다. 이와 같은 생화학적 변화는 새롭거나 생소한 상황을 회피하는 증상(기신증)과 사회적 위축을 초래한다.
>
> 투쟁—도피 상황에서 진통제 역할을 하는 내인성 오피오이드의 분비량이 증가하면 인지, 기억, 현실 검증과 같은 기능에 심각한 악영향을 미칠 수 있다. 내인성 오피오이드 수치의 상승은 정서적 둔화, 해리, 이인증(depersonalization)[4], 비현실감을 초래할 수 있다. 그리고 그 결과로 트라우마를 겪은 자신의 신체에 대해 괴리감을 느끼게 될 수 있다. 내인성

오피오이드의 작용을 일종의 방어 수단으로 활용하는 것은 매우 위험하다. 일상생활을 영위하기 어려울 정도로 심각한 후유증을 가져올 수 있기 때문이다.

글루코코르티코이드 수치가 높아진 채로 유지되면 이화작용을 일으켜 신경계에 부정적인 영향을 미치게 된다. 그리고 해마의 부피 축소 및 그로 인한 기억 결함을 초래하는 것으로 보인다. 글루코코르티코이드는 단기적 생존을 위해 장기적인 보존 기능과 항상성을 희생시킨다. 높은 글루코코르티코이드 수치가 만성화되면 뇌 구조와 면역 체계에 부정적인 영향을 미치고, 그 결과로 학습장애와 신체적 질병이 발생할 가능성이 커지며 희생자는 자신을 더욱 나약한 존재로 인식하게 된다.

지금까지 설명한 생화학적 변화는 정서조절장애, 사회적 위축, 적응 기능의 저하와 같은 다양한 증상을 수반한다. 그리고 트라우마의 수많은 부정적 효과는 우리로 하여금 삶의 다양한 영역에서 제 역할을 수행하지 못하게 만든다. 희생자에게 나타나는 후유증은 트라우마를 겪은 시기의 신체적·심리적 발달 단계, 트라우마의 강도와 지속기간, 개인의 취약성, 또 다른 트라우마의 경험 여부 등의 여러 가지 요인이 복합적으로 작용한 결과다. 만성적 트라우마가 미친 영향은 성격 구조의 일부가 되고 또 다른 증상으로 은폐되기 때문에 그것을 확인하고 진단하고 다루기가 어려워진다.

스트레스와 트라우마의 희생자에 대한 심리치료의 근본 원리 중 하나는 생화학적 과정을 변화시키는 것이다. 각성 수준을 낮추기 위해 어떤 방법이든 찾아낼 수만 있다면 다섯 가지 신경화학물질의 분비량도 조절할 수 있을 것이다. 심리치료자는 바이오피드백이나 이완 기법을 치료의 일환으로 고려할 필요가 있다. 내담자에게 요가나 음악 연주 같은 활동을 권장하는 것도 좋다.

신경의 재통합과 기억

공포는 스스로에게 귀 기울일 수 없게 만드는 잡음과 같다.
        – Samuel Butler

    기억과 의식은 매우 긴밀하게 얽혀 있기 때문에 많은 사람들은 의식이 작업 기억의 확장에서 비롯된 진화적 부산물이라고 생각한다. 다시 말해, 우리가 '의식'이라고 부르는 것은 과거의 기억과 뒤섞인 매 순간의 기억이 끊임없이 새로워지는 것을 의미한다. 이 같은 설명은 동어 반복을 피하면서 의식을 정의할 수 있게 해 준다. 어쩌면 의식이란 단순히 다수의 기억 체계가 얽힌 결과에 불과할지도 모른다. 이런 관점에 따르면, 관찰자가 의식의 실재를 믿는다고 해도 그것은 환상일 뿐이다. 물론 이것은 내가 이 책에서 다루기에는 너무도 심오한 주제다.

    우리가 다수의 기억 체계를 갖고 있다는 사실만은 분명하다. 의식적 기억 체계와 무의식적 기억 체계는 때로는 긴밀하게, 때로는 느슨하게 결합하여 우리의 평가, 결정, 학습에 기여한다. 우리는 위협을 감지한 후 각성 수준이 지나치게 높아지면 의식적 기억 체계와 무의식적 기억 체계 —물론 이러한 이분법적 구분은 간편한 설명을 위해 채택한 것일 뿐이다— 가 분리된다는 것도 알고 있다. 이 같은 현상은 최면 요법의 초창기에 샤르코와 그의 제자이자 정신분석의 창시자인 프로이트에 의해 알려지기 시작했다. 그리고 오늘날까지도 많은 실험심리학자들이 기억 체계의 분리에 대한 심도 깊은 연구를 계속하고 있다.

    분리된 기억 체계들을 다시 통합할 방법을 찾는 것은 심리치료자들에게 가장 중요한 과제다. 퇴행(regression)[5]에 대한 초기의 이론들과 최근에 개발된 '프라이멀 스크리밍 요법'[6]은 개방, 재해석, 지원 등의 요소가 균형을 이루는 보다 세심한 치료적 개입의 가능성을 제시했다. 의식적 자각의 확장이라는 프로이트의 목표는 수많은 심리치료 기법이 발달한 오늘날에도 가장 중요한 과제로 남아 있다.

안구운동 둔감화 및 기억 재처리 요법(Eye Movement Desensitization and Reprogramming, 이하 'EMDR'로 표기함)[7]은 분리된 기억 체계들을 통합하기 위한 다양한 전략들 중 하나다. 다른 여러 가지 치료 기법과 마찬가지로, EMDR은 세심한 배려와 구조화된 방법을 사용하여 내담자들을 공포와 관련된 기억에 노출시킨다. 그러나 다른 기법들과 달리 EMDR에는 안구운동과 그 밖의 감각적 자극이 추가되어 있다. 나는 그동안 EMDR의 효용성을 간과해 왔는데, 그것이 한때의 유행처럼 보였기 때문이었다. 내담자의 눈앞에서 손가락을 흔드는 것이 전문가가 할 일 같지는 않았다! 내게는 그것이 매우 기괴하고 이단적인 방법처럼 보였다. 나는 심리치료자로 수십 년간 활동하면서 수많은 새로운 치료 기법이 명멸하는 것을 목격했기 때문에 EMDR 기법도 곧 사라질 것이라고 생각했다. 하지만 EMDR은 사라지지 않았고, 내가 존경하는 여러 동료들까지도 그것의 장점을 이야기하고 있다.

EMDR을 하나의 치료 양식으로서 조심스럽게 재평가하면서, 나는 그것이 안구운동과 같은 요소를 제외하면 기본적으로 자기노출 패러다임에 부합한다는 것을 깨닫게 되었다. 그리고 이미 잘 알려져 있는 '체계적 둔감화(systematic desensitization)'[8] 기법과도 유사한 점이 많은 것 같았다. 그래서 나는 다음과 같은 기초적인 의문을 품고 EMDR에 대해 살펴보기 시작했다. '안구운동과 손가락 흔들기 등등의 감각적 신호는 현존하는 자기노출 방법보다 나은 점이 있는가?' 나는 그동안 느끼고 경험한 것을 독자들과 공유하려 한다. 그러나 EMDR을 홍보하거나 그것의 세부적인 활용법을 설명하려는 것은 아니다. 다만 EMDR과 관련된 나의 경험에 대해 알아 두면 다른 심리치료 기법의 원리를 이해하는 데도 도움이 될 것이라고 믿을 뿐이다.

지향반사와 기억의 재통합

공포의 흔적은 쉽게 지워지지 않는다.
– Ernest Gaines

PTSD 환자의 뇌는 정보와 기억을 처리하는 데 문제가 있다는 사실은 여러 연구에서 지적되고 있다. 어떤 사람들은 새로운 것에 대한 두려움 때문에 자신의 행동, 활동, 정서의 범위를 극도로 제한하는데, 이들의 증상을 기신증(neophobia)이라고 부른다.

트라우마를 갖고 있지 않은 사람이 새로운 무엇인가를 경험하면, 뇌의 전대상(anterior cingulate) 영역은 그 미지의 대상에 주의를 기울이고 반응하며 학습을 시작하게 만든다. 그 결과가 좋을지 나쁠지는 예측할 수 없지만, 우리가 공포감에 사로잡히지만 않는다면 호기심과 탐험심은 미지에 대한 두려움과 적절한 균형을 이룰 수 있다. 그러나 PTSD 환자가 새로운 것을 경험하면 그것을 받아들이고 학습을 준비하게 만드는 회로가 활성화되지 않고, 자전적 기억과 신체적 기억을 구조화하는 뇌 영역이 작동한다. 따라서 기신증의 실체는 과거의 고통과 위협에 관한 기억이 다시 떠오르는 것에 대한 두려움이라고 할 수 있다. 다시 말해, PTSD 환자의 뇌는 새로운 학습을 할 수 없을 뿐 아니라 낡은 기억을 새로운 기억으로 대체하는 능력조차 잃어버리는 것이다.

우리가 물고기였을 때부터 오늘날까지 기억 체계와 운동 체계는 서로 영향을 미치면서 진화해 왔다. 그 증거 중 하나는 걷거나 뛰기 위해 다리의 근육을 쓰면 뇌 성장 인자가 증가하고 이러한 뇌 성장 인자는 혈뇌장벽(blood-brain barrier)[9]을 통과하여 신경가소성과 학습을 촉진한다는 사실이다. 아마도 근육은 우리가 움직여야 할 때 뇌에게 '중요한 시점이 되었으니 집중해'라고 말하도록 진화한 것 같다. 그렇지 않다면 우리가 움직일 이유가 무엇이겠는가?

이런 관점에서 보면 좌우 안구운동은 기억 체계가 끊임없이 새로워지게 만든 원인이 된 것 같다. 안구운동은 역사적으로 먹이를 찾거나 포식자와 사냥감을 식별하는 것과 밀접한 관련이 있었기 때문이다. 이것은 우리의 뇌가 새로운 기억을 기존의 기억과 통합하는 동안 '렘수면(rapid eye movement sleep, REMS)'[10]이 일어나는 이유를 설명해 준다. 인간은 기억을 통합하기 위해 눈을 굴려야 할 이유가 없다. 그러므로 렘수면은 식량 확보, 지향반사, 안구운동, 주변의 지리를 잘 알아야 할 필요성 등의 다양한 요소와 관련된 공진화(共進化, coevolution)[11]의 부산물에 불과하다.

신경과학 상식 : 지향반사

지향반사(orienting response)는 주의를 끄는 대상으로 초점을 옮기는 데 필요한 자동적 반응이다. 이 원시적인 반사작용은 주변 환경에 적응하기 위한 것이며, 모든 동물에게서 나타난다. 진화 과정에서 기억 체계는 새로운 정보를 배울 준비를 하라는 신호를 뇌에 보내기 위해 지향반사와 연결된 것으로 보인다. 지향반사는 EMDR의 안구운동과 그 밖의 감각적 자극이 미치는 영향을 이해하는 열쇠가 될 것이다.

좌우 안구운동은 그 자체만으로도 진화의 역사에서 중요한 의미를 갖고 있기 때문에, EMDR은 다양한 감각을 복합적으로 활용하여 지향반사를 활성화하는 것으로 추측된다. 그리고 지향반사는 PTSD 환자의 뇌가 새로운 정보를 접할 때 자전적 기억을 떠올리는 경향을 감소시키는 것으로 보인다. 안구운동을 하거나 손가락으로 다리를 가볍게 두드려서 지향반사를 유도하면 뇌의 '새것 탐지 중추'가 활성화되고 기억의 재통합이 가능해진다. 그에 따라 새로운 정보를 받아들이고 낡은 정보를 대체하거나 수정할 수 있게 된다. 나는 이것이 바로 EMDR의 원리일 수도 있다고 생각한다. PTSD 환자의 뇌가 새로운 경험을 현재의 시점에서 생생

하게 느끼게 만드는 것이 바로 EMDR이라고 말할 수도 있을 것이다.

　　여기에서 한 가지 중요한 제언을 덧붙이고 싶다. 나는 PTSD 환자가 아닌 사람도 EMDR을 통해 도움을 얻을 수 있다고 생각한다. 우리 모두는 두려움을 불러일으키는 기억을 갖고 있기 때문이다. 그 기억은 평상시에는 억압되어 있지만 삶의 특정한 영역에서 문제를 일으킨다. 이것은 막연한 이론이 아니라 개인적인 경험을 바탕으로 한 깨달음이다.

EMDR과 친해지기

> 위험이 눈앞에 닥치면 두려움은 오히려 줄어든다.
> – Seneca

　　2년 쯤 전에 EMDR의 창시자인 프랜신 샤피로(Francine Shapiro)는 나를 EMDR 치료자 훈련 과정에 초청했다. 나는 그녀의 배려 덕분에 많은 것을 배울 수 있었다. EMDR 강좌의 내용은 그녀의 책과 전반적으로 거의 일치했다. 표준적인 지식에서 벗어나지 않는 것 같았고, 감각적 자극이 추가되었다는 점을 제외하면 널리 활용되고 있는 인지행동치료 기법과도 비슷해 보였다. 안구운동이 임상적으로 유용해 보이기는 하지만, 그것이 왜 심리치료에 도움이 되는지를 설명하는 이론은 없다. 나는 이 문제에 대해서는 그리 신경 쓰지 않았다. 수 세기 동안 우리는 그 원리조차 이해하지 못한 채 많은 치료 방법들을 사용해 왔다. 물론 나 역시 강좌를 끝까지 듣고 나서도 전형적인 노출치료(exposure therapy)[12]에 안구운동을 추가해서 어떤 이점을 얻을 수 있을까 하는 의구심을 버릴 수 없었다.

　　강좌에서 배운 EMDR의 일반적인 지침은 다음과 같다. 먼저 내담자에게 고통스러운 기억을 떠올리도록 조심스럽게 격려하면서 내담자의 눈앞에서 30cm 정도 거리를 두고 두 개의 손가락을 좌우로 움직여 24~36회의 안구운동을 유도한다. (내담자는 머리를 고정한 채 치료자의 손가락을 따라 눈만 움직여야 한다.) 안구운동을 멈추고 내담자의 마음속에 나타난 변화에 대해 함께 논의한 다음 다시 안구운동을 실시한다. 안구운동 중에는 내담자가 마음속에 떠오르는 것을 (마치 영화를 보듯이) 수동적으로 관찰하면 족하다는 것을 암시해 준다. 내담자를 조심스럽게 격려하고 안내하기 위해 '그냥 바라보세요' 혹은 '그냥 생각해 보세요'와 같은 표현을 사용한다.[13] EMDR은 부정적인 것을 없앰으로써 긍정적인 것을 이끌어 낼 수 있다고 전제하는 것 같았다. 트라우마에 사로잡힌 삶을 끝내면 비로소 자신의 삶을 시작할 수 있다는 것이다.

강좌가 시작될 때마다, 우리는 시간과 의식이 차창 밖 풍경과 같은 것이라고 생각하고 주변을 스쳐 지나가는 것들을 관찰하라는 말을 들었다. 안구운동은 뇌에게 현재에 집중하라는 신호를 보내는 것 같았다. 강사는 '대화치료'를 시작하고 싶은 유혹에서 벗어나야 한다고 주의를 주곤 했다.[14] EMDR 치료자는 정신역동에 기초한 해석보다는 뇌와 마음의 치유 과정을 믿어야 한다는 것이었다.

점심 식사 후 우리는 네 개의 집단으로 나뉘어 오전 강좌에서 배운 것을 실습했다. 우리의 과제는 첫 실습을 시작하기 전에 머리를 맞대고 모여 한 사람씩 앞으로 지켜야 할 '규칙'을 체험해 보는 것이었다. 규칙은 각 단계별 질문에 대해 살펴보기, 초점을 맞출 대상을 확인하기, 내담자가 안구운동을 하도록 이끌기 등으로 구성되어 있었다. 우리는 두 명씩 한 조를 이루고 마치 내담자들처럼 이번 기회에 다루고 싶은 자신의 문제를 밝혀야 했다. 예상과 달리 나를 괴롭히는 문제를 여섯 가지 이상 떠올리기가 힘들었다. 언제나 골칫거리에 둘러싸여 있다고 느껴 온 나로서는 조금은 놀라운 일이었다. 심리치료와 함께한 수년의 세월이 드디어 결실을 맺기 시작했다는 생각도 들었다.

파트너에게 도움을 주고 싶어서 나는 그녀가 다룰 수 있을 만한 주

제를 끄집어내려고 애썼다. 좋은 남자로 보이고 싶었던 것 같다. 내 마음
속을 들여다보면서 나는 월례 교수 회의 날짜가 다가오고 있음을 깨달았
고 곧바로 부정적인 정서적 반응이 일어났다. 그 회의에 참석하는 것은
언제나 지루하고 성가신 일이었고, 가끔은 지독할 정도로 고통스럽기까
지 했다. 난 이 문제가 그 상황에서 다루어 볼 만한 주제라고 판단했다.
감정과 관련된 주제를 다루면 어떤 결론을 이끌어 낼 수 있을 것 같았고,
내게는 중요하지 않을 수도 있지만 적어도 내 파트너에겐 좋은 실습거리
가 될 것 같았다.

첫 번째 단계는 교수 회의를 싫어하는 표면적인 이유의 이면에 숨어
있는 나의 진정한 생각과 감정을 인식하는 것이었다. 나는 회의에 참석
해서 앉아 있는 내 모습을 상상하면서 그때의 느낌을 떠올려 보았다. 나
는 곧바로 초조해졌고 짜증이 났으며 그 상황에서 벗어나고 싶어졌다.
교수 회의가 나를 그렇게 괴롭게 만든 이유는 무엇일까? 어쨌든 그것은
내 직업의 일부였다. 한 달에 몇 시간만 내면 되는 일이었고 참석자들도
모두 내가 좋아하는 사람들이었다. 오랫동안 나는 그 회의가 비효율적으
로 운영되고 있으며 성과도 거의 없다는 불만을 품어 왔다. 다양한 안건
을 논의해 봐도 얻게 되는 성과는 내가 사무실에서 혼자 이룰 수 있는
것 이상은 아니었다. 물론 객관적으로 보면 교수 회의에 그렇게까지 부
정적인 반응을 보일 이유는 없었다. 하지만 내가 불안감과 짜증, 회피하
고 싶은 충동을 느낀 것은 분명했다. 내가 EMDR 강좌에서 경험한 내용
을 여기에 소개한다.

1. 교수 회의에 대한 감정에 빠져든 채 나의 내면을 들여다볼 때 나
는 더욱 불안해지기 시작했다. 그 이유가 무엇일까 하고 고민하던 중
에 떠오른 생각은 회의 참석자 중에서 아무도 나를 원치 않는다는 것이
었다. '그들은 나를 모든 사람의 관심을 바라며 귀찮게 구는 자기중심적

인 바보로 여긴다.' 이 실습을 계속하면서 또 다른 생각이 떠올랐다. '그들은 내가 오지 않기를 바란다.' '내 이야기를 진지하게 받아들이지 않는다.' '나를 철없는 꼬마라고 생각한다.'

안구운동

2. 회의 경험에 대해 좀 더 객관적으로 생각하면서, 나의 부정적인 감정에서 비롯된 행동이 막연한 두려움을 현실로 바꾼 원인이라는 것을 깨닫게 되었다. 불안감을 해소하기 위해 나는 어릴 적에 스스로를 보호하기 위해 사용했던 방어 수단들―유머, 지나친 활동성, 위축, 회피―을 다시 끄집어내거나 일에 몰두함으로써 주의를 돌려야 했다.

안구운동

3. 교수 회의에 참석하는 장면을 묘사하고 상상해 보니 나의 정서와 신체적 감각에 더욱 가까이 접근할 수 있다. 이런 느낌에 더 깊이 몰입하면서 나는 머릿속에 떠오른 장면이 자연스럽게 어린 시절의 또 다른 장면으로 전환되는 것을 알아차렸다. 맥락과 등장인물은 다르지만 그 장면에서 떠오른 감정은 교수 회의 장면에서 느낀 것과 완벽하게 일치했다. 나의 정서와 신체적 감각은 전혀 달라지지 않았지만 이제는 어떤 장면을 적극적으로 떠올리려 하지 않아도 된다. 머릿속에서 상영되는 영화를 '관람'하는 상태가 된 것이다.

나는 1950년대의 어느 날에 할아버지 댁의 거실에 있다. 나는 어머니, 할머니, 할아버지를 마주한 채 소파에 앉아 있다. 열정, 관심, 사랑이 깃든 표정으로 나를 쳐다보는 그들은 내가 무슨 말을 할지 무척 궁금한 것 같다. 나는 그들이 공유하는 내면의 깊은 고통을 어루만져 주는 존재가 바로 나라는 사실을 어렴풋하게나마 알고 있다. 나의 심리적 사후분석은 다음과 같다. '나는 그들을 우울과 절망에서 구원하기 위해 나타난

마법의 소년이다. 나는 그들을 보살펴야 한다는 심리적 압박을 느낀다.'
그들과 나의 관계는 더없이 행복하다. 내가 그들에게 기쁨을 주고 있는
것 같다.

안구운동

4. 세 번째 안구운동을 마친 후 나는 모두의 시선을 한 몸에 받는
특별한 느낌에 다시 빠져들었다. 이때 어디에선가 소음이 들리고 집 안
으로 들어오는 사람의 발소리가 들려온다. 늘 남성 호르몬과 분노로 가
득 차 있는 20대 중반의 아버지다. 머리와 얼굴이 나머지 세 사람보다 훨
씬 더 큰 그의 표정은 반쯤은 성난 사자 같고 반쯤은 배고픈 하이에나
같다. 그는 시선을 나에게 고정한 채 세 사람의 뒤쪽으로 다가온다. 나는
두렵다. 그는 나를 싫어할 뿐 아니라 심지어 나를 죽이거나 잡아먹고 싶
어 하기 때문이다. 세 사람이 그를 돌아보자 그는 내게 웃음을 지어 보인
다. 그들이 고개를 내 쪽으로 돌리니 그의 표정은 다시 위협적으로 변한
다. 나와 내 파트너는 이 장면이 가진 정서적 힘에 놀란다. 하지만 그 장
면이 나의 가족사와 일치하는 것만은 분명하다. 아버지는 베트남 전쟁
당시 나에게 육군 입대를 종용했었다.

안구운동

5. 다시 할아버지 댁으로 돌아간다. 나는 어머니와 할머니, 할아버지
와 마주 앉은 채 그 세 사람 뒤쪽으로 다가오는 아버지를 바라본다. 나는
두려운 감정을 다시 떠올리기 싫어 좀 더 객관적으로 생각해 보려 한다.
그가 여기저기 왔다 갔다 하는 모습을 보면서, 나는 그가 자신의 부모와
아내의 관심을 얻지 못하고 있다는 것을 깨닫는다. 그 세 사람은 온통 나
에게만 신경을 쓰고 있으니 말이다. 아버지도 아직까지는 자기 아버지의
관심을 원하는 젊은 남자일 뿐인 것이다! 하지만 할아버지는 자신의 아

들에게는 엄격하게 대하고 오직 손자에게만 애정을 쏟는다. 여기까지 생각이 미치자 어린 시절의 나와 어른이 된 현재의 내가 함께 앉아 있는 것처럼 느껴진다. 사실, 내 마음속의 심리치료자는 아무런 말을 하지 않고도 모든 것을 설명했고, 아버지의 증오심이 본질적으로는 나를 향한 것이 아니었음을 일깨워 주었다.

바로 그 순간, 나는 EMDR 기법만의 특징을 느끼기 시작했다. 그 경험은 능동적인 치료 작업이라기보다는 '치료라는 현상을 바라본 것'에 가까웠고, 어떤 면에서는 글을 쓰는 것과도 비슷했다. 글을 쓸 때 마음속에서 한 인물을 창조하고 나면, 그가 할 일을 생각해 내야 하는 단계를 거쳐 결국에는 그의 행동을 마음의 눈으로 관찰하고 기록하기만 하면 되는 단계에 이르게 된다. EMDR 치료자들이 사용하는 '그냥 바라보세요' 혹은 '그냥 생각해 보세요' 등의 표현에도 이러한 원리가 반영되어 있는 것 같다.

안구운동

6. 그 장면으로 다시 돌아간 나는 아버지의 머리와 얼굴이 작아진 것을 발견했다. 그의 표정도 이제는 위협적이지 않았고, 오히려 슬프고 의기소침하며 절망적으로 바뀌어 있었다. 난 그에게 박탈감을 안겨 주면서까지 모두의 관심을 독차지하는 것이 그리 기분 좋은 일은 아님을 깨달았다. 사실, 내가 받는 관심이 그에게는 일종의 형벌이 되는 것 같았다. 나는 그 장면 속에서 갑자기 어른이 되어 갔다. 나는 더 이상 모두의 관심을 원하는 어린아이가 아니었고, 내가 파국적인 가족 드라마의 등장인물 역할을 기꺼이 맡아 왔다는 사실이 몹시 부담스럽게 느껴졌다. 나는 그 드라마의 함정에 빠져 있었고 우리 모두가 대가를 치렀다. 드라마가 결말에 이르렀을 때 나는 아버지를 가리키며 할아버지에게 말했다. "당신의 아들에게도 아버지가 필요해요."

이때의 경험과 관련하여 매우 흥미로운 점이 두 가지 있다. 첫째, 그것은 기억을 해석하고 재구성하는 고된 작업이라기보다는 스크린에 투영된 내면의 이야기를 감상하는 것에 가까웠다. 지금까지 소개한 여섯 단계의 이야기에서 나는 등장인물이 아니라 마치 관객 같았고, 그 경험은 꿈을 꾸는 것과 아주 비슷했다. 둘째, 그다음 주에 열린 교수 회의에서는 나를 괴롭혀 온 극단적인 감정으로부터 자유로워졌다. 회의는 여전히 지루하고 비생산적이었지만 내 마음속의 부담은 말끔히 사라져 버렸다. 나는 이러한 결과에 매우 깊은 인상을 받았고, EMDR이 기억의 세계를 들여다볼 수 있는 새로운 창문이라는 생각이 들었다.

우리는 기억이란 잘 정돈된 서류장, 혹은 하드디스크의 디지털 파일과 비슷한 것이라고 생각하는 경향이 있다. 하지만 기억은 실제로는 훨씬 더 복잡한 것이며, 오랜 세월 동안 복잡하게 뒤얽힌 뇌, 신체, 마음, 관계의 역사를 반영한다. 다음과 같은 설명이 인간의 기억에 대한 좀 더 정확한 묘사일 것이다. '하나의 기억은 수많은 조각으로 나뉘어 여기저기 흩어져 있는 퍼즐과도 같다. 그리고 그 퍼즐을 풀기 위해서는 비선형적(非線型的)이고 매우 복잡한 암호 체계를 해독해야 한다.' 우리는 서로 통합될 수도, 분리될 수도 있는 다양한 기억 체계를 갖고 있다. 트라우마는 기억 체계들이 파편화되는 결과를 낳을 수 있고, 궁극적으로는 해리(dissociation) 상태를 초래할 수도 있다.

트라우마 : 결코 끝나지 않는 재앙

우리를 억압하는 것은 운명이 아니라 우리의 마음이다.
– Franklin D. Roosevelt

다음과 같은 말들을 한번쯤 들어 봤을 것이다. "나를 죽이지 못하는 고통은 나를 더 강하게 만든다." "시간이 약이다." 이 격언들은 견디기 힘든 트라우마를 극복하면 더 높은 수준의 신체적·정서적 안녕을 얻을 수 있음을 뜻한다. 무엇인가를 배우기 위해서는 수많은 실패와 시련을 겪어야 한다. 그러나 그런 실패와 시련이 몸과 마음에 장기적으로 악영향을 미칠 수도 있다. 트라우마는 우리의 신체와 심리, 관계에 상처를 남길 수 있고 그 상처가 오랫동안 아물지 못한 채 지속될 수도 있다. 그럴 경우 우리는 모든 기능을 제대로 수행할 수 없게 된다. 심각한 만성적 트라우마를 가진 사람의 경우에는 '나를 죽이지 못하는 고통이 나를 더 약하게 만들 수 있는' 것이다. 참전 군인, 대형 참사의 생존자, 아동기에 성적 학대를 당한 사람 등이 그 예다.

불행하게도, 트라우마는 결코 끝나지 않는 재앙이다. 트라우마가 심각할수록 후유증이 생기거나 PTSD가 발병할 가능성도 커진다. 트라우마를 겪은 후 스트레스가 증가하면 면역 기능이 약화되므로 신체적 질병에 걸릴 가능성도 높아진다. 어린 시절에 겪은 트라우마가 이후에도 장기간 지속되는 경우에는 더더욱 그렇다. 트라우마를 이해하고 치유하는 것은 심리치료의 중요한 과제 중 하나이며, 아직도 갈 길이 멀다.

13장
복합적 트라우마와 아동기 발달

하루는 누군가가 내 방 창문을 두드리는 소리를 들었는데
난 그 소리를 듣느니 차라리 죽어 버리고 싶었어요.
– 10세의 유괴 피해자

많은 사람들은 트라우마라는 말을 듣고 9시 뉴스에서 보여 주는 사고, 폭력, 전투, 테러, 자연재해 등에 관한 장면을 연상한다. 이런 장면들은 방송국에 수익을 가져다준다. 정신보건 분야도 마찬가지다. 19세기 유럽의 산업재해 희생자들부터 세계대전 후 정신적 후유증을 앓고 있는 수많은 참전 군인들에 이르기까지, 우리는 트라우마의 경험이 정상적인 성인에게 어떤 영향을 미치는지에 초점을 맞춘다. 그래서 아이들이 트라우마—특히 그들을 사랑하고 보호해야 할 사람들 때문에 생긴 트라우마—를 갖고 있을 거라고 생각하기는 쉽지 않다.

우리는 아이들이 안전한 환경에서 보호받으며 자라고 있다고 믿고 싶어 하지만, 실제로는 많은 아이들이 스트레스와 트라우마를 지닌 채 살고 있다. 미국에서는 1990년대까지도 유아에 대한 수술이 마취 없이 실시되는 경우가 많았고, 신생아 대상의 포경수술을 하면서 어떤 방식으로든 통증 경감을 위한 조치를 병행하는 경우는 25% 미만이었다. 이런 현실은 신생아가 고통을 느끼거나 기억하지 못한다는 잘못된 믿음이 만연해 있음을 의미한다. 부모의 신체적·정신적 질병, 지역 공동체 내의 충돌, 빈곤 등등의 여러 요인도 스트레스와 트라우마를 지속시키는 원인이 될 수 있다.

아이에게 부모와 이별하는 것, 엄마의 우울한 눈빛을 보는 것, 그리고 스트레스로 가득 찬 가정에서 사는 것은 그 자체로 트라우마가 될 수 있다. 아프리카계 미국인 청소년의 경우에는 제도화된 편견과 미래에 대한 절망이 트라우마를 낳기도 한다. 아내와 사별한 노년의 남자가 아내와 함께했던 시절부터 키운 애완견마저 잃었을 때의 기분은 어떨까? 단적으로 말해서, 스트레스나 트라우마를 규정하는 객관적인 기준은 없다. 어떤 사람이 트라우마를 갖고 있는지의 여부는 열린 마음과 가슴으로 구체적인 사안에 따라 판단해야 한다.

아주 어린 시절의 스트레스

> 운명은 가족과 친척을 선택하고, 우리는 친구를 선택한다.
> – Jacques Delille

적응을 위한 사회적 기관인 뇌는 태내기부터 형성되기 시작하는데, 그 기간 동안 우리는 출생 후에 세상 속에서 살아갈 준비를 한다. 뇌간의 발달은 DNA에 내재된 프로그램에 달려 있지만, 변연계와 대뇌피질의 발달은 대체로 경험이 유전적 표현형에 미치는 영향에 의해 좌우된다. 다시 말해, 엄마는 자궁 속 아기에게 태어난 후 마주하게 될 세상에 관한 정보를 제공하고, 아기의 뇌는 그 정보를 바탕으로 적응과 생존을 준비한다.

한 가지 예로, 엄마의 스트레스는 생화학 물질을 통해 태아의 뇌 형성에 영향을 미친다. 즉, 엄마가 스트레스를 느끼면 태아의 뇌에 세상은 위험한 곳이라는 메시지가 전달된다. 이런 메시지는 아기가 위험한 세상에 대비하는 데 도움을 주기도 하지만, 11장과 12장에서 논의한 여러 가지 작용을 통해 불안감에 대한 취약성, 면역 기능의 약화, 학습장애를 초래할 수도 있다. 이 같은 대물림의 안타까운 예 중 하나는 트라우마를 가진 부모의 아이들도 PTSD 환자가 될 가능성이 높다는 것이다. 그들이 처음부터 세상을 위험하고 신뢰할 수 없는 곳으로 느끼게 되기 때문일 것이다.

또 다른 예는 엄마의 우울증이 유아와 아동에게 매우 큰 스트레스를 안겨 준다는 것이다. 유아는 생존을 위해 엄마에게 의존할 수밖에 없는 데, 의기소침하고 활력이 없으며 무감각한 엄마는 오히려 생존에 대한 위협이 된다. 우울증을 가진 엄마는 (그렇지 않은 엄마에 비해) 아기에게 화를 내기 쉬운 경향이 있고 좀 더 자주 아기를 떼어 놓으려 한다. 또 아기를 쥐어박거나 밀치는 경우가 상대적으로 많은 반면에 정서적인 교감을 나누는 데는 시간을 덜 쓰는 경향이 있다. 전통적인 관점으로는 이 정도의 일 때문에 아이들이 트라우마를 갖게 된다고 생각하기는 어려울 것이다. 그러나 엄마의 공감, 보살핌, 활력을 느끼지 못하는 것은 양육자에게 전적으로 의존적인 유아에게는 삶에 대한 위협이 된다.

우울증을 가진 엄마의 아기가 우측 전두피질 활성화 수준의 증가나 노르에피네프린과 코르티솔 분비량의 증가, 심장박동수의 상승과 같은 여러 가지 우울 징후를 보이는 것은 놀랄 일이 아니다. 우울증을 가진 엄마와 마찬가지로, 그들의 아기도 건강한 신경 발달과 사회적 발달에 필수적인 상호작용의 빈도가 상대적으로 낮은 편이다.

복합 외상후 스트레스장애

> 아이는 두려움에 대해 알고 있다.
> 그리고 두려움이 상처와 증오를 낳는다는 것도 알고 있다.
> – Nadine Gordimer

어린 시절에 겪은 심각한 트라우마는 매우 큰 영향을 미치고, 엄청난 충격을 주며, 치유하기 어렵다. 뇌 형성의 초기에는 안전과 유대가 매우 중요하기 때문에 아동기의 트라우마는 중앙 신경망의 건강한 발달을 저해한다. 양육자로 인해 발생한 트라우마가 가장 파괴적인 영향을 미치는 것은 당연하다. 부모에 의한 신체적·성적 학대는 아이에게 트라우마를 안겨 줄 뿐만 아니라 상호작용을 통한 치유의 기회와 안전한 도피처를 박탈한다. 어린 시절의 트라우마를 해결하지 못한 채 오히려 그것에 적응할 경우 광범위한 부작용이 나타날 뿐 아니라 복합 외상후 스트레스 장애(complex posttraumatic stress disorder, 이하 '복합 PTSD'로 표기함)가 발생할 수도 있다.

용어 설명 : 복합 PTSD

복합 PTSD는 어린 시절에, 장기간에 걸쳐, 불가피한 상황에서 트라우마에 노출될 경우에 발생하며, 원인 제공자가 부모 또는 양육자일 때도 많다. '복합'이라는 수식어가 붙은 것은 이 장애가 아이의 생리적·심리적·사회적 발달에 큰 영향을 미치기 때문이다. 복합 PTSD 환자의 성격적 특성과 대처 전략은 긍정적인 적응을 방해하고 새로운 트라우마를 극복하기 어렵게 만드는 경향이 있다. 그리고 이러한 경향은 또 다른 가학적 관계의 형성, 판단력의 부족, 적절한 자기보호 능력의 결여 등을 통해 드러날 수 있다.

복합 PTSD를 가진 아이들의 성격과 인격은 트라우마의 그림자 속에서 형성되며, 그들 중 상당수는 편도체의 지배에서 벗어나 대뇌피질 중심의 능동적 통제로 이행하는 발달적·진화적 도약을 끝내 이루지 못한다. 편도체 중심의 생존 제일주의를 지향하게 되는 그들은 집단정신에 의해 도출된 합의를 받아들이기 어렵다. 현대인의 원시적 퇴행에 가까운 그들은 전혀 다른 구조의 뇌를 가진 사람들과 어울려 살아가야 하는 난제를 안고 있다.

일반적인 환경에서 성인이 한 가지 위협에 직면하면 투쟁-도피 반응이 촉발되고 위협을 해소하면 투쟁-도피 반응은 곧 진정된다. 하지만 아이들은 이런 방식으로 위협에 대처하기 어렵다. 생존을 위해 주변 사람들에게 의존해야 하는 아이들에게 투쟁-도피 반응은 그리 효과적인 수단이 아니다. 양육자 때문에 트라우마를 갖게 되었거나 도움을 청했는데도 아무런 응답을 받지 못한 아이가 느끼는 두려움과 과잉각성은 결국 심리학적·신경학적 무감각과 해리 상태를 초래하게 된다. 아동은 성인과 안정적인 관계를 맺어야만 편도체의 지배에서 벗어나 대뇌피질이 통제하는 상태로 이행함으로써 불안감을 조절하는 방법을 배울 수 있다.

내담자 접수 서류의 "모든 발달 단계를 정상적으로 거친 것으로 판단됨" 항목 옆의 빈칸을 별 생각 없이 채워서는 안 된다. 내담자가 성장하면서 겪어 온 환경과 사건—내담자의 어머니가 앓았던 산후우울증, 할머니의 갑작스러운 죽음, 아버지의 실직 등—에 대해 살펴보라. 이 같은 요소들은 심리적 발달에 커다란 영향을 미치기 때문에 만에 하나 놓치기라도 하면 심리치료를 수년 동안 교착상태에 빠뜨릴 수도 있다. 안정 애착 도식을 가진 아이는 부모를 안전한 도피처로 삼을 수 있으므로 스트레스를 겪을 때 자율신경계의 활성화 수준을 조절할 수 있다. 심리치료자와의 관계에서 안정 애착을 형성한 내담자는 심리치료 과정에서 부딪히게 될 도전에 당당히 맞서고 그 도전을 더 큰 배움과 성장의 기회로 활용할 수 있다.

해리와 그에 수반되는 생물학적·심리학적 작용은 트라우마로부터 벗어나기 위한 방법이 되기도 한다. 비현실감과 이인증은 트라우마의 희생자가 현실을 회피하거나 일종의 구경꾼처럼 관망할 수 있게 해 준다. 아동기의 과잉각성과 해리는 여러 가지 정서와 경험 사이에 경계를 설정하는 데 필요한 내면의 생물심리사회적 환경을 조성할 수 있게 해 주기도 한다. 경계선 성격장애, 식생활이나 도박과 관련된 강박장애, 정서적 상태가 신체적 증상으로 전환되는 신체화 장애는 모두 어린 시절의 트라우마에 대한 복합적인 적응이 빚은 결과다.

경계선 성격장애와 어린 시절의 애착 트라우마

평생 동안 내 마음은
그 이름조차 알 수 없는 것을 동경해 왔다.
– André Breton

경계선 성격장애(borderline personality disorder, BPD)를 진단하는 기준의 타당성과 유용성은 많은 논쟁을 낳고 있다. 그것은 실제로 병리적인 상태를 나타내는 것일까, 아니면 여성에 대한 뿌리 깊은 문화적 편견에 불과할까? 이 문제와 상관없이, 경계선 성격장애의 진단기준과 관련된 증상은 어린 시절의 애착 및 뇌 발달 측면에서 매우 흥미롭다. 다른 유형의 정신장애 환자들에 비해, 경계선 성격장애를 가진 사람 중에는 아동기 트라우마와 신체적·정서적 학대를 경험한 사람의 비율은 높고 부모의 돌봄을 제대로 받은 사람의 비율은 낮은 편이다.

많은 임상 실무자들이 경험한 사례에 비춰 보면, 우리가 경계선 성격장애라고 부르는 것은 어린 시절에 경험한 트라우마가 해결되지 않은 채로 지속된 결과인 것 같다. 베셀 반 데어 콜크(Bessel van der Kolk) 박사는 경계선 성격장애, 신체화 장애, 해리성 정체성장애, 감정표현 불능증 등은 모두 어린 시절에 겪은 트라우마가 각기 다른 방식으로 표출된 것일 뿐이라는 주장으로 격렬한 논쟁을 불러일으켰다. 경계선 성격장애를 가진 사람은 PTSD 환자처럼 고통스러운 과거사를 갖고 있고 불안, 정체성 혼란, 감정적 무감각, 정서적·인지적 조절장애를 호소하는 경향이 있다.

성인기 증상의 수준은 아동기에 겪은 스트레스, 학대, 트라우마의 지속 기간이나 심각성과 관련이 있는 것으로 보인다. 해리장애를 가진 사람들은 정서적으로 고통스러운 기억을 차단하기 위해 전두엽의 상상력을 활용해서 대안적인 경험, 세계, 정체성을 창조한다. PTSD 환자들이 감정의 기복을 조절하기 어려운 것은 의식적 혹은 무의식적 연상에서 비롯되는 정서적 각성 때문이다.

경계선 성격장애를 가진 성인 여성은 아동기 트라우마에 관한 기억이 떠오를 때, 마치 PTSD 환자처럼, 전전두엽 영역과 전대상 영역을 활성화시키지 못한다고 알려져 있다. 신체화 장애나 감정표현 불능증을 가진 사람은 좌뇌 중심의 인지적 정보 처리와 우뇌 중심의 정서적 정보 처리가 단절되는 경향을 보인다. 감정표현 불능증을 가진 성인은 부모가 원치 않는 아이였던 경우가 많고, (회피형, 양가형, 혼란형 등의) 불안정 애착 도식을 갖고 있는 경향이 있다.

애착 트라우마는 방임, 신체적·성적 학대, 부모와 아이 간의 정서적 조절 실패의 결과일 수 있다. 애착 트라우마를 가진 사람과 그 부모는 정동장애(affective disorders)[1]를 갖고 있는 경우가 유의미하게 많은데, 정동장애는 정서 조절 문제를 야기하는 요인 중 하나다. 그 원인이 무엇이든, 애착 트라우마를 가진 아이는 안정 애착을 발달시키고 불안감과 공포감을 조절하는 데 필요한 타인의 도움을 받기 어렵다. 그로 인한 결과는 실제로 혹은 상상 속에서 버림받는 경험이 공포 상태를 촉발하는 것이다. 이러한 공포 상태는 어미로부터 물리적으로 버림받은 유인원 새끼가 보이는 반응과 유사하다.

경계선 성격장애의 증상은 사회적 뇌와 그 밖의 신경망들이 통합적으로 발달하지 못하고 정서 조절 능력, 상호작용 경험, 실행 기능이 와해되기 때문에 나타나는 것으로 보인다. 그것은 후천적인 경험이 뇌, 마음, 영혼에 미친 영향과 선천적인 신경생물학적 조건이 함께 작용한 결과라고 할 수 있다. 뇌가 어린 시절의 상호작용에서 비롯된 트라우마에 적응하는 과정을 살펴보는 것은 경계선 성격장애에 관한 이해의 실마리가 될 것이며, 심각한 고통과 사회적 무기력에 빠진 사람들에게 더 나은 심리치료를 제공하는 데 큰 도움이 될 것이다.

경계선 성격장애와 뇌

사랑이 없는 삶은 꽃이 피지 않는 나무와 같다.
– Khalil Gibran

경계선 성격장애를 가진 사람의 뇌가 신경계 발달 면에서 비정상적이며 그로 인해 인지적·정서적·상호관계적 기능이 손상된다는 주장을 뒷받침하는 증거는 많다. 이러한 사람들은 해마, 편도체, 좌측 안와내측 피질과 우측 전대상피질 등의 뇌 영역 중 두 가지 이상에서 크기, 활성화 패턴, 신경화학적 상태 등의 비정상을 보인다. 우리가 예상하는 바와 같이, 경계선 성격장애를 가진 사람과 그렇지 않은 사람은 사회적 뇌의 신경망과 충동, 정서, 관계를 조절하는 신경망에서 두드러지는 차이를 나타낸다.

신경과학 상식 : 경계선 성격장애와 '부피 감소'	
뇌 영역	**관련 기능**
전두엽과 전전두엽	실행 기능과 정서 조절
편도체	감정 인식과 유기 불안
해마	단기 기억의 통합과 현실 검증
전대상피질	인지적 정보 처리와 정서적 정보 처리의 통합
후대상피질	감각적 정보 처리
(우뇌) 두정피질	실행 처리, 신체에 대한 인지
(특히 여성의) 뇌량[2]	인지와 정서의 통합

휴식 중일 때 경계선 성격장애를 가진 사람들의 뇌는 전전두피질과 전대상피질의 신진대사가 저하되고 심장박동수, 피부 전도성, 통증에 대한 민감성이 크게 낮아지는 경향을 보인다. 그러나 그들에게 부정적인 정서를 불러일으키는 상황이 묘사된 슬라이드를 보여 주면 편도체, 전전

두피질, 측두피질, 후두피질, 방추상회(fusiform gyrus)[3] 등의 활성화 수준이 크게 높아진다. 그리고 이와 동시에 현실 검증, 새로운 학습, 편도체 조절에 필수적인 해마의 활성화 수준은 낮아진다.

특기할 만한 사실은 편도체와 시각 피질은 밀접한 관련성이 있고, 그로 인해 경계선 성격장애 환자의 시각적 정보 처리와 시각 기억에 문제가 생길 수 있다는 것이다. 이러한 관련성은 경계선 성격장애와 신체이형장애(body dysmorphic disorder)[4]가 함께 나타날 때가 많은 이유일 것이다. 1차 시각 영역과 밀접한 관련이 있는 편도체가 활성화되면 자신과 타인의 얼굴과 신체에 대한 기본적인 인식이 왜곡된다. 경계선 성격장애 환자는 중립적인 자극보다는 부정적인 정서적 자극을 접할 때 시각적 정보를 처리하는 신경망과 편도체의 활성화 수준이 높아지는 경향을 보인다. 다시 말해, 그들의 경우에는 부정적인 자극을 접할 때 상대적으로 원시적인 신경망이 활성화된다. 대인관계에서 겪은 배신에서 비롯된 트라우마는 그들의 마음속에 더욱 깊이 자리 잡게 되고, 그들은 세상을 더 부정적으로 인식하고 자신이 너무 큰 불행을 짊어지고 있다고 믿게 된다.

경계선 성격장애 환자를 대상으로 전통적인 신경심리학적 검사를 해 보면 실행 기능, 주의, 기억, 그 밖의 여러 가지 인지적 정보 처리와 관련된 결함이 발견되는데, 이러한 결함은 전두엽과 측두엽이 손상된 사람들에게 나타나는 것과 비슷하다. 이 사실은 반드시 기억해 두어야 한다. 인지적 결함을 고려하여 치료 방법을 수정할 필요가 있기 때문이다. PTSD 환자와 마찬가지로, 경계선 성격장애를 가진 사람은 불현듯 떠오르는 부정적인 감정으로 인해 여러 가지 IQ 검사에서 점수를 제대로 얻지 못한다. 이들은 평상시에는 매우 이성적인 사람들이지만 스트레스를 받을 때는 인지 능력이 약화된다. 그로 인한 결과는 거듭되는 치료 실패, 부정적인 전이 반응, 정서적 부조화 등이다. 변증법적 행동치료가 특히 경계선 성격장애를 가진 사람에게 효과적인 것은 인지적·정서적 정보 처리의 결함을 보완할 수 있는 과정을 단계적으로 제공해 주기 때문이다. 이 같은 특성은 경계선 성격장애의 치료에서 매우 중요하다.

경계선 성격장애와 사회적 뇌

가끔은 내가 평생 동안 거절당해 왔다는 느낌이 든다.
– Marilyn Monroe

연구 결과에 따르면, 경계선 성격장애 환자는 행복한 표정은 정확하게 읽어 내는 반면에 중립적인 표정과 부정적인 표정은 잘못 이해하거나 과장하여 해석하는 경향이 있다. 그리고 타인의 얼굴에 비친 혐오감과 놀라움을 잘 느끼는 편이지만 두려움은 놓칠 때가 많다. 그들은 중립적인 정보에 대해 부정적으로 왜곡하고 모욕적으로 받아들이는 경향이 있기 때문에 타인의 얼굴 표정을 잘못 해석하고 적대감, 의심, 공격성을 품게 될 수도 있다. 그래서 경계선 성격장애를 가진 사람은 특히 중립적이거나 부정적인 감정과 관련된 대인관계 문제를 겪을 때 큰 어려움을 느낀다.

경계선 성격장애를 가진 사람은 모든 종류의 거절에 대해 아주 민감하며 일반적으로 편도체가 두드러지게 활성화되는 경향을 보인다. 그들은 스트레스 상황에 혼자서 대처하는 사람 혹은 사회적으로 고립된 사람의 모습이 담긴 사진을 볼 때 전대상 영역이 크게 활성화되는 경향을 보여 주기도 한다. 버림받음에 대한 기억은 배외측전전두피질의 상호작용적 활성화(bilateral activation) 수준 증가, 우측 전대상피질의 활성화 수준 감소와 관련이 있다.

경계선 성격장애를 가진 사람은 끝없이 무엇인가를 요구하고 결코 만족할 줄 모른다. 그들은 자신이 보살핌을 받고 있음을 본능적으로 인식하는 능력이 부족한 것처럼 보인다. 이러한 결함의 원인은 세로토닌 또는 옥시토신의 활성화 부족 같은 선천적·유전적 특성일 수도 있고, 어린 시절의 애착관계와 관련된 기저 전뇌(basal forebrain)[5]의 형성 결과와 같은 후천적·경험적인 요인일 수도 있다. 이 같은 발견들은 경계선 성격장애 환자의 뇌가 위험을 극도로 경계하고 정보를 잘못 해석하거나 왜곡하는 반면에 억제력, 현실 검증력, 정서적 통제력은 감소하는 경향이 있다는 것을 시사한다. 이 모든 증상은 전형적인 PTSD 환자들에게서도 나타나는 것들이다.

경계선 성격장애를 가진 사람은 부정적인 감정을 느낄 때 그것에 압도된 나머지 자신의 반응이 타당한지를 검토하고 문제를 해결하는 데 필요한 의식적인 대뇌피질 처리를 활용할 수 없게 된다. 그들은 균형 잡힌 관점, 과거의 좋았던 느낌에 대한 기억, 앞으로 좋아질 것이라는 기대를 모두 상실한다. 두려움에 압도되고 균형감을 잃으면 삶 전체가 위기에 빠졌다고 느끼게 된다.

경계선 성격장애를 가진 사람은 세토로닌 합성 작용이 저하되고 전전두피질, 측두피질, 두정피질의 세로토닌 조절 기능이 약화되는 경향을 나타낸다. 그로 인해 충동성과 우울감이 증가하고, 심리적 평온을 되찾기가 더 어려워지며, 정서적 억제 능력이 감소하는 것으로 보인다. 그리고 편도체 활성화의 조절 실패로 인해 노르에피네프린 분비량이 크게 증가하거나 불안정한 상태가 된다. 미주신경계 조절 기능의 비정상과 사회적 뇌 속의 수많은 신경전달물질—세로토닌, 노르에피네프린, 도파민, GABA[6] 등—은 감정적·행동적 불안정과 관련이 있다고 생각된다.

PTSD 환자와 마찬가지로, 경계선 성격장애를 가진 사람도 불안과 과잉각성 상태를 자주 나타내고 우울증에 취약한 경향을 보인다. 경계선 성격장애나 PTSD를 가진 청소년은 뇌하수체의 크기가 작은 것으로 알려져 있으며, 이는 스트레스에 대한 각성 수준과 반응을 조절하기 어려운 상태가 지속됨을 의미한다. 많은 연구 결과들을 종합하면, 경계선 성격장애 환자의 증상은 스트레스 반응을 조절하는 시상하부-뇌하수체-부신 체계의 부조화와 관련이 있는 것으로 보인다.

안전한 장소의 부재

판단할수록 덜 사랑하게 된다.
– Honoré de Balzac

보통 사람들이 휴식을 취하거나 몽상에 빠지거나 과거의 경험을 반추하는 시간에, 경계선 성격장애 환자는 운동피질, 전대상회, 측두극(temporal pole)[7], 좌측 상두정회(left superior parietal gyrus), 우측 상전두회(right superior frontal gyrus)의 대사 작용이 지나치게 활발해지는 현상을 보인다. 그리고 전두엽의 활동성과 전두변연계[8]의 연결성 감소, 대뇌피질의 억제 기능 약화, 신경망 연결의 심각한 비정상 등이 나타난다. 그리고 자기(the self)에 대한 내적 경험과 자전적 기억의 형성에 기여하는 두정엽의 설전부(precuneus)와 후대상회 영역에서는 대사 작용의 결핍이 관찰된다.

이와 같은 연구 결과와 임상 사례를 종합해 보면, 경계선 성격장애를 가진 사람에게는 내적인 안식처가 없다는 결론을 내리게 된다. 사실, 그들에게 정신적 이완은 견디기 힘들 만큼 고통스러운 생각과 정서에 사로잡히게 만드는 일일 수 있다. 자신의 경험을 정신화(mentalizing)[9]할 수 있는 능력을 갖고 있는데도 그들의 사고는 부정적이거나 위협적인 정보에 의해 왜곡될 때가 많다. 경계선 성격장애 환자들은 종종 극도의 불안과 공포에 사로잡혀 실신할 지경에 이르기도 한다. 그들은 고통과 두려움에서 벗어나기 위해 위험한 행동, 약물 남용, 자해 행동을 저지르는 경우도 많다. 그들은 자신의 내면세계로부터 멀어지기 위해 타인에게 의존해야 하기 때문에 혼자 있는 것을 매우 어려워하는데, 이러한 경향이 유기 공포(abandonment panic)를 촉발하게 된다.

용어 설명 : 유기 공포

경계선 성격장애를 가진 성인의 유기 공포는 엄마를 잃어버린 유아의 정서 상태로 되돌아가는 것이라고 할 수 있다. 그들은 평생 동안 불안, 공황, 두려움에 사로잡힌 채 살게 된다. 그들의 두려움은 내면에서 비롯되기 때문에 도망칠 곳이 없는데도 도피하고 싶은 욕구는 매우 크다. 유기 공포 상태와 그로 인한 자해 행동의 기억은 피질하 영역과 우뇌 영역에 저장된다.

경계선 성격장애 환자는 버림받을 수도 있다고 느끼면 과거에 생존을 위협했던 트라우마를 떠올리게 된다. 그들은 두려움에 사로잡히고 어떤 방법을 동원해서라도 고통을 멈추기 위해 필사적으로 노력한다. 이는 그들이 '분리되는 것'에 대해 그토록 파괴적인 반응을 보이고 혼자 있는 것을 극도로 두려워하는 이유 중 하나다. 경계선 성격장애를 가진 내담자를 관찰하면서 가장 두드러지게 나타나는 특징은 늘 누군가에게 공격받고 있다고 느끼며, 자신감이 부족하고, 정서적 위기에 빠져 있다는 것이다. 그리고 이처럼 겉으로 드러나는 특징은 그들의 내적 상태와 일치한다. 따라서 역전이가 하나의 유용한 도구가 될 수 있다. 경계선 성격장애를 가진 내담자에 대한 심리치료자의 반응은 혼돈으로 가득 찬 그들의 어린 시절의 정서적 세계를 들여다볼 수 있는 창문이다.

심리치료자에게 가장 중요한 도구 중 하나인 해석은 무의식적인 주제를 의식적인 것으로 바꾸기 위해 풀어서 설명하는 작업이라고 할 수 있다. 경계선 성격장애를 가진 내담자는 이러한 해석에 대해 극도로 부정적인 정서적 반응을 보이는 경우가 많고, 격분하거나 난폭해지는 경우도 있으며, 심지어 상담실을 나가 버리기도 한다. 그들은 자신의 생각에 대해 성찰할 능력이 부족하기 때문에 자신의 정서적 상태를 관찰하는 것도 거의 불가능하다. 그들은 심리치료자의 해석에 대해 보상기전상실 (decompensation)[10]이라고 불리는 반응을 보이기도 한다. 보상기전상실 은 뇌의 주도권이 전두엽에서 피질하(편도체) 영역으로 급격하게 이동한 결과로서, 극심한 정서적 혼란과 기능적 퇴행 등의 증상을 야기한다.

다른 트라우마 후유증의 경우와 마찬가지로, 신경망의 구조적 변화 로 인해 의식적 정보 처리 능력이 감소하고 좌뇌와 우뇌의 균형이 무너 지면서 이러한 증상은 더욱 악화된다.

다른 사람과의 우호적이고 따뜻한 관계는 편도체의 활성화 수준을 낮추고 공황상태를 완화해 주며, 그에 따라 좌뇌 피질의 처리 기능이 활 성화된다. 어떠한 방해물에도 굴하지 않고 내담자의 곁을 지키며 그들의 감정에 집중함으로써 심리치료자는 내담자에게 위안을 주는 존재가 될 수 있다. 이러한 정서적 조율에 성공한 후의 목표는 언어를 사용하여 좌 측 전두엽의 신경망을 활성화하는 것이다. 그럼으로써 자기성찰이 가능 해지고 피질하 영역과 우뇌의 신경망을 억제할 수 있게 된다. 끊임없이 떠오르는 플래시백에 사로잡힌 사람도 좌측 전두엽의 신경망이 활성화되 면 경험을 '대뇌피질에서 처리'하고 마침내 의식적으로 통제할 수 있게 된다. 이러한 신경망들의 도움을 받지 못하면 내담자는 암묵적 기억의 무기력한 희생자로 머물 수밖에 없다.

다른 사람과의 관계는 서로 관련이 있는 세 가지의 중요한 변화를 가져온다. 첫째, 각성 수준이 낮아지고 공황상태가 완화된다. 둘째, 언어 를 통해 좌측 전두엽의 신경망이 활성화되며 그에 따라 피질하 영역과 우뇌의 정서적 각성 수준이 억제된다. 셋째, 피질하 영역의 정보 처리에 대뇌피질적 요소를 추가하는 치료적 상호작용이 일어난다.

자기혐오

8장에서 설명한 핵심 수치심은 유기 공포와 밀접한 관련이 있다. 핵심 수치심은 버림받은 경험이 의식적으로 정교화된 것이라고 할 수 있다. 핵심 수치심을 가진 사람이 실제로 혹은 상상 속에서 사소한 모욕을 받으면 버림받음에 관한 기억과 죽음의 공포를 느끼게 되고 그 두 가지는 삶의 중요한 주제로 발전한다. 버림받음과 죽음에는 아무런 가치도 없지만 누구도 그 두 가지를 피할 수 없다는 것은 모두가 잘 알고 있는 진실이자 비극이다. 그것들은 언젠가는 집행될 형벌이며, 우리는 어떤 면에서는 사형수로 살고 있는지도 모른다. 교도관이 우리를 형장으로 끌고 가지는 않을지 늘 경계하면서.

경계선 성격장애를 가진 사람의 핵심 수치심은 다른 사람보다 훨씬 더 심각한 수준인 것 같다. 그들에게 자기인식은 스스로에 대한 혐오감을 낳고, 때로는 자신을 한심하기 짝이 없는 패배자로 여기게 만들기도 한다. 그들은 다른 사람과 거리를 둘 때가 많다. 다른 사람들도 자기를 경멸할 것이라고 믿기 때문이다.

이러한 자기혐오에 대한 정신역동적 해석은 자신을 대하는 부모의 태도를 어떻게 느꼈는지, 그러한 감정이 어떻게 내면화되었는지에 초점을 둔다. 어린 시절의 사회적 뇌 발달, 그중에서도 특히 음식 섭취에 대한 혐오감을 통제하는 섬엽(insula)피질과 전대상피질의 초기 발달은 자기혐오와 관련이 있는 것으로 보인다. 경계선 성격장애 환자에게 어머니에 관한 제일 오래된 기억이 무엇인지 물어보면 다음과 같이 대답할 수도 있다. "어머니는 나를 무척이나 혐오했어요." 이는 음식과 가족(특히 어머니) 사이에 정서적으로 밀접한 관련이 있는 것과 무관하지 않을 것이다.

마치 신체의 지도처럼 체계적으로 구성된 섬엽과 전대상회는 원초적인 신체 상태를 정서, 행동, 인식의 경험 또는 표현과 연결한다. 그리고 혐오에서 사랑에 이르는 모든 감정의 조절에 관여한다. 섬엽은 공간 속의 자기에 대한 근본적 인식을 구조화하고 경험하는 과정에 관여하며, 자신과 타인을 구별하는 능력과도 관련이 있다. 한 실험에서는 대상자들에게 수치스러운 행동을 하는 장면을 떠올리도록 요구했는데, 흥미롭게도 섬엽피질과 전대상피질이 모두 활성화되었다.

혐오는 진화 과정에서 형성된 매우 원시적인 감정으로서, 우리로 하여금 잠재적 위협—일반적으로 음식, 혈액, 신체적 손상 등으로 인한 오염—으로부터 반사적으로 물러서도록 만든다. 구역반사(gag reflex)[11]와 구토반사(vomit reflex)[12]는 독성 물질을 체외로 내보내는 효과가 있으며, 주로 사체와 피를 볼 때 나타난다. 구역반사와 구토반사는 우리로 하여금 보초를 세우고 맹수나 침입자 혹은 독성 미생물에 대비하게 만든다. 결론적으로, 혐오의 감정은 신체 혹은 개인적 공간으로부터의 도피나 추방을 의미한다.

경계선 성격장애를 가진 사람의 초기 경험은 자기혐오를 초래할 가능성이 있다. 버림받았다고 느끼거나 양육자의 표정에서 혐오의 빛을 감지한 아이는 스스로를 독성이 있거나 부패된 음식처럼 인식하게 될 수도 있다. 한 연구에 따르면, 경계선 성격장애나 PTSD를 가진 여성은 혐오스러운 대상에 특히 민감하게 반응하며 자기상에 대해서도 혐오감을 느끼기 쉬운 것으로 나타났다. 경계선 성격장애를 가진 여성은 어린 시절의 기억을 떠올릴 때 혐오감을 띤 표정을 짓는 경향이 있다.

정서적 작용 및 어린 시절의 발달과 관련하여 다양한 역할을 수행하는 섬엽피질과 전대상피질은 아마도 우리가 타인 또는 자기 자신과 관계를 맺는 데도 큰 영향을 미칠 것이다. 안정 애착의 관점에서, 사랑받는 느낌과 긍정적인 신체 상태는 자기인식의 형성에 직접적인 영향을 미치는 것 같다. 무시나 학대를 경험하거나 양육자의 눈에 비친 혐오나 절망을 느낀 유아의 자기인식에는 혐오와 배제가 자리 잡게 될 것이다. 핵심 수치심의 소유자로 성장할 것이 확실시되는 이런 아이들에게 자기인식은 절망, 분노, 자기혐오를 촉발하는 요인이 된다.

이 모든 임상적·학문적 발견을 종합해 보면, 경계선 성격장애는 어린 시절의 잘못된 애착관계가 초래한 또 다른 PTSD라는 결론을 내릴 수 있다. 경계선 성격장애 환자의 경우에는, 편도체를 중심으로 형성된 원시적 실행 체계가 평생 동안 그 사람의 경험을 구성하고 삶의 방향을 결정한다. 이러한 존재 방식은 인류가 부족 생활을 하던 시기에는 매우 유용했지만 현대의 복잡한 사회적·인지적 도전에 대처하는 데는 더 이상 쓸모가 없다. 관점을 조금만 바꾸면 생애 초기의 애착 트라우마로 고통받는 사람들을 더 깊이 이해하고 경계선 성격장애를 더 인간적이고 덜 비판적인 시선으로 바라볼 수 있을 것이다. 그리고 그들에게 적합한 치료 방법을 찾는 데도 도움이 될 것이다.

14장
일관성 있는 내러티브의 힘

이야기하지 못하도록 막는 것은 자유에 대한 억압일 뿐 아니라
인간의 본성에 대한 중대한 범죄이기도 하다.
– Salman Rushdie

선사시대부터 인간은 함께 모여 이야기를 나누어 왔다. 모여서 잡담하고 싶어 하는 충동 덕분에 문화는 개인과 세대, 지역을 초월하여 전파되고 유지될 수 있었다. 조상에 관한 설화, 효과적인 사냥 전략에 관한 논의, 친구나 가족과 함께 시간을 보내기 위한 잡담 등등 다양한 부족 고유의 이야기는 구성원들의 결속, 집단행동의 구조화, 추상적 사고의 발달에 기여해 왔다.

우리의 사회적 뇌는 스토리텔링, 서사적 구조, 전 세계에서 아직까지 전승되고 있는 영웅의 여정 이야기와 함께 진화했다. 이야기는 인간의 모든 경험에 내재해 있기 때문에 우리는 때로는 그것의 존재를 망각하곤 한다. 우리가 그저 잡담을 하기 위해 온갖 새로운 기술과 매체를 사용하고 엄청난 에너지를 소모한다는 사실을 떠올려 보라. 이 같은 지속적인 정보 교환은 다른 여러 영장류를 멸종으로 몰아넣은 극적인 기후 변화 속에서도 호모 하빌리스(Homo habilis)[1]가 적응하고 살아남을 수 있었던 중요한 이유 중 하나일 것이다.

이야기는 개인적 경험과 공통의 가치를 표현하는 수단으로서 여러 가족들, 부족들, 국가들을 연결하고 문화를 발전시키며 우리 모두를 하나의 집단정신과 연결해 준다. 그리고 이러한 연결은 개개인의 뇌가 기능

을 발휘하고 건강을 유지할 수 있게 한다. 스토리텔링이 대화치료 혹은 심리치료의 주춧돌이 된 것은 결코 우연이 아니다. 우리의 뇌가 이렇게 복잡해지고 정교해질 수 있었던 것도 개인의 뇌와 사회적 집단을 통합하는 내러티브의 힘 덕분일 것이다.

문화와 정체성

> 우주는 원자가 아니라 이야기로 이루어져 있다.
> – Muriel Rukeyser

이야기는 개인의 정체성에 있어 중요한 부분이다. 여러 가지 측면에서 타인과 우리 자신의 이야기가 우리의 삶을 결정한다. 이야기는 과거의 실패나 부정적인 자기귀인(self-attribution)[2]뿐만 아니라 우리의 경험, 장점, 열망에 대해서도 설명해 준다. 어린 시절에는 우리가 누구인지, 우리에게 중요한 것이 무엇인지, 우리가 가족의 도움을 받아 할 수 있는 일이 무엇인지 등에 관한 이야기를 듣는다. 우리는 세상으로 첫발을 내딛은 후 교사, 친구, 문화의 영향을 받아 그 이야기를 조금씩 수정해 나간다. 이야기는 정체성의 형성에 큰 영향을 미치기 때문에 자기인식의 창조와 유지를 위한 강력한 도구가 된다. 부정적인 자기서사가 불안, 비관, 낮은 자존감을 고착화하는 반면에 긍정적인 자기서사는 정서적 안정의 토대가 된다. 이야기가 우리 미래의 청사진이 되는 것이다.

모든 문화권은 문자가 만들어지기 전에 창조된 이야기, 신화, 우화를 갖고 있다. 우리는 스토리텔링과 노래를 통해 그 이야기들을 공유한다. 고대 인도의 경전인 〈베다〉의 시가는 과거의 지혜를 보존하기 위해 헌신했던 학자들 덕분에 기억되었고 불렸으며 전승되었다. 이야기를 듣고 말하고 싶은 충동이 없었다면, 그리고 뇌가 이야기를 기억하지 못했다면 지식의 축적과 발전은 불가능했을 것이다. 오늘 점심에 무엇을 먹

없는지조차 종종 잊곤 하는 우리가 셀 수 없이 많은 이야기와 노래를 기억할 수 있는 것도 그러한 충동과 뇌의 능력 덕분일 것이다. 역사적으로 인류의 생존을 위해서는 세부적인 사실을 기억하는 것보다 이야기를 기억하는 것이 훨씬 더 중요했다고 볼 수 있다.

부족의 젊은 구성원에게 이야기를 전수하는 것은 언제나 나이 든 사람들의 몫이었다. 이 심오한 역사의 일면을 노인과 아이가 이야기를 다루는 방식에서 엿볼 수 있다. 사람은 나이가 들수록 오래전의 이야기를 하는 경향이 있다. 마치 세월이 흐를수록 머나먼 과거가 더 분명해지기라도 하는 것처럼. 반면에 똑같은 이야기를 똑같은 방식으로 몇 번이고 다시 듣고 싶어 하는 사람들도 있다. 이야기 속의 어휘나 사실이 조금만 달라져도 그것을 알아채고 지적하는 그들은 바로 아이들이다. 아이들은 스스로 다음 이야기를 받아들일 마음의 준비가 되기 전까지는 며칠, 몇 주, 몇 달 동안 밤마다 같은 이야기를 해 달라고 조른다. 아이들은 자기도 모르는 사이에 고대 인도의 학자들이 평생의 과업으로 삼았던 일—과거의 지혜를 기억하고 보존하는 것—을 한다.

이러한 유사성을 주의 깊게 살펴보면 어른과 아이가 이야기, 지식, 지혜를 여러 세대에 걸쳐 전파하는 임무를 수행하도록 프로그램되어 있다는 것을 깨닫게 된다. 이야기를 몇 번이고 계속 하거나 듣고 싶은 충동은 사람이 태어나서 죽을 때까지 유지된다. 그리고 그 두 가지 충동은 지식의 세대 간 전수를 가능케 하는 '자물쇠와 열쇠'(2장 참조)가 되는 것 같다.

좌뇌와 우뇌의 통합, 개인과 개인의 통합

> 역사를 이야기 형태로 배운다면 결코 잊어버리지 않을 것이다.
> – Rudyard Kipling

인간의 뇌가 진화함에 따라 상상, 추상적 사고, 복잡한 사회적 상호작용에 필요한 방대한 정보를 더 효율적으로 다루기 위해 특정한 역할에 전문화된 신경망들이 다수 출현하기 시작했다. 그리고 신경망들로 구성된 관료 체계의 규모가 커짐에 따라 통합성과 균형을 유지한 채 그것을 원활하게 운영하기가 더 힘들어졌다. 결과적으로 스토리텔링의 출현을 가능케 했던 복잡성의 증가는 동시에 신경망 관료 체계를 원활하게 운영되는 데도 도움이 되었다.

모든 이야기의 구조는 두 가지의 기본 요소를 포함한다. 첫째는 시간의 흐름에 따라 발생하는 일련의 사건들이고, 둘째는 이야기에 의미를 부여하는 정서적 경험이다. 좋은 이야기를 만들어 내기 위해서는, 좌뇌의 선형적(線型的)인 언어 정보 처리가 감각적·정서적 정보를 처리하는 우뇌의 중심과 통합되어야 한다. 따라서 일관되고 의미 있는 내러티브는 좌뇌와 우뇌의 경계를 뛰어넘어 뇌와 정신의 기능을 관리하고 조율하는 데 필요한 최적의 틀과 전략을 제공해 준다. 사실, 우리가 만든 내러티브의 개연성은 우리의 애착, 자존감, 정서 조절 능력과 관련이 있다.

이야기는 한 사람의 좌뇌와 우뇌를 통합하고 연결할 뿐만 아니라, 사람과 사람 사이를 연결해 주기도 한다. 다수의 청중 앞에서 사실에 관한 이야기부터 시작했다가 개인적이고 정서적인 이야기로 넘어갈 때 어떤 일이 생기는지 알고 있는가? 청중은 시선을 고정한 채 주의를 집중하고, 이야기 속에 담긴 정서에 따라 여러 가지 표정을 나타낸다. 이야기를 듣는 것은 문자와 숫자가 발명되기 훨씬 이전부터 존재해 온 일종의 학습이며, 신경가소성과 새로운 학습의 촉진에 필요한 모든 요소를 포함하고 있다.

정서 조절

생후 18개월이 되기 전에 상호작용 경험의 신체적·정서적 측면이 형태를 갖추기 시작하면서 우뇌는 발달상의 민감기를 맞이하게 된다. 초기 경험은 정서적 건강이나 미래의 대인관계와 밀접한 관련이 있으며, 암묵적 기억 체계 안에 저장된다. 생후 18개월쯤 지나고 좌뇌가 민감기에 접어들 때 형성되기 시작하는 음성 언어는 이미 우뇌에 구조화되어 있는 의사소통의 정서적 측면과 통합된다. 그리고 언어 중추가 성숙하면서 단어들을 조합하여 의미를 가진 문장을 만들 수 있게 된다.

4~5세경에 뇌는 단어와 그에 상응하는 감정을 유의미한 방식으로 관련지을 수 있을 정도로 성숙한다. 단어에 느낌을 담고 그것으로 현재 진행 중인 경험을 표현함으로써 불안과 공포를 조절하는 능력을 키울 수 있다. 자신의 느낌이 담긴 단어를 타인에게 전달하기 위해서는 먼저 주변 사람들을 관찰하고 모방해야 한다. 그러므로 부모가 자녀에게 감정에 관한 이야기를 하지 않는 것은 정서 조절을 위한 소중한 기회를 박탈하는 것과 다름없다.

경험에 관한 의식적인 내러티브를 만들어 냄으로써 우리가 어디에서 왔는지, 지금 어디에 있는지, 어디로 가고 있는지를 기억할 수 있게 된다. 다시 말해, 이야기는 역사의 흐름을 인식하면서도 현재에 집중하게 해 주고, 미래의 방향까지도 제시한다. 이러한 선형적인 청사진은 불확실성에서 비롯된 불안감을 줄여 주고, 외부의 현실 속에서 길을 잃지 않게 해 준다. 내러티브의 창조와 관련된 의식적 과정은 뇌 속에서 전두엽의 기능을 활성화함으로써 편도체의 작용을 약화시킨다. 자신의 통제력을 느끼게 해 주는 내러티브를 만들어 내면 불안과 공포를 다스리면서 성찰할 수 있게 된다. 자신이 유능한 사람이라고 믿으면 전두엽이 활성화되고, 그에 따라 실제로도 더 유능한 사람이 된다. 긍정적 사고의 힘은 실제로 존재하는 것이다.

내담자가 자신의 경험을 수첩이나 일기에 기록하는 것은 타인에게 자기 이야기를 털어놓을 때와 똑같이 상명하달식 정서 조절에 도움이 된다. 일기를 쓰면 행복감이 커지는 반면에 신체적 통증, 병원 진료 횟수, 결근 등은 줄어드는 경향이 있다. 이야기와 일기를 활용하여 생각과 감정을 글로 옮기는 일은 편도체 활성화를 억제하는 전전두피질 영역을 자극하는 효과가 있는 것으로 보인다. 그리고 이 같은 신경망 활동의 변화는 우리의 정서와 행동에 셀 수 없을 만큼 다양한 긍정적 영향을 미친다. 그리고 T-세포의 반응성, 자연살생세포의 활동성, B형 간염 바이러스에 대한 저항력 등을 비롯한 면역 기능의 강화와 지나치게 빠른 심장박동수의 조절 같은 생리적 효과를 나타내기도 한다.

통합된 내러티브와 안정 애착

우리는 생후 첫해부터 부모와 대화하면서 자신만의 내러티브를 만들기 시작하고 평생에 걸쳐 그것을 발전시켜 나간다. 이러한 언어적 상호작용에서 자신의 감각, 느낌, 행동, 지식 등에 대해 이야기하면 아이의 뇌는 경험의 여러 가지 측면을 종합적으로 검토하고 서로 다른 신경망들을 통합할 수 있게 된다. 예를 들어, 이상적으로 구조화된 자전적 기억은 복수의 신경망을 거쳐 전달된 정보를 포함하고 있으며 문제해결, 스트레스 대처, 관계 유지 등의 능력을 강화해 줄 뿐 아니라 자기인식을 촉진하기도 한다.

원시 부족에서 현대의 가족에 이르기까지, 공동으로 구성한 내러티브는 인간 집단의 핵심적인 요소로 자리 잡아 왔다. 집단 속에서 경험을 공유하고 함께 서술하는 과정은 개개인의 기억을 구조화하고, 그것을 사회적 맥락의 일부로 편입시키고, 자아를 감정, 행동, 타인과 관련지을 수 있게 해 준다. 앞에서 언급한 것처럼, 이야기의 반복은 아이들이 회상 능력을 발달시키고 연마하는 데 도움을 줄 뿐 아니라, 관계를 통해 기억을 형성하고 변화시키게 해 준다. 아이와 어른이 공동의 기억을 형성하는 것은 긍정적인 측면과 부정적인 측면을 모두 갖고 있다. 긍정적인 측면으로는 정확한 기억의 필요성을 일깨워 주고, 문화적 가치를 전달해 주며, 아이의 자기상을 형성해 준다는 점을 들 수 있다. 부정적인 측면은 양육자의 트라우마와 편견이 아이의 내러티브에도 스며들게 된다는 것이다.

양육자가 어떤 정서를 견디기 힘들어하면, 그러한 정서는 양육자의 내러티브에서 배제되거나 좀 더 받아들이기 쉬운 형태로 왜곡된다. 이같은 방식으로, 부모의 무의식적인 '편집' 혹은 선택이 아이의 내러티브에 반영된다. 아이의 내러티브에서 무엇인가가 배제되면 이후에도 그것을 처리하고 이해하기 어렵다. 이는 우리가 해결하지 못한 문제가 아이들에게 대물림되는 이유다. 극단적인 경우에는 부모가 미해결 상태로 남아 있는 트라우마와 관련된 감정에 압도된 나머지 지리멸렬하고 두서없는 내러티브를 갖게 된다. 아이의 내러티브가 품고 있는 복잡성, 아이의 혼잣말에서 나타나는 특성, 그리고 애착 안정성 사이에는 인과관계가 있는 것으로 보인다.

안정 애착 도식을 가진 아이는 일반적으로 유아기부터 혼잣말을 하기 시작하며, 6세경에는 스스로에 대해 성찰한 것을 자발적으로 표현하는 경우가 많다. 이런 아이는 자신의 사고 과정에 대해, 그리고 과거를 기억하는 능력에 대해 언급하는 경향이 있다. 불안정 애착 도식을 가진 아이에게서는 찾아보기 어려운 이러한 정신적 활동은 내러티브가 정체성과 메타인지의 발달에 큰 도움을 줄 수 있다는 것을 시사한다. 독자들도 짐작할 수 있겠지만, 학대당한 아이는 대체로 불안정 애착 도식을 갖고 있으며 '자신의 생각에 대해 생각'하거나 자기성찰을 할 능력이 상대적으로 부족하다. 따라서 스스로에 대해, 그리고 자신의 생각에 대해 성찰하는 능력이 정서 조절, 기억의 통합, 실행 기능에 큰 영향을 미친다고 볼 수 있다.

존재할 능력

> 너무 바쁜 삶의 허망함을 경계하라.
> – Socrates

내가 만난 남성 내담자들 중 상당수는 중년기에 접어들면서 불현듯 스스로를 낯선 이방인처럼 느끼게 되었다고 말한다. 그들은 타인의 기대에 맞춰 사느라 인생을 허비하면서도 정작 자신의 욕구, 열정, 관심을 살필 여유는 없었던 사람들이다. 단순히 중년의 위기라고 치부할 수도 있겠지만, 내가 보기에는 좀 더 심오한 문제다. 그러한 이질감의 본질은 자신이 예전처럼 젊지 않다고 느끼는 것이 아니라 더 이상 살아 있음을 느끼지 못하는 것이다. 당신은 12살 때부터 의대나 법대 진학을 강요당하면서 음악이나 미술에 대한 관심을 버려야 했을 수도 있다. 혹은 20대 초반에 결혼을 하고 갑자기 부모가 된 후 정신없이 일하며 생활비를 버느라 더 중요한 무엇인가에 대해 생각할 여유가 없었을지도 모른다.

몇 해 전에, 나는 몇몇 친구들과 함께 타히티섬의 남쪽에 있는 무레아섬으로 휴가를 떠나기로 했다. 우리는 다섯 달 동안이나 함께 계획을 세웠고, 휴가 기간을 8월로 잡고 교통편과 숙소 예약을 마쳤다. 그런데 약속한 날짜가 다가오면서 친구들은 하나둘씩 발을 빼기 시작했다. 나도 포기할까 고민했지만, 내겐 휴가가 절실했다. 결국 나는 8월 1일에 혼자서 9시간 동안 비행기를 타고 떠나게 되었다.

중요한 사실 한 가지는 내가 결코 휴가를 즐기는 사람이 아니었다는 것이다. 나는 일주일 내내 하나 이상의 프로젝트에 매달려 일하는 게 보통이었고, 일에서 거둔 성취로 내 삶의 질을 평가했다. 내담자를 만나지 않는 날은 집을 수리하든 논문을 쓰고 전문 서적을 읽든 무엇인가 '생산적인' 일을 해야 직성이 풀렸다. 나는 지독한 두통이 찾아와야만 비로소 휴식의 필요성을 느끼곤 했다.

타히티섬에 도착하여 비행기에서 내린 나는 택시를 타고 부두로 가서 여객선에 몸을 실었다. 그리고 무레아섬에 도착한 후 섬 전체를 순회하는 버스를 타고 예약한 호텔 앞에서 내렸다. 체크인을 하고 내가 쓸 해변 오두막[3]에 찾아가 짐을 푼 다음에는 수영복을 입은 채 앉아서 바다를 응시했다. 30초쯤 지난 후, 난 좀이 쑤셔서 뭘 해야 할지 고민하기 시작했다. 나는 프런트로 가서 도움을 청했고, 현지인인 여직원들은 파인애플을 가공하는 공장을 둘러보는 것이 그 지역에선 가장 재미있는 일일 거라고 이구동성으로 말했다. 내 생각에도 무레아섬에서 여행자의 흥미를 끌 만한 것은 그것뿐일 것 같았다. 나는 발걸음을 옮겨 공장으로 가서 파인애플이 가공되고 포장되는 과정을 30분 동안 지켜보고 호텔로 돌아왔다. 그리고 오두막으로 돌아와 앉아서 휴식을 취하며 다시 바다를 응시했다.

타히티 공항에 내렸을 때는 오전 4시, 무레아섬에 도착했을 때는 오전 7시, 공장에 찾아갔을 때는 오전 9시, 그리고 호텔로 돌아왔을 때는 오전 11시였다. 하루가 아주 길게 느껴졌고, 점심 식사를 하려면 좀 더 기다려야 했다. 마치 1분이 한 시간만큼 길어지는 '시간 왜곡 지대'에 와 있는 것 같았다. 몇 분(혹은 몇 시간) 더 휴식을 취한 후 미쳐 버릴 지경이 된 나는 바에 가서 우산 모양의 장식이 꽂힌 마이타이 칵테일 한 잔을 주문했다. 내 무기력함을 읽은 바텐더가 알코올 도수를 더 높여 준 것 같았는데, 그 때문인지 오두막으로 돌아오자마자 곯아떨어졌다. 몇 시간 후 (과로와는 무관한) 두통과 뜨거운 햇살 때문에 깨어난 나는 정신을 차리기가 힘들었다. 나는 여행을 떠나기 전에는 날마다 해야 할 일들의 목록을 만들고 그것들을 완수하기 위해 노력했었다는 것을 깨달았다. 내 일상은 10분마다 새로운 아침이 시작되는 것과 다름없었다. 오늘 이곳에 도착했고 이제서야 오후 3시가 되었는데 꼭 하루가 영겁의 시간처럼 길게 느껴졌다. 이미 휴가를 충분히 즐겼다는 생각도 들었다. 앞으로 3주 동안 할 일이 무엇이겠는가?

심리치료자라는 직업의 장점은 이런 순간에 무의식의 존재를 떠올릴 수 있다는 것이다. 그리고 자신이 미쳐 버릴 지경이 된 것은 모종의 이해할 수 없는 감정에 사로잡혔기 때문임을 깨달을 수도 있다. 그다음에 할 일은 자신의 느낌에 주의를 기울이고, 자유연상4)을 하고, 마음속에서 무엇이 일어나든 그것을 받아들이는 것이다.

이런 응급처치를 한 후에 가장 먼저 떠오른 것은 어린 시절의 기억이었다. 그때는 시간이 아주 느리게 흐르는 것만 같았다. 나는 여름 방학이 길고 지루했고, 추수감사절부터 크리스마스까지 기다리기가 힘들었고, 친척들과 함께 지내는 일요일 오후가 영영 끝나지 않을 것처럼 느껴졌던 그 시절의 기억을 떠올렸다. 잠시 후 과거의 기억에서 벗어나 현재의 순간으로 돌아온 나는 남은 3주가 엄청나게 긴 시간처럼 느껴질 것이라는 생각이 들었다. 그리고 시간이란 정서적 현존의 문제라는 것을 깨달았다. 내가 '생산적인 사람'이 되기 위해 치러야 했던 대가는 존재하는 방법을 잊는 것이었다. 아무튼 난 아주 멋진 휴가를 보냈고 다음 해가 되어서야 집으로 돌아왔다.

영웅의 여정

진정한 영웅은 어떤 장애물에도 굴하지 않고
맞서 싸울 줄 아는 지극히 평범한 사람이다.
– Christopher Reeve

무엇이 좋은 이야기를 만드는가? 〈귀여운 여인〉이나 〈어 퓨 굿 맨〉
같은 영화를 몇 번이고 다시 보게 되는 이유는 무엇인가? 시나리오 강좌
에서는 좋은 이야기를 쓰기 위해 알아 두어야 할 몇 가지 공식을 가르쳐
준다. 좋은 이야기에는 관객이 동질감을 느낄 수 있는 영웅이 등장한다.
선한 인물인 그 영웅은 외적인 도전에 직면해 있을 뿐 아니라 지속적으
로 고통을 안겨 주는 내면의 상처를 갖고 있다. 리처드 기어와 톰 크루즈
가 〈귀여운 여인〉과 〈어 퓨 굿 맨〉에서 연기한 주인공들의 주된 고통은
아버지와의 불화에서 비롯된 것이다. 이러한 문제는 자애로운 아버지의
가르침과 지원을 받지 못한 채 성인이 되어야 하는 남자 청소년들에게는
공통된 딜레마라고 할 수 있다. 내가 그 두 편의 영화에 깊이 매료된 것
은 당연한 일이었다. 바로 나의 이야기였기 때문이다. 리처드 기어에게
닥친 도전은 자신의 내적 취약성을 직시하는 것이었고, 톰 크루즈의 경
우에는 아버지의 명성에 걸맞게 살아야 한다는 것이었다. 리처드 기어에
게는 매춘부(줄리아 로버츠)와 사랑에 빠질 용기가 있었을까? 톰 크루즈에
게는 아버지(잭 니콜슨)에게 당당히 맞설 용기가 있었을까?

처음에는 영웅이 도전에 직면한 후 도피하거나 좌절하는데, 그 때문
에 자신의 능력에 관한 회의를 느끼게 된다. 도전은 끊임없이 찾아오기
때문에 몇 번이고 그것을 거부하다가 결국엔 받아들일 수밖에 없게 된
다. 모험을 떠난 영웅은 자기에 대한 낡은 정의를 버리고 미지의 영역으
로 발걸음을 옮겨 마침내 자신만의 의미와 내면세계를 발견하기에 이른
다. 일종의 내적 성장으로 말미암아 영웅은 자신을 괴롭혀 온 내면의 어

둠과 맞설 용기를 얻고, 속세의 문제를 극복한다. 그리고 이전보다 확장되고 더욱 성숙한 새로운 정체성을 확립하는데, 이 새로운 정체성은 이전에는 분리되어 있던 생각, 행동, 감정의 통합을 이룬다.

조지프 캠벨(Joseph Campbell)[5]은 동서고금의 수많은 이야기에서 발견되는 이 같은 서사적 구조를 가리켜 '영웅 신화(myth of the hero)'라고 명명했다. 영웅 신화는 고대 신화, 현대 문학, 아동 문학의 핵심 주제를 구성한다. 그것은 성장 과정에서 갈등을 겪지만 두려움과 트라우마를 극복하여 마침내 개인적 성장과 구원을 얻게 되는 청소년에 관한 이야기와도 같다. 영웅 신화가 시대와 공간을 초월하여 보편성을 갖는 것은 인간의 뇌가 공통의 진화 과정을 거쳐 왔고 개개인의 성장 과제나 정서적 본질이 서로 비슷하기 때문일 것이다. 문화적 차이가 있음에도 불구하고 모든 인간은 성장, 생존, 자아실현을 위해 투쟁한다는 공통점을 갖고 있다. 다음 글상자에는 '영웅의 여정' 이야기에서 발견되는 몇 가지 일반적 특성이 요약되어 있다.

〈영웅의 여정에서 발견되는 주요 특징〉

여정의 시작
- 영웅은 외적인 도전을 극복하고 내면의 상처를 치유해야 하는 과제를 안고 있다.
- 이러한 목표를 성취하기 위해서는 미지의 세계로 향하는 여정이 필요하다.
- 그 여정은 성장과 구원을 약속한다.

도전
- 영웅의 정체성과 그가 속한 사회의 체제는 불완전하기 때문에 영웅을 구원해 주지 못한다.
- 그러므로 안전하고 익숙한 삶과 믿음의 울타리를 벗어나서 새로운

영역을 개척해야 한다.
- 미지의 영역에서 해답을 찾기 위해서는 과거의 규칙을 버려야 한다.

인도자를 만남

- 인도자는 영웅의 내면에 숨겨진 상처와 수치심을 인식하고 존중한다.
- 인도자는 영웅의 무한한 잠재력을 발견한다.
- 인도자는 영웅을 모험으로 이끌고 도전을 제시한다.

인도자와의 관계

- 인도자는 특별한 힘을 갖고 있으며 영웅도 그 힘을 갖게 될 것이라고 믿는다.
- 영웅은 자신과 세상에 관한 진실을 인도자가 알고 있음을 깨닫는다.
- 영웅은 점차 인도자의 이상을 공유하게 된다.

영웅의 깨달음

- 한계는 오직 마음속에만 존재하는 것이다.
- 두려움과 고통에 맞서야만 새로운 세계로 향하는 문을 열 수 있다.
- 나약함 속에서 진정한 힘을, 책임 속에서 자유를 발견할 수 있다.

칼 융(Carl Jung)[6]은 가장 중요한 질문에 대한 해답은 그림자 속에서 찾아야 한다고 말했다. 여기에서 그림자란 우리의 고통과 수치심—가족에 대한 두려움, 내면에 숨겨진 어둠—의 집합체라고 할 수 있다. 그림자를 완전히 몰아낼 수는 없기 때문에 우리는 그것과의 관계를 개선하면서 공존할 방법을 찾아야 한다. 내담자와 심리치료자가 그림자의 존재를 인식하고 다룰 수 있다면, 단순한 정보 제공자에 불과했던 심리치료자의 역할은 지혜로 향하는 길의 인도자로 바뀌게 된다. 지혜란 공감과 함께 전달되는 지식, 그것을 갈구하는 자를 치유와 성장으로 이끄는 지식을 의미한다. 표현을 조금 바꿔 보면, 지혜란 타인을 돕기 위한 지식이라고 정의할 수도 있다.

인도자가 되기를 원하는 심리치료자는 먼저 자신의 그림자에 익숙해져야 한다. 그래야만 내담자의 내면에 숨겨진 문제를 파악하고 직시할 수 있기 때문이다. 마치 샤먼처럼, 심리치료자 역시 뛰어난 예지력을 갖고 있어야 한다. 그래야만 내담자가 심리치료자와 자신이 공유하는 무엇인가가 진실임을 믿을 수 있기 때문이다. 심리치료자가 내담자에게 전달해야 할 메시지는 다음과 같다. '나는 당신이 모르는 것을 알고 있고, 당신에게 없는 것을 갖고 있다. 나는 그것들을 당신과 공유하고 앞으로의 여정을 안내하기 위해 최선을 다할 것이다.' 심리치료자가 내담자에게 가능한 변화에 관한 이야기나 무의식, 종족의 역사, 미래의 가능성으로 안내하는 이야기를 해 주어야 할 때도 있다. 이런 이야기는 더 나은 내일로 이끄는 길잡이가 될 수 있다.

심리치료자는 이 세상에 만연해 있는 고난, 고뇌, 위선, 불공정성을 받아들여야 한다. 심리치료자는 스스로를 위해 그것들과 맞서야 하고, 한편으로는 타인을 인도하기 위해 세상의 또 다른 일면을 드러내 보여야 한다. 그리고 자신의 그림자를 수용하고 그것을 심리치료의 한 부분으로 활용해야 한다. 심리치료자는 내담자를 새로운 여정으로 이끈다. 그 여정은 내담자로 하여금 가족, 이웃, 문화, 현재의 삶과 내러티브의 한계를 뛰어넘어 새로운 세계에 도달하게 해 준다.

모든 사람은 자신만의 이야기를 갖고 있다. 자기인식이 없다면, 우리의 이야기는 단순히 사건들과 그에 대한 평가로 이루어진 연대표에 불과하다. 심리치료는 우리 이야기에 자기인식을 덧붙일 수 있는 메타인지의 전망대라고 할 수 있다. 약간의 거리를 두고 객관적으로 바라보면 자신의 이야기에 대해 생각해 보고, 과거의 선택에 대해 반추하며, 몇 가지 결말을 수정할 수 있다. 그러기 위해서는 전혀 다른 줄거리와 기승전결을 고려해야 할 수도 있다. 내 꿈을 펼치려고 하면 식구들이 나와 의절할까? 나의 정체성에 관한 진실을 이야기하면 아버지가 정말 놀라 쓰러지실까? 내가 성공을 거두고 행복해질 수 있을까?

내담자들로 하여금 그들 자신이 외부 환경에 지배되는 이야기의 등장인물 이상의 존재임을 깨닫도록 하는 것이 심리치료자들의 희망이다. 내담자의 이야기 중 상당 부분은 부모나 그 이전 세대의 무의식적 강요에 의해 만들어진 것일 때가 많다. 그런 이야기를 수정하기가 특히 어려운 것은 무의식적인 근원을 갖고 있기 때문이다. 심리치료자는 내담자에게 다음과 같은 믿음을 심어 주고 싶어 한다. '나는 스스로 선택하고, 내 열망을 따르며, 새로운 이야기 혹은 나만의 이야기를 창조할 수 있다.' 내러티브를 재구성하면 이야기를 우리 자신과 분리할 수 있다. 그것은 마치 찢어진 셔츠를 벗어 꿰맨 후 다시 입는 것과도 비슷하다. 현재의 내러티브를 검토하고 또 다른 대안을 찾을 수 있는 존재로 진화했을 때, 우리는 삶을 편집하고 수정할 능력도 함께 획득한 것이다.

15장
고난은 필연이지만 고뇌는 선택이다

괴로움에서 벗어나기 위해서는
먼저 그 괴로움을 온전히 느껴야 한다.
— Marcel Proust

삶과 고난은 하나다. 출산의 과정 자체가 고난이고, 태어난 아이를 고난으로부터 보호할 수 없음을 깨닫는 것 역시 또 다른 고난이다. 그 후에는 점차 늙어 가고 결국 아이들을 남겨 둔 채 죽음을 맞이해야 하는 고난이 찾아온다. 그것도 인생이 평탄하게 흘러갈 경우의 이야기다. 삶의 고난에 대처하는 방식은 우리의 내면세계의 깊이, 회복탄력성, 본질적 인격을 반영한다.

질병과 노화, 죽음을 처음으로 목격한 붓다는 충격과 실의에 빠진다. 그리고 영적인 스승을 찾기 위해 자신의 집인 왕궁을 떠난다. 그는 삶이 고뇌로 가득 차 있음을 확신하게 되었고 진정한 자유에 이르는 길을 찾으려 했다. 2천 년 전에 그가 얻은 깨달음은 현대 과학에 의해 재발견되고 있다. '고난은 피할 수 없는 것이지만, 고뇌는 우리 마음의 산물이다.'[1] 이 말은 마음먹기에 따라 똑같은 삶도 다르게 경험할 수 있다는 것을 의미한다. 내 방식대로 표현하면, 마음을 활용하여 뇌를 바꿀 수 있다는 것이다.

우리들 중에서 붓다와 같은 깨달음의 경지에 도달할 사람은 거의 없다. 내가 진리를 찾기 위해 평면 TV와 아이스크림을 포기하고 구도의 길을 떠날 일은 결코 없을 것이다. 그러나 붓다의 가르침 중 일부를 배우고 실천하는 것만으로도 우리의 삶을 더욱 지혜롭고 풍요롭게 만들 수 있다. 내 생각에는 그중에서 가장 중요한 것은 고난이 불가피하면서도 일시적이라는 사실이다. 우리는 고난이 사라질 때까지 애써 웃음을 지으며 견뎌 낼 수 있다. 나는 세계무역센터가 불타오르는 광경을 바라보며 꼭대기 층 사무실에 내 오랜 친구가 갇혀 있는 것은 아닌지 걱정했던 때를 기억한다. 그러나 눈앞에서 벌어지는 광경에 충격을 받은 그 순간에도, 숨쉬기조차 힘든 상황에서 다른 사람을 돕고 진정시키느라 애쓰고 있을 친구의 모습을 상상하던 그 순간에도 나는 알고 있었다. 삶은 지속될 것이고, 사람들은 오래지 않아 잊어버릴 것이며, 새로운 세대에게 그 사건은 과거의 역사에 불과하리라는 것을.

붓다의 가르침에 따르면, 고난이 사라진 후에도 고뇌는 뇌의 습관 혹은 마음의 프로그램으로서 오랫동안 유지될 수 있다. 우리는 상실감, 원한, 모욕감에 사로잡히기도 하고, 일시적인 고난이 지나간 후에도 평생 동안 상처를 안고 살기도 한다. 이러한 통찰은 시대와 이론을 초월하여 모든 심리치료자에게 중요한 가르침을 준다. 삶에는 갖가지 고난이 따르기 마련이지만 그 때문에 끝없이 괴로워할 이유는 없다. 나는 그것을 증명해 주는 개인적인 경험도 갖고 있다. 나는 아동기에 많은 고뇌를 겪었지만 성인이 된 지금은 그렇지 않다. 여전히 갖가지 고난이 찾아오는데도 말이다.

나이아가라 폭포

생각이 말을 오염시킬 수 있다면
말도 생각을 오염시킬 수 있다.
– George Orwell

1960년대의 어느 날, 아직 어린아이였던 나는 할아버지와 할머니가 한 번도 가족들과 함께 휴가를 떠난 적이 없다는 것을 문득 깨달았다. 나는 할머니에게 그 이유를 물었다. 할머니는 제2차 세계대전 이후로는 할아버지가 휴가를 함께 떠나자고 제안한 적이 없다고 대답했다. 그 무렵에 할머니가 했던 말 때문에 할아버지가 마음의 상처를 받았다는 것이었다. 그 말이 내게는 무척 의아하게 들렸다. 아주 강인한 분이었던 할아버지는 큰 트럭을 운전하거나 철제 욕조를 짊어지고 계단을 오르내리기도 했다. 나의 사랑스럽고 가냘픈 할머니가 그런 할아버지에게 마음의 상처를 주었다는 것을 믿기 힘들었다. 내가 들었던 이야기를 그대로 옮기면 다음과 같다.

1920년대의 어느 날, 10대 소녀였던 할머니는 친구와 함께 보드빌 쇼[2]를 보러 갔다가 무대 위의 코미디언에게서 다음과 같은 우스갯소리를 들었다. 어떤 사람이 연인에게 물었다. "이번 주말에 나이아가라 폭포에 갈래?" 그 말을 들은 연인이 대답했다. "거기는 이제 영업 안 한다던데." 할머니는 농담을 즐기는 사람이 아니었지만 이 이야기가 아주 재미있어서 나중에 써먹기 위해 뇌의 어딘가에 저장해 두었다.

10년 혹은 20년쯤 후의 어느 날 할머니 할아버지와 아이들—그 아이들 중 한 명은 내 아버지였다—은 식탁에 앉아 저녁 식사를 하고 있었다. 할아버지는 북대서양 전투에서 귀환한 군함을 정비하고 수선하며 하루를 보낸 터라 무척 지쳐 있었다. 오랜 세월이 지난 후에 태어난 나는 그분들이 얼마나 가난했을지, 할아버지의 일이 얼마나 고되고 힘들었을지, 할아버지가 할머니에게 다음과 같이 제안하기까지 얼마나 망설였을지에 대해 단지 짐작만 할 뿐이다. "잠깐 휴가를 내서 나이아가라 폭포에 가 볼까?" 할아버지로서는 큰 용기를 내어 한 말이었다.

'나이아가라 폭포'라는 말을 듣고 아득한 기억을 떠올린 할머니가 대답했다. "거기는 이제 영업 안 한다던데." 할머니는 오래전에 공연에서 본 코미디언을 흉내 내어 무뚝뚝하고 빈정대는 어조로 말했던 것 같다. 할머니는 남편을 한바탕 웃게 만든 후 여행에 대해 이야기해 볼 생각이었다. 어디로든 떠나고 싶었으니까. 하지만 놀랍게도, 할아버지는 그 말에 모욕감과 수치심을 느끼고는 식탁에서 일어나 침실로 가 버렸다. 두 분은 다시는 그 일을 입에 올리지 않았고, 그 후에도 여행을 떠나거나 계획하지 않았다. 그들은 자신의 감정을 솔직하게 인정할 용기도 없었고, 그에 대해 상대방과 이야기를 나눌 생각도 하지 못했다.

고난과 고뇌라는 주제를 다루면서 내 가족의 과거에 관한 짧지만 슬픈 이야기를 꺼내는 이유는 무엇일까? 나는 이 이야기가 일시적인 고난이 어떻게 영속적인 고뇌를 낳게 되는지를 극명하게 보여 주는 사례라고 생각한다. 할아버지가 겪었던 일시적 고난이 평생에 걸친 부부관계의 소원함으로 이어지게 만든 것은 두 사람의 뇌와 마음이었다. 할아버지가 자신의 괴로움을 표현했다면, 할머니가 자신의 의도를 설명했다면, 두 분이 서로 사과하고 오해를 풀었다면 멋진 휴가를 보내고 따뜻한 관계를 유지할 수 있었을 것이다. 하지만 두 사람의 뇌가 공포와 위축을 불러일으켰기 때문에 그 일에 대해 이야기할 수 없었고, 두 사람의 마음은 각자의 상실과 거절의 과거를 바탕으로 상대의 의도를 판단하게 되었다. 나는 모든 관계가 친밀함과 즐거움을 앗아 갈 수 있는 작은 재앙의 씨앗을 품고 있다고 생각한다.

너를 내동댕이친 말에 다시 올라타라

세상의 모든 사람이 그렇듯이,
당신은 사랑과 보살핌을 받아 마땅한 존재다.
– 붓다

나의 성장기에 "너를 내동댕이친 말에 다시 올라타라"라는 말은 용기를 북돋워 주고 두려움을 이겨 내게 해 주는 주문이었다. 오랜 세월이 지난 후 나는 심리치료의 성공이 접근 공포(approach anxiety)[3]의 감소와 밀접한 관련이 있다는 주장을 여러 문헌에서 접할 수 있었다. 어린 시절에 되뇌었던 주문과 일맥상통하는 주장이다. 두려움을 극복하는 최선의 방법은 두려움을 불러일으키는 것에 더 가까이 다가가는 것이다. 그렇게 하면 위험을 연상시키는 대상을 감지했을 때 편도체와 교감신경계가 더 이상 활성화되지 않도록 훈련시킬 수 있다. 이와 같은 맥락에서, 고난을 이겨 내는 최선의 방법은 분노와 취약성을 결합하는 것이다. 우리는 수치심 때문에 그 두 가지를 회피하곤 한다.

고뇌를 최소화하는 방법은 고난에 접근하여 그것을 이해하고 타인과 공유하는 것이다. 도전을 회피할수록 두려움은 당신의 신경계 속에 더 깊이 뿌리내린다. 즉, 당신의 뇌가 위축과 후퇴를 주된 생존 전략으로 삼게 된다. 바로 이것이 노출치료의 핵심이다. 그리고 내담자가 자신을 불안하고 두렵게 만드는 대상에 접근할수록 오히려 더 나아지는 이유이기도 하다. 두려움에 맞서는 용감한 실험은 심리치료는 물론이고 그 외의 영역에서도 뇌의 변화를 이끌어 내는 핵심적 도구가 된다.

그렇다면 나의 조부모가 서로에 대한 원망을 버리고 이해와 애정으로 가득 찬 여생을 보내기 위한 방법은 무엇이었을까? 할아버지는 여행 갈 생각에 스스로가 들떠 있었고 아내 역시 같은 마음이길 바랐다고 고백할 수 있었다. 그리고 뜻밖의 농담 때문에 상처받았다는 사실을 이야기할 수도 있었다. 할머니는 사과를 하고 소녀 시절의 이야기를 해 줄 수 있었다. 또 늘 그랬듯이 남편의 머리를 어루만지며 자신도 나이아가라 폭포에 꼭 가고 싶다고 말할 수 있었다. 물론 두 분은 자신의 느낌에 대해, 그리고 심리적 방어와 공격 혹은 극적인 위축을 초래한 부정적인 정서에 대해 말로 표현하는 법을 알지 못했다.

반면에 고난에 대해 정서적 무감각으로 대응하면, 오히려 그 고난이 모든 감정을 잠식하기 때문에 삶을 만끽하기가 어려워진다. 고난에 둔감해지면 모든 감정에도 둔감해지므로 관계와 삶이 생기를 잃게 된다. 심리치료자는 붓다의 가르침을 다음과 같이 적용할 수 있다.

　　1. 불안과 공포에 대한 회피를 호기심으로 바꾸라. 정서를 조사하는 탐정이 되어 공포의 기저에 무엇이 있는지를 밝히라. 조금만 파고들면 분노, 원망, 수치심의 이면에 버림받음에 대한 공포가 숨겨져 있음을 알게 될 것이다. 뇌가 모든 종류의 정보를 마음에 전달한다는 사실을 기억하라. 그중 상당수는 잘못된 정보다. 당신은 부정적인 현실에서 긍정적인 측면을 찾아낼 수 있다. (물론 현실을 있는 그대로 받아들이는 편이 나을 때도 있다.)

　　2. 손상된 부분에 주의를 기울이라. 고난은 되도록 일찍 받아들이는 편이 낫다. 고난에 주의를 기울이되 그것에서 벗어나려 하지 말고 그대로 두라. 슬퍼하고 흐느끼고 울부짖으라. 그리고 마음속에서 느껴지는 것에 대해 털어놓으라. 고난에 접근하는 기술을 능숙하게 익히라. 그리고 고난이 닥쳐와도 계속 살아갈 수 있다는 사실을 하루라도 일찍 배우라. 이런 이야기가 당신의 직관에 어긋나는 것처럼 느껴질 수도 있다. 하지만 생각과 마찬가지로 직관 역시 항상 옳은 것은 아니다.

　　3. 분노를 표출하라. 뇌가 잘못된 정보를 전달한다면 뇌에게 최대한 화를 내라. 뇌와 마음이 당신은 열등하고 쓸모없고 불쾌한 존재라는 말을 끊임없이 속삭인다면 "닥쳐"라고 외치라. 뇌가 고난을 고뇌로 바꾸는 과정을 살펴보고 그것을 멈추라. 뇌와 마음이 더 이상 당신의 친구가 아니라면 그것들의 조언에 귀 기울일 필요가 없다.

　　4. 당신의 감정을 가능한 한 정중한 방식으로 공유하라. 당신의 감정이 다른 사람들과 관련된 것이고 그들이 아직 살아 있다면, 관계를 회복하거나 다시 형성할 기회도 남아 있는 셈이다. 먼저 마음을 열라. 그것은 쉽지 않은 일이므로 당신이 완벽하게 해낼 수는 없을 것이다. 우리는 결코 완벽함에 이를 수 없고 궁극적인 안식처에 도달할 수도 없다. 관계

란 보이지 않는 바다를 향해 끝없이 흘러가는 에너지의 강과도 같은 것이다.

나의 문제는 무엇일까

잘못 아는 것은 아예 모르는 것보다 위험하다.
– George Bernard Shaw

첫 번째 회기에 상담실로 찾아온 스탠은 당장이라도 나가 버릴 사람 같았다. 자리에 앉으며 그는 말했다. "박사님, 안녕하세요. 개구리 한 마리와 끓는 물 이야기를 아시나요?" 내가 대답하기 전에 그는 말을 이었다. "당신이 개구리를 끓는 물에 떨어뜨리면 개구리는 고통에 못 이겨 밖으로 뛰쳐나오지요. 하지만 개구리를 미지근한 물에 넣은 후 천천히 가열하면 훌륭한 요리가 됩니다. 물론 당신이 개구리 요리를 좋아한다면 말이죠. 개구리는 미세한 온도 변화를 눈치채지 못하기 때문에 그런 일을 겪게 되는 겁니다. 정신을 차리기도 전에 죽어 버리는 거죠." 그의 넓은 얼굴에 씁쓸한 미소가 번졌다.

일주일 전의 예비 면담에서 스탠은 자신의 상실감을 호소했었다. 그는 심사숙고한 끝에 그 상실감이 젊은 시절에 겪었던 우울증과는 다른 문제임을 깨달았다. 그는 세 자녀를 둔 60대의 기혼자였고, 성공한 재무설계사였으며, (그의 표현을 빌리면) '서류상으로는' 행복한 사람이었다. 그는 심리적인 문제를 겪을 이유가 없어 보였다. 사랑하는 아내가 있었고, 아이들도 잘 커 가고 있었으며, 정기적으로 만나는 좋은 친구들도 있었다. 그러나 몇 가지 문제 때문에 그 모든 것이 소용없게 되었다. "난 한 마리의 개구리 같아요. 난 중요한 것을 놓치고 아예 잊어버리곤 하죠. 내 삶은 이제 껍데기뿐이고 불꽃은 사라져 버렸어요."

나는 그의 말에 할 말을 잃었고 우리 두 사람은 잠시 동안 침묵을 지키며 앉아 있었다. 그의 상실감이 내게도 전해지는 것 같았다. 내 가슴은 공허했고 의욕이 사라졌으며 이유를 알 수 없는 슬픔을 느꼈다. 내 온몸이 의자 속으로 녹아들어 가는 것 같았다. 스탠은 내 얼굴에 깃든 슬픔을 읽어 내고는 더 솔직히 이야기했다. "이런 말을 하려니까 죄책감이 들긴 하지만, 그렇게 많은 것을 가지고 있으면서도 난 무엇인가를 잃어버린 것만 같아요. 난 감사할 줄 모르는 사람은 아니에요. 단지 무엇인가를 잃고 방황하고 있을 뿐이죠." 그때 나는 처음으로 입을 열었다. "전에도 이런 감정을 느낀 적이 있었나요?" 그는 대답을 하지 않고 멍한 눈으로 허공을 응시했다. 그의 마음이 상담실을 떠나 과거의 어느 순간에 사로잡힌 것 같았다.

한참 후에 스탠은 내가 곁에 있다는 것을 불현듯 깨닫고는 당황스러운 표정을 지었다. 그는 자신이 방금 다녀온 '시간 여행'에 대해 설명했다. "박사님이 내게 전에도 이런 감정을 느낀 적이 있었냐고 물었을 때, 난 아버지가 7살이었던 나를 떠난 그날을 떠올렸어요. 난 책장 옆에 서서 어머니가 전화기를 들고 아버지에게 고함치는 소리를 들었죠. 무슨 일이 일어나고 있는 건지, 어머니의 말이 무슨 뜻인지 정확히 이해할 수는 없었지만 내 몸이 마치 우주를 떠도는 것처럼 느껴졌어요. 미친 소리처럼 들리겠지만, 그때는 우리 모두가 죽게 될 것이라는 생각이 들었습니다. 난 꿈을 꾸고 있는 것 같았어요."

스탠이 긴급 구조를 요하는 상태는 아니었기 때문에, 나는 조용히 앉아 그의 얼굴에 물결치는 감정의 파도를 관찰했다. 나는 그의 느낌에 집중하고 있었다. 내가 그의 여행을 함께하고 있다는 사실을 알리고 싶었다. 그리고 나를 걱정할 필요는 없다고 말해 주고 싶었다. 나는 앉아서 곰곰이 생각해 보았다. 그가 아버지의 부재로 인해 어머니와 형제들이 죽게 될 것이라고 느낀 이유는 무엇이었을까? 선사시대 사람들에게는 아버지에게 버림받는 것이 곧 가족 모두의 죽음을 의미했지만 그의 가족이 그런 위험에 처했던 것은 아니었다. 물론 그 사실을 스탠은 알지 못했다. 모든 영장류의 원시적 뇌는 이처럼 맹목적인 두려움을 간직하고 있다.

"50년 전의 기억이 아직도 나를 지배하고 있습니다." 그가 말했다. "하지만 그 모든 것이 지금 내가 느끼는 것과 무슨 상관이 있죠? 그것은 우연의 일치일 뿐이에요." "아마 그렇겠죠," 내가 대답했다. "시간이 말해 줄 겁니다. 당신이 느끼고 있는 상실감과 관련된 또 다른 기억이 있는지 함께 살펴봅시다. 마음을 열어 둔 채로 어떤 생각이든 떠오르도록 놔두고 준비가 되면 그것에 대해 나에게도 이야기해 주세요." 우리는 한동안 말없이 함께 앉아 있었다. 스탠의 몸이 갑자기 움찔거렸는데 난 그가 어떤 기억을 찾고 있다고 생각했다. "MBA 과정을 공부하기 위해 동부 해안으로 떠나기 전에 여자 친구와 헤어진 일이 기억났어요. 우리는 서로 잘 맞는 짝도 아니었고, 난 장거리 연애를 할 생각이 전혀 없었죠. 하지만 차를 몰고 동부 해안으로 떠나면서 난 지구의 반대편에 있어도 내 공허함은 똑같을 거라고 생각했어요."

"당신이 지금까지 이야기해 준 두 가지 경험은 모두 버림받음과 상실에 대한 기억을 포함하고 있군요. 첫 번째 이야기에서는 아버지가 당신 곁을 떠났고, 두 번째 이야기에서는 당신이 여자 친구를 버렸죠. 그 여자 친구와 함께한 기간은 어느 정도였나요?" "6년 3개월 17일 동안이었어요. 아직도 기억합니다." 스탠은 확신 어린 말투로 덧붙였다. "내가 공부를 더 하기 위해 그녀를 버린 것인데도 난 마치 그녀가 내 곁을 떠난 것처럼 배신감을 느꼈어요. 난 그녀가 관계를 유지하기 위해 노력하고 날 붙잡기를 바랐던 것 같아요. 하지만 그녀는 내 결정을 이해하고 내가 잘 되기를 바란다고 말했습니다." 나는 잠시 동안 고심해 본 후 말했다. "떠난 사람이 누구인지는 중요한 문제가 아닌 것 같습니다. 우리 마음속에 남아 있는 아이는 애착관계가 단절되는 것은 곧 버림받은 것과 같다고 느끼니까요."

몇 차례의 상담을 더 받고 난 후 그는 밝히기가 꺼려지는 깨달음을 얻은 채 상담실에 찾아왔다. 또다시 지독한 상실감이 되살아나 그를 사로잡았다고 했다. 그는 어느 날 한밤중에 소파에 홀로 앉아 TV를 보고 있었는데 지구의 반대편으로 차를 몰고 가던 순간의 기억이 다시 떠올랐다. "난 스스로에게 몇 번이고 되물었어요. 왜 지금, 왜 지금 내가 이런 감정에 다시 사로잡히고 있는 것인지를. 그리고 그때 모든 것이 분명해졌습니다." 스탠은 대학생이 되어 곧 집을 떠날 막내딸을 돕느라 며칠을 정신없이 보내는 중이었다. 짐을 꾸리는 것을 도왔을 뿐 아니라, 지도를 보면서 장거리 운전 경로를 함께 찾아보았고, 캘리포니아 해안까지의 600여 킬로미터에 이르는 도로에서 휴식을 취할 장소들을 알려 주었다. 막내딸은 집을 떠나는 마지막 자식이었다. 아버지로 살아온 30년의 세월을 마무리할 때가 온 것이다.

스탠은 자신이 느끼는 공허함의 원인을 깨닫고 슬픔을 느낀 듯했다. "그 감정이 집을 떠나는 막내딸과 관계가 있을 거라는 생각은 미처 못 했어요. 그 애의 두 오빠를 보낼 때는 아무렇지도 않았고 막내딸이 좋은 대학에 가게 되어 자랑스러웠거든요. 당연한 일이죠. 내가 제정신이 아닌 게 분명해요." 나는 아버지에게 버림받은 일로 트라우마를 갖게 된 그의 뇌가 상실에 대해 자연스럽게 반응하는 것일 뿐 그에게는 어떤 정신적 문제도 없다고 말하며 그를 안심시켰다. "이별을 이성적으로는 납득할 수 있다고 해도 우리의 원시적인 뇌는 상처를 받곤 해요. 그건 병이 아닙니다. 단지 인간의 보편적인 특성일 뿐이에요. 거기에다 당신은 지난 30년 동안 충실히 수행해 온 역할에서 벗어나야 하는 일종의 과도기를 겪고 있어요. 당신의 성인기 삶에서 아이들은 출발점이자 반환점이었습니다. 이런 반응을 보이는 것이 당연하지요."

"그게 전부는 아니에요," 스탠이 말했다. "나와 아내가 아이들에게 집중할수록 부부관계는 점점 더 소원해질 뿐이었어요. 난 우리가 서로에 대해 잘 알고 있는지, 아직도 사랑하고 있는지 확신할 수 없었고 막내딸이 떠나자 아내가 내 곁에 머물 이유가 사라졌다는 두려움을 느꼈습니다." 심리치료의 첫 단계는 끝났고, 이제 두 번째 단계에 접어들 때가 되었다.

유한과 무한

> 당신의 꿈을 언제나 기억하고
> 그것을 이루기 위해 노력하라.
> – Paulo Coelho

심리치료는 로켓 공학보다 훨씬 더 복잡하다. 로켓 공학자들은 자신의 몸이 보내는 신호를 무시하고 개인적 감정을 차단할 뿐 아니라 과거의 기억까지 잊은 채로 얼마든지 맡은 일을 수행할 수 있다. 그들은 선형적인 논리 체계를 사용하는 단일한 처리 과정에 집중할 수 있는 사치를 누린다. 그리고 정서적인 요인이 물리학이나 수학 원리를 왜곡할지도 모른다는 걱정을 하지 않아도 된다. 이 같은 특성으로 인해 자연과학적인 탐구와 설명은 많은 성취를 거두었지만 한계에 직면해 있기도 하다.

'충분히' 좋은 심리치료에 이르기 위해서는 내면세계를 탐구해야 하고, 우리가 가진 지식의 한계를 인정해야 하며, 마음과 뇌에서 자연적으로 일어나는 왜곡을 설명하기 위해 노력해야 한다. 심리치료자는 과학을 활용하지만, 과학 역시 심리치료자가 채택하는 수많은 참조 틀 중의 하나일 뿐이다.

우리는 서로를 삶의 고난으로부터 보호할 수 없다. 삶의 여정에는 그 어떤 말로도 표현할 수 없는 순간들이 많다. 병원과 장례식장, 심지어 커피숍에서도 우리는 질병과 노화, 죽음의 그늘을 마주하게 된다. 때로는 우리 자신이 그 깊고 난해한 감정의 대륙에서 방황하고 있음을 깨닫곤 한다. 그 대륙에서는 우리가 향하는 모든 곳이 미지의 영역이고, 표준화된 지침이나 상투적인 구호가 공허하게 메아리칠 뿐이다. 그리고 어떤 거리에도 정해진 이름이 없다.

어디로 가든 당신과 함께할 거예요.
그게 내가 할 수 있는 전부니까요.
– U2

편집자 후기

이 책의 서문에는 저자인 코졸리노가 어느 내담자의 질문에 대답하지 못해 당혹감을 느꼈던 일이 소개되어 있다. "심리치료는 어떤 원리로 작용하는 건가요? 또 그것이 어떻게 내게 필요한 변화를 일으키게 되나요?" 그때까지는 심리치료의 실효성에 대해 확신해 왔던 저자에게 이 질문은 아주 중요한 전환점이 되었던 것 같다.

그 대목을 읽을 때 몇 해 전에 봤던 〈꾸뻬 씨의 행복여행〉이라는 영화가 떠올랐다. 정신과 의사인 주인공 헥터(꾸뻬가 아닌 이유는 직접 알아보기 바란다)는 환자들에게 실질적인 도움을 주지 못한다는 자괴감에 빠져 있다. 환자들은 거듭된 치료에도 나아질 기미조차 없고 언제나 불만족과 절망을 호소할 뿐이다. 헥터는 정신분석을 비롯한 여러 가지 심리치료 기법과 약물로도 불행에 사로잡힌 사람을 구원할 수는 없다고 느낀다.

내적 갈등과 직업적인 회의를 끝내 이겨 내지 못한 헥터는 행복의 의미를 찾기 위한 여정을 떠난다. 그리고 중국 본토와 티베트를 거쳐 아프리카에 도착한 후 마약상 디에고를 만난다. 디에고는 마약 밀매 행위를 우회적으로 비난하는 헥터에게 분노를 터뜨리며 항변한다. "내가 파는 마약이 당신이 처방하는 약보다는 사람들을 훨씬 더 행복하게 해 줄 거야. 난 고객의 수요를 충족시킬 뿐이지 당신처럼 없는 수요를 만들어 내지는 않거든." 디에고에겐 우울증으로 오랫동안 정신과 치료를 받고도 차도가 없는 아내가 있었다.

디에고의 항변은 심리치료, 더 나아가 정신보건 분야 전반에 관한 대중의 불신과 편견을 상징적으로 나타낸다. 단적인 예로 몇 해 전에 ADHD가 거대한 사기극에 불과하다는 내용의 기사가 독일 신문인 〈슈피겔〉에 게재되어 전 세계를 떠들썩하게 만든 일이 있었다. 소아 정신의학자인 레온 아이젠버그 박사가 ADHD는 제약회사와 정신의학계의 공모로 만들어진 허구의 질병이라고 폭로했다는 것이었다.

하지만 다른 매체의 검증 보도로 해당 기사는 아이젠버그 박사의 발언을 왜곡한 것임이 밝혀졌다. 실제로 그는 ADHD의 진단과 치료에 관한 의견을 제시했을 뿐, 결코 그것의 존재 자체를 부정한 것은 아니었다. 그럼에도 'ADHD는 허구의 질병'이라는 이야기는 전 세계의 언론, 저술, 심지어 개인 블로그에까지 인용되어 많은 사람들이 알고 있는 반면, 그 기사의 내용이 왜곡되었다는 사실을 아는 이는 많지 않다. (마약상 디에고는 전자에 속할 것이다.)

심리치료자들 중 상당수가 헥터와 비슷한 고민을 갖고 있다. '그 내담자가 많이 좋아졌다고 생각했는데 다시 제자리야. 심리치료의 효과라는 게 일종의 플라시보에 불과한 건 아닐까?' '세상엔 마음이 아픈 사람이 왜 이리도 많은 걸까? 이런저런 호소 문제들을 매일같이 들으니 나도 똑같아지는 것 같아.' '난 해결책은 제시하지 못하고 내담자에게 또 다른 의문만 안겨 주고 있어.'

이 같은 고민을 더욱 부채질하는 것은 정신보건 분야에서도 과학적 관점의 중요성이 더욱 커지고 있다는 사실이다. 많은 심리치료 기법은 인간의 내면적 작용에 관한 가설을 바탕으로 하고 있으며 주로 대화(상담)를 통해 내담자의 문제를 개선하고자 한다. 그러나 최근에는 모든 정신적 문제는 뇌의 유전학적·생화학적 특성과 관련이 있기 때문에 심리치료만으로는 근본적인 해결이 불가능하다는 견해가 힘을 얻고 있다. 또 추상적이고 모호한 언어적 가설보다는 과학적 근거를 가진 모델링을 통해 인간의 심리를 이해하고자 하는 경향이 두드러지는 추세다. 대중적으

266

로도 큰 관심을 얻고 있는 뇌과학 혹은 신경과학의 성과는 심리치료자들에게 막연한 위기감을 안겨 주기도 한다.

이 책은 심리치료의 원리나 효용성에 대한 의문을 갖고 있는 또 다른 헥터들에게 하나의 실마리를 제시해 줄 것이다. 경계를 초월한 학제간 연구의 중요성을 역설해 온 저자는 심리학과 신경과학뿐만 아니라 유전학, 생화학, 진화생물학, 비교신화학, 사회심리학 등의 연구 결과를 폭넓게 활용하여 인간이 심리적 고통을 느끼는 이유와 심리치료의 원리를 설명하고 있다.

저자의 논지에 따르면, 찬란한 문명을 이룩한 인간도 영장류에 속하는 동물일 뿐이다. 인간에게는 야생 상태의 위협을 감지하는 원시적 뇌 구조가 남아 있기 때문에 필요 이상의 두려움을 느끼고 타인의 의도를 잘못 해석하게 된다. 따라서 심리치료의 성공을 위해서는 원시적 뇌 구조를 의식적으로 통제하고 훈련시킬 필요가 있다.

또 인간의 뇌를 구성하는 뉴런은 거의 모두 태아기에 생성되지만, 뉴런들을 연결하여 어떤 기능을 수행할 수 있게 해 주는 시냅스는 그 이후에도 학습과 경험에 따라 생성되기도 하고 소멸되기도 한다(다시 말해 우리의 뇌는 '신경가소성'을 갖고 있다). 심리치료 역시 일종의 학습이며, 적절한 심리치료는 시냅스와 신경망의 긍정적 변화를 가져오므로 모든 심리치료자는 신경과학자이기도 하다.

저자는 마음이 신경계의 작용이며 뇌는 신경계로 이루어진 살아 있는 컴퓨터라고 전제한다. 그래서인지 책의 곳곳에서 애착관계, 논리, 공포, 억제 등을 관장하는 신경망 '회로(circuitry)'를 언급하고 있다. 유아가 부모의 내적 특성을 물려받는 과정을 '다운로드'라고 표현하거나 개인의 행동이나 뇌의 작용에서 나타나는 일정한 패턴을 '프로그램'이라고 부르기도 한다.

이러한 전제들이 지나치게 자연과학에 편향되었다거나 환원주의적이라고 생각하는 독자들도 있을 것이다. 하지만 실망할 필요는 없다. 저자는 고통의 원인과 치유의 도구를 지극히 인문학적인 개념인 '내러티브'에서 찾고 있기 때문이다. "우리는 생후 첫해부터 부모와 대화하면서 자신만의 내러티브를 만들기 시작하고 평생에 걸쳐 그것을 발전시켜 나간다."(242쪽) "우리는 스스로 창조한 내러티브를 믿게 된다. 그리고 내러티브가 자신에게 맞지 않을 경우에는 (중략) 오히려 본능적으로 그것에 더욱 집착하게 되기 때문에 필연적으로 어떤 증상을 겪게 된다."(28쪽)

코졸리노는 삶에 대한 내러티브가 우리의 과거와 현재를 규정하고 지배하며 때로는 미래까지도 결정하므로 그것이 왜곡되면 매우 부정적이고 파괴적인 결과를 가져올 수 있다고 주장한다. 그리고 왜곡된 내러티브에서 비롯된 고통을 치유하는 방법 또한 내러티브에서 찾고 있다. "심리치료자는 주관적 상태를 서술하는 내러티브를 창조함으로써 개인의 자기인식을 이끌어 내고 강화할 수 있다."(24쪽) "내담자의 경험이 과거에서 벗어나 미래를 향하도록 안내함으로써 신경계와 정신의 통합을 뒷받침해 주는 내러티브를 함께 만들어 낼 수 있다."(18쪽)

저자의 견해에 따르면, 심리치료는 변화와 성장으로 향하는 새로운 내러티브를 창조하는 스토리텔링이다. 그는 심리치료자들의 사명감과 도전 의식을 더욱 고취하기 위해 신화학자인 조지프 캠벨이 제안한 '영웅의 여정' 개념까지 원용한다. 이러한 관점에 따르면, 내담자는 (신화 속의 영웅처럼) 자신의 무한한 잠재력을 자각하지 못한 채 내면의 상처와 외적인 도전으로 고통받고 있다. 그러므로 심리치료자는 (신화 속의 현자처럼) 내담자가 잠재력을 발견하고 두려움을 극복하여 새로운 정체성을 확립할 수 있도록 격려해야 한다. "심리치료자는 내담자들의 마음속에서 잠자고 있는 영웅의 본능을 일깨워 그들이 공포에 맞서 새로운 삶의 이야기를 써 나가도록 도와야 한다. 영웅을 인도하는 샤먼, 마법사, 현자들처럼 심리치료자는 안내자가 되어야 하는 것이다."(26쪽)

'심리치료는 왜 효과적인가'라는 근본적인 의문을 풀기 위한 저자의 노력은 단지 신경과학이나 신화학 같은 다른 분야의 연구 결과를 차용하는 것에 머물지 않았다. 이 책에서 그는 이미 과거의 유물이 되어 가고 있는 프로이트 같은 초창기 이론가들의 통찰에 담긴 함의를 재평가하고 있고, 많은 독자들에게 친숙한 여러 가지 현대적 심리치료 기법들의 원리를 새로운 관점으로 설명한다. 그뿐 아니라 EMDR 같은 다소 이질적인 기법을 몸소 체험한 후 소개하고 있고, 그동안 본격적으로 논의되지 않았던 '핵심 수치심'이나 사회적 지위 도식에 대해서도 깊이 있게 다루고 있다. 또 기존 심리치료의 한계를 뛰어넘기 위해서는 내담자의 분노와 폭력성을 이용할 필요가 있다는 주장을 펴기도 한다.

얇지만 아주 난해한 이 책의 가장 큰 미덕은 전체가 일관성 있는 내러티브를 이루고 있다는 것이다. 처음부터 끝까지 긴밀한 상호 관련성을 유지하며 서술된 본문을 읽고 나면, 그동안 서로 무관하다고 생각되어 온 여러 관점들이 같은 철학을 공유하고 있음을 깨닫게 된다. 저자의 주장처럼, 더 나은 심리치료를 위해 때로는 과거의 이론을 재검토하거나 전혀 다른 분야의 연구 결과를 받아들일 필요가 있다.

저자는 필요하다면 기꺼이 자신의 개인적 경험을 독자들과 공유하고 때로는 가슴 아픈 가족사를 고백하기도 한다. 너무 멀지도 가깝지도 않은 적당한 거리를 유지하면서, 때로는 유머러스하고 때로는 진중하게. 이 책은 심리치료의 원리를 탐구한 전문 서적일 뿐 아니라, 한편으로는 코졸리노가 내면의 상처와 외적인 도전을 극복하고 성장해 온 과정을 담은 영웅 신화이기도 하다.

번역문과 원서를 몇 번이고 대조하여 한 줄 한 줄 교열하고 여러 가지 오역을 바로잡으며 1년여의 시간을 보내고 나니 저자가 '수많은 치료 기법을 관통하는 과학적 원리'를 발견하기 위해 기울였을 노력에 경외심마저 들었다. 다소 장황해 보일 수도 있는 편집자 주석을 추가한 것은 저자의 그런 노력 때문이기도 하다. 워낙 다양한 분야의 이론과 연구가 함축적으로 소개되었고, 생소한 용어도 많은 데다, 미국 문화와 시사 문제에 관심이 없다면 이해하기 힘든 내용도 꽤 있었다. 다만, 편집자 주석은 일반적이고 개략적인 기술에 불과하다는 점을 감안하기 바란다.

한국어판 제목에 끌려 이 책을 선택한 독자에게는 조금 실망스럽겠지만, 저자인 코졸리노는 결코 심리치료의 모든 비밀을 찾아냈다고 단언하지 않는다. 서문에서는 아직도 심리치료의 원리를 완벽하게 설명할 수 없다고 고백하고, 마지막 페이지에서는 심리치료 과정의 많은 부분이 아직도 베일에 싸여 있음을 시사한다. 심리치료자는 불확실성을 감수한 채 내담자와 함께 미지의 영역을 탐사해야 하는 것이다.

모든 독자가 저자의 관점에 동의할 수는 없다. 하지만 이 책에서 만족스러운 해답을 얻지 못한 독자들도 자신만의 여정을 시작할 용기를 얻을 수는 있을 것이다. 그리고 그 여정에서 고통의 근원과 치유의 원리에 관한 또 다른 설명을 찾게 될 것이다.

편집자 주석

서문

1) 1930~1940년대부터 시작된, 체계에 관한 학제간 연구 전반을 가리킨다. 여기서 체계란 상호 관련성과 독립성을 동시에 갖는 요소들의 유기적 통합체다. 체계 이론에서는 한 체계의 특성은 단순히 구성 요소들의 특성을 합친 것이 아니라 전체로서의 체계가 새롭게 획득한 고유의 특성이며, 구성 요소중 일부의 변화는 체계 전체에 영향을 미친다고 전제한다. 하나의 체계는 그보다 상위에 해당하는 또 다른 체계의 구성 요소가 될 수 있다. 예를 들어, 한 사람은 수많은 세포들로 이루어져 있지만 단순히 그 세포들의 총합은 아니다. 그리고 그 사람의 뇌는 세포라는 구성 요소로 이루어진 하나의 체계인 동시에 신체라는 상위 체계의 일부에 해당하는 구성 요소이기도 하다.

2) 멜라니 클라인(Melanie Klein), 도널드 위니컷(Donald Winnicott), 하인즈 코헛(Heinz Kohut) 등의 여러 학자들이 발전시켜 온 이론으로, 프로이트의 정신분석학에 토대를 두고 있다. '대상(object)'은 개인의 욕구를 충족시켜 주는 중요한 타인을 가리키고 '대상관계(object relations)'는 그 중요한 타인과의 관계를 뜻한다. 대상관계 이론가들은 생애 초기에 경험한 양육자와의 상호작용이 성격과 심리, 관계의 형성에 커다란 영향을 미친다고 가정한다. 프로이트의 관점과는 달리 개인의 본능적 욕구보다는 관계라는 환경적 요소를 더욱 중요시했으며, 존 볼비의 애착 이론에 큰 영향을 미쳤다.

3) 내담자가 호소한 문제와 그 밖의 관련 요소들에 관한 일관된 개념을 구성하여 심리치료의 지표로 삼는 과정이다.

1장

1) 미국의 신경과학자 폴 매클린(Paul D. MacLean)이 1950년대에 발표한 '뇌 삼위일체론(theory of the triune brain)'에 기초한 표현이다. 뇌 삼위일체론의 내용을 요약하면 다음과 같다. 인간의 뇌는 진화 단계상의 출현 시기에 따라 크게 세 부분으로 나눌 수 있는데, 첫 번째인 '파충류 뇌'는 기저핵(basal ganglia)을 가리키며 공격성, 지배성, 영역 싸움과 같은 종 특유의 본

능적 행동을 관장한다. 두 번째인 '구포유류 뇌'는 편도체, 해마, 대상피질 등을 포함하는 변연계를 의미하며 번식·양육과 관련된 감정과 동기를 관장한다. 세 번째인 '신포유류 뇌'는 인간을 비롯한 고등 포유류만 갖고 있는 신피질을 뜻하며 언어와 추상적 사고, 인지와 계획 등의 고차원적 기능을 수행한다. 뇌 삼위일체론은 뇌의 영역별 기능을 구분하는 데 기여했다. 그러나 최근의 신경과학 연구에서 파충류 역시 신피질에 해당하는 구조를 갖고 있음이 밝혀지는 등 여러 가지 비판에 직면해 있기도 하다. 본문의 '포유류 뇌'는 맥락상 '구포유류 뇌'를 가리키는 것으로 보인다. 그리고 저자는 매클린과 달리 편도체를 '파충류 뇌'의 일부로 간주하고 있다(본문 12쪽 참조).

2) 오스트리아의 신경학자이며 정신분석학의 창시자다. 무의식의 존재를 발견하였으며 개인의 성격을 자아(ego), 원초아(id), 초자아(superego)의 세 요소로 구분하였다. 성적 충동이 전 생애의 정신적 발달에 막대한 영향을 미친다고 주장하였고, 유년기의 트라우마와 같은 심리적 요인과 신체적 질환의 관련성에 주목하였다. 현대 심리학의 기틀을 마련하고 철학, 사회학, 문학, 교육학에도 큰 영향을 미친 인물이다.

3) 프랑스의 신경학자이자 병리해부학자다. 척수매독, 다발성 경화증, 근위축성 측삭경화증 등의 수많은 신경계 질환의 병변을 연구한 그는 현대 신경학의 개척자로 불리고 있다. 최면 요법을 통해 히스테리 증상의 원인을 탐구했으며 지그문트 프로이트, 윌리엄 제임스, 알프레드 비네, 피에르 자네 등과의 공동 연구를 통해 심리학과 교육학의 발전에도 지대한 영향을 미쳤다.

4) '의식적 인식'으로 옮길 경우 다소 동어 반복적이라는 점을 고려하여 '의식적 자각'으로 번역하였다. 원어인 'conscious awareness' 자체가 동어 반복적이긴 하지만 대체로 '무의식적 인식'과 대립하는 개념이라고 받아들이면 이해하기 쉬울 것이다.

5) narrative는 '사실을 있는 그대로 적음'을 의미하는 '서사(敍事)'로 옮길 수도 있다. 예술 및 인문사회과학 분야에서 narrative는 일반적으로 언어뿐만 아니라 그 밖의 모든 표현 양식을 통해 인간의 행위, 감정, 사건 등을 나타내는 것을 뜻하는 포괄적인 개념으로 사용되고 있다. 번역서를 비롯한 국내 문헌에서 '내러티브'라고 표기하는 경향에 대해서는 안 그래도 모호한 개념의 해석 책임을 독자에게 전가한다는 비판이 있다. 그러나 내러티브라는 표현이 이미 많이 쓰이고 있고, '서사'라고 표기할 경우 오히려 문맥상 어색해지는 경우가 많다는 점 등을 고려하여 이 책에서는 주로 '내러티브'로 옮겼다. 다만, self-narrative는 통상적인 번역 용례에 따라 '자기서사'로 옮겼다.

6) 정신분석학의 개념인 방어 기제 중 한 가지로서, 받아들일 수 없는 자신의 욕구나 감정, 생각을 무의식적으로 타인 또는 외부의 것으로 돌리는 것이다. 예를 들어, 다른 사람을 미워하여 해치고 싶은 충동을 부정하기 위해 오히려 그 사람이 자신을 미워하고 해치려 한다고 믿는 것이 바로 투사다. 사회심리학에서는 집단들 사이의 투사가 인종적·종교적 차별을 정당화한다고 가정하기도 한다.

7) 부적응적인 신념을 건설적인 신념으로 대체하는 것을 목적으로 하는 인지치료와 내담자의 역기능적 행동을 수정하고자 하는 행동치료를 통합한 모델이며, 심리치료 및 정신의학 분야에서 널리 사용되고 있다.

8) 주로 태아기부터 유아기까지의 경험을 가리킨다. 이 시기의 경험은 성인기 이후의 감정과 지적 능력에 절대적인 영향을 미치는 것으로 알려져 있다.

9) '핵심'이라는 단어의 어감과 사전적 의미를 고려하면 다소 어색하게 느껴질 수도 있다. 그러나 핵심 수치심은 이전에 출간된 코졸리노 번역서에서도 채택하고 있는 용어이고, 최근 국내에서도 점차 알려지고 있다는 점을 고려했다.

10) 현실 검증(reality testing)은 외부의 현실을 다양한 기준에 따라 평가하고 판단하는 자아의 기능을 의미하기도 하고, 심리치료자의 안내를 받아 내담자가 자신의 감정, 관계, 외부 세계 등을 객관적으로 성찰하고 평가하는 과정을 가리키기도 한다. 프로이트가 처음 제안한 개념이며, 심리치료 분야에서는 주로 내담자로 하여금 부정적인 생각을 인식하고 그것을 논리적으로 설명하도록 돕기 위해 사용된다.

11) '실행 기능(executive function)'은 행동을 의식적으로 통제하는 데 필요한 일련의 인지적 과정을 의미하며 주의집중, 의식적 억제, 반응 통제, 작업 기억 등을 포함한다. 같은 의미로 '집행 기능'이라는 용어를 쓰기도 한다.

12) 브로카 영역(Broca's area)은 좌뇌의 하측 전두엽에 위치한 영역으로, 언어의 생성 및 표현, 구사 능력을 담당한다. 이 영역이 손상되면 언어를 이해하는 데 지장이 없고 지능도 정상임에도 말을 제대로 하지 못하는 이른바 브로카 실어증이 발생한다. 반면에 좌뇌의 측두엽에 위치한 베르니케 영역(Wernicke's area)이 손상되면 다른 사람의 말을 제대로 이해하지 못하고 의미 있는 문장을 표현하지 못하는 베르니케 실어증이 발생한다.

13) '대화치료(talking cure)'라는 용어는 요제프 브로이어가 안나 오(Anna O)라는 가명의 여성 환자를 치료한 사례를 프로이트와 함께 공동 집필한 『히스테리 연구(Studies on Hysteria)』에서 소개하면서 처음 사용한 것이다. 안나 오

는 원인 불명의 두통, 흥분, 환각, 사지 마비 등과 더불어 모국어인 독일어 대신 프랑스어나 영어 등의 외국어로 의사소통하는 특이한 증상을 보이는 환자였다. 브로이어는 최면 요법을 통해 그녀로 하여금 무의식에 내재된 과거의 기억을 떠올리고 대화를 통해 자신의 감정에 대해 털어놓도록 유도했고, 그 결과는 매우 성공적이었다. 안나 오는 최면과 대화를 활용한 치료를 받은 경험이 마치 꽉 막혔던 굴뚝을 청소하는 것 같다고 느꼈기 때문에 '대화치료(talking cure)' 혹은 '굴뚝 청소(chimney sweeping)'라고 불렀다고 한다. 오늘날에는 대체로 정신분석적 치료에 국한하지 않고 '대화를 활용한 심리치료(talking therapy)' 방식을 폭넓게 가리키는 의미로 사용되고 있다.

14) 지그문트 프로이트가 처음 사용한 용어이며, 본능적 욕구로 인한 갈등과 심리적 불안을 해소하기 위해 무의식적으로 스스로를 속이는 것을 뜻한다. 외부적인 조건을 바꾸거나 갈등을 근본적으로 해결하는 것이 아니라 그에 대한 관점만 바꾸는 것이므로 역기능적인 결과를 초래하는 경우가 많다. 방어 기제의 유형으로는 부정, 투사, 억압, 퇴행, 합리화, 승화, 반동 형성 등이 있다.

15) 오스트리아의 심리학자인 프리츠 하이더(Fritz Heider)가 고안한 귀인 이론에 따르면 우리는 자신이나 타인의 행동을 야기한 원인을 추론하는 경향이 있는데, 이러한 추론 과정이 귀인(歸因, attribution)이다. 귀인은 개인의 관점이나 인지적 오류로 인해 왜곡될 수 있으며 이러한 왜곡을 '귀인 편향'이라고 부른다.

16) 전체적 응집력이 강요되는 집단 내에서 비판적인 의견이 억압되기 때문에 개별 구성원들이 집단의 획일적인 기준을 따르게 됨으로써 모두가 비합리적이고 역기능적인 생각을 갖게 되는 현상을 의미한다. 본래 소설가 조지 오웰(George Orwell)이 그의 작품인 『1984』에서 처음 사용한 용어다. 미국의 심리학자 어빙 재니스(Irving Janis)는 이 용어를 차용하여 집단 내의 역동과 구성원의 무비판적 수용을 설명하는 '집단사고 이론'을 확립하게 된다. 같은 의미로 '집단순응사고'라는 용어를 쓰기도 한다.

17) 어떤 사람이나 사물에 관한 즉각적인 판단을 내릴 때 일련의 인지적 편견의 영향을 받는 것. 후광 효과로 인해 우리는 어떤 대상에 대한 제한된 정보만 가진 채로 그 밖의 여러 가지 특성까지도 추측하게 된다. 단적인 예로, 입사 면접 시 지원자의 외모와 차림새만 보고도 그 사람의 성격, 성실성, 인간관계가 어떠할 것이라고 짐작하는 것을 들 수 있다. 미국의 심리학자인 에드

워드 손다이크(Edward Thorndike)가 만든 용어이며, 지금은 마케팅 분야에서 특정 브랜드에 대한 소비자의 인식을 설명하는 데도 사용되고 있다.
18) 정신분석학의 개념인 방어 기제의 일종으로, 불안감을 야기하거나 도저히 수용할 수 없는 정서나 충동을 억제하기 위하여 정반대의 경향을 과장하여 나타내는 것을 의미한다.

2장

1) 뉴런들 사이의 작은 틈. 하나의 뉴런이 어떤 자극을 받고 활성화되면 말단부에서 신경전달물질이 분비되는데, 그 신경전달물질은 시냅스를 통과하여 또 다른 뉴런의 수상돌기와 결합함으로써 뉴런들 사이에 신호 전달이 이루어진다. 하나의 뉴런은 적게는 1,000개에서 많게는 100,000개에 이르는 수많은 시냅스를 통해 다른 뉴런들과 연결되며, 한 사람의 시냅스는 성인기 이후에도 교육, 경험, 질병 등의 여러 가지 요인에 의해 끊임없이 변화한다고 알려져 있다. 본질적으로 뇌의 모든 작용은 시냅스를 통한 뉴런들의 신호 전달을 통해 이루어진다.
2) 영미권에는 코끼리가 기억력이 매우 뛰어나 결코 잊어버리는 일이 없다는 속설이 있다.
3) 동물이 위협을 감지하거나 심각한 스트레스를 느낄 때 자동적으로 일어나는 생리적 각성 반응을 의미하며, 미국의 생리학자 월터 캐논(Walter Cannon)에 의해 처음 발견되었다. 투쟁–도피 반응이 일어나는 과정은 다음과 같다. 위협을 감지한 편도체가 시상하부를 활성화하고 시상하부는 뇌하수체와 교감신경계를 자극한다. 그다음에는 뇌하수체에서 부신피질자극 호르몬이 분비되고 그로 인해 부신피질은 각성 효과를 일으키는 에피네프린과 노르에피네프린을 분비한다. 이와 같은 일련의 과정을 통해 혈압 및 혈당 증가, 심장박동수 상승, 면역 체계의 일시적 억제, 근육의 긴장도 상승 등의 변화가 나타나며 체내의 모든 에너지는 긴급한 상황에 즉각적으로 대응하기 위한 목적으로 집중된다.
4) 선천적·후천적 원인으로 인해 편도체가 우리의 판단과 인식에 지나치게 큰 영향을 미치게 되면 우리는 의식적이고 이성적인 사고보다는 본능과 충동의 지배를 받게 되고 불안과 공포에 취약해진다. 'amygdala whisperer'는 이러한 편도체를 일종의 야생마로 간주하고 그것을 세심하게 길들여 나감으로써 불안과 공포를 조절하고 트라우마를 극복하는 훈련 프로그램으로서 미국에서 상당한 반향을 얻고 있다. '편도체 조련사'로 옮길 수도 있겠지만,

이 프로그램이 국내에 도입될 경우 어떤 명칭으로 소개될지 고심한 끝에 '아미그달라 위스퍼러'로 표기했다.

5) 뉴런은 세포체와 신경섬유로 구성되며, 신경섬유에는 축삭과 수상돌기가 있다. 축삭은 주로 출력을, 수상돌기는 입력을 담당한다. 대체로 축삭에서 수상돌기로 신호를 전달하지만 수상돌기들 사이에서 신호를 주고받기도 한다.

6) 어떠한 정보를 표준적인 기호로 변환하여 저장하는 것. 교육학에서는 다양한 감각으로 얻은 정보가 선택적으로 기존의 다른 정보와 통합됨으로써 장기 기억에 저장되는 과정을 가리키며, 유전학적으로는 생명체의 구조와 작용, 특성 등에 관한 유전적 정보가 DNA 속에 염기서열 형태로 저장되는 것을 의미한다.

7) 심리치료자와 내담자의 관계를 의미하며, 일반적인 대인관계와는 달리 내담자의 요구와 변화에 초점을 둔다.

8) 미국의 정신의학자인 조지 엔겔(George L. Engel)이 주창한 생물심리사회 모델(biopsychosocial model)에 따르면 질병은 유전자나 생화학적 상태 등의 생물학적 요인, 성격이나 통제력 등의 심리학적 요인, 대인관계나 가정환경과 같은 사회학적 요인의 복합적인 상호작용의 결과다. 최근에는 신체적 질병뿐만 아니라 정신적·심리적 장애의 원인을 찾는 데도 생물심리사회 모델을 활용하고 있다.

9) 본래 독일의 유기화학자인 헤르만 에밀 피셔(Hermann Emil Fischer)가 발표한 이론이며, 촉매가 되는 효소와 그 효소의 특성에 부합하는 기본물질(substrate)이 만나야만 화학적 반응이 일어난다고 전제한다. 자물쇠는 효소를, 열쇠는 기본물질을 의미한다.

10) 대뇌피질의 아래쪽. 해마, 편도체, 담장, 기저핵, 기저 전뇌 등으로 구성되어 있다.

11) 사회학 또는 철학의 개념으로, 집단의 구성원들이 공유하는 신념이나 가치관을 의미한다.

12) 현실의 자아상과는 다른, 노력에 따라 도달할 수 있는 대안적인 자아상. 심리치료에서는 내담자로 하여금 대안적인 자아 개념을 갖도록 함으로써 자기조절 능력을 촉진하고 행동의 변화를 이끌어 내고자 한다. 원어와 역어가 모두 복수형인 것은 우리에게 다양한 가능성이 있음을 강조하기 위해서다.

13) 자신의 성장 과정과 생애에 관한 성찰적 진술. 심리치료에서는 개인의 가치에 대한 인식과 삶의 의미를 재구성하기 위한 목적으로 사용된다.

14) 이 책에서는 중추신경계의 최상위 영역인 대뇌피질이 편도체나 해마 같은

원시적인 뇌 영역을 통제하는 것, 즉 의식이 본능보다 우선하는 것을 의미한다.

15) 원서에서는 "The key to growth is the introduction of higher dimensions of consciousness into our awareness". 영미권에서는 노자가 한 말로 잘 알려져 있지만 그가 남긴 유일한 저작인 『도덕경』 영문 번역본 중 어디에서도 이와 같은 문장을 찾을 수는 없었다. 수피즘 명상가인 빌라얏 인나얏 칸(Vilayat Inayat Khan)이 한 말로 알려져 있기도 한데, 실제로 그의 저서인 *Toward the One*에는 해당 문장이 한 차례 소개된다. 다분히 신비주의적인 칸의 사상을 고려하면 원문을 "성장의 비밀은 지고(至高)의 절대적 진리를 개인적 자각을 통해 받아들이는 것이다"와 같이 해석할 수도 있을 것이다. 그러나 자아성찰을 다룬 본문의 내용은 신비주의적 주제와는 거리가 멀다고 여겨지므로 역서에는 『도덕경』의 가장 유사한 구절인 "故從事於道者 同於道"에 해당하는 문장을 넣었다. 참고로, 이 책에 인용된 붓다나 노자의 금언 중에는 출처가 불분명한 것이 많다.

16) 미국의 발달심리학자인 존 H. 플라벨(John H. Flavell)이 만든 용어. '인지에 대한 인지', '생각에 대한 생각', '지식에 대한 지식' 등으로 풀이할 수 있으며, 인지심리학과 학습심리학에서 중요하게 다루어지는 개념이다. 배운 내용의 비판적 고찰, 자기 자신에 대한 객관적 관찰 등에 필요한 고차원적인 인지 능력을 뜻하므로 학업성취도가 높은 학생일수록, 그리고 심리적 조절에 능한 사람일수록 메타인지 능력이 발달되어 있다고 알려져 있다. 메타인지 외에 '초인지' 혹은 '상위인지' 등의 용어도 같은 의미로 많이 쓰인다.

17) 인지심리학에서 중요하게 다루어지는 개념으로, 여러 가지 감각기관을 통해 얻은 수많은 정보 중 일부를 선별하고 처리하여 단기간 동안 저장하는 기억 체계를 의미한다. 작업 기억은 대체로 단기 기억과 동일시되지만, 학자에 따라서는 단기 기억이 정보를 짧은 시간 동안 저장하는 것에 불과하고 작업 기억은 저장된 정보를 인지적 처리 과정을 거쳐 가공한 것이므로 그 두 가지를 구분해야 한다고 주장하기도 한다. 이러한 구분은 인간의 기억 체계를 일종의 컴퓨터로 간주하는 관점에 따른 것이므로 작업 기억이나 단기 기억은 컴퓨터의 휘발성 메모리인 RAM에 가깝고 장기 기억은 비휘발성 메모리인 HDD에 가깝다고 볼 수도 있다.

18) 발달심리학 또는 발생생물학에서 주로 쓰이는 용어로, 개체의 성장에 있어 가장 결정적인 시기이며 적절한 자극이 필요한 시기이기도 하다. 발달상의 민감기가 지나면 자극이나 학습의 효과는 크게 반감된다.

19) 생명작용에 필요한 단백질을 형성하기 위해 DNA의 염기서열 중 일부를 바탕으로 RNA를 만들어 내는 것. 복제(replication), 번역(translation)과 함께 유전 정보가 발현되는 과정 중 하나다.

3장

1) 심리치료자와 내담자가 만나 상담과 치료를 행하는 시간을 의미하며, 국내 심리상담계에서 널리 쓰이고 있는 표현이다.

2) 사전적으로는 결합되어 있던 요소들이 분리되는 것을 의미하지만, 이 책에서는 의식, 심리, 성격, 행동, 기억, 정서 등의 통합성의 붕괴, 즉 여러 가지 해리장애의 증상을 의미할 때가 많다. dissociation이 해리장애의 증상을 가리킬 때는 '해리'로, 그 밖의 경우에는 '분열'로 옮겼다.

3) 미국정신의학회(American Psychiatric Association)에서 펴낸 책으로, 수많은 정신질환을 유형별로 정의하고 세부적인 진단기준을 제시하고 있는 방대한 문헌이다. 정신과 의사뿐만 아니라 심리치료자, 사회복지사, 특수교육학자, 범죄심리학자 등의 필수적인 참고자료로 활용되고 있다. 수많은 요인이 복합적으로 작용한 결과인 정신적 문제들을 획일적인 기준으로 분류함으로써 정신질환 진단의 남발을 초래한다는 비판을 받고 있기도 하다. 1952년 초판이 발행된 후 새로운 연구 결과와 사회문화적 변화를 반영하여 수차례 개정되어 왔으며 2013년 제5판이 출간되었다.

4) 원문은 "sometimes a cigar is just a cigar". 프로이트가 꿈의 의미를 해석할 필요성을 역설하면서도 꿈속의 모든 요소를 상징으로 간주할 필요는 없다는 의미로 한 말이라고 알려져 있다. 그러나 실제로 프로이트가 한 말인지는 불분명하다.

5) 1935년 미국에서 2명의 참여자로 시작되어 전 세계로 확장된, 알코올 중독자들의 재활을 돕기 위한 자조 단체다. 해당 단체에서 출간한 지침서의 제목이기도 하다.

6) 심리치료 과정에서 내담자가 과거의 중요한 인물에 대해 느꼈던 감정이 무의식적으로 심리치료자에게 향하는 것을 의미한다. 분노, 증오, 불신, 의존, 숭배, 성적 집착 등의 다양한 형태로 나타날 수 있다. 프로이트가 전이 현상을 처음 발견한 이래, 심리치료에서 그것을 발견하고 이해하는 것은 매우 중요한 과제로 인식되어 왔다.

7) 전이와 반대로, 심리치료자가 과거의 관계에서 느꼈던 감정이 무의식적으로 내담자에게 향하는 것을 뜻한다. 혹은 내담자의 전이에 대한 심리치료자의

무의식적 반응을 가리키기도 한다.

8) 망상, 환각, 언어와 행동의 와해 등의 증상이 만성화된 채 지속되는 정신질환. 이전까지는 '정신분열병'이 국내 의학계의 공식 용어였으나 2011년에 '조현병(調絃病)'으로 변경되었다.

9) 저자인 코졸리노가 '히피' 세대임을 뜻한다.

10) 내담자 중심 치료의 관점에 따르면, 심리치료자는 통제하거나 지시하려는 태도를 지양하고 내담자들에 대한 무조건적인 수용과 존중, 공감을 보여줌으로써 그들이 스스로 고통의 원인을 통찰하고 문제를 해결하도록 돕는 것을 목표로 해야 한다. 인간 중심 치료, 비지시적 치료 등으로 불리기도 한다.

4장

1) 재양육(reparenting)은 교류분석 이론을 바탕으로 고안된 심리치료 기법으로, 부모의 잘못된 양육으로 고통받은 내담자를 위해 심리치료자가 일종의 대리 부모 역할을 수행하는 것이다. 그리고 본문에서 쓰인 '내면적 재양육'은 내담자가 자기 자신의 부모가 되어 스스로를 정서적으로 돌보는 것을 의미한다.

2) 15장 주석 1번 참조.

3) 어떤 상황을 앞두고 있거나 특정 사건이 발생할 것으로 예상될 때 느껴지는 불안. 공황장애 환자들이 언제 나타날지 모르는 공황발작 증상에 대해 느끼는 불안을 가리키기도 한다.

4) 인지행동치료의 한 유형으로, 고대 그리스의 스토아학파를 포함한 동서양의 여러 가지 철학의 영향을 받아 형성되었다. 기본적으로 A-B-C-D-E-F 모델을 활용하는데, 여기서 A는 주관적 판단 이전의 선행 사건(Activating event), B는 선행 사건에 대한 신념(Belief), C는 그 결과(Consequence)로 나타난 정서와 행동을 의미한다. B가 비합리적일 경우 C 역시 부정적인 경향을 띠게 된다. 따라서 내담자의 비합리적인 신념 체계를 비판적으로 논박(Dispute)하여 합리적인 신념 체계를 형성하도록 도움으로써 긍정적인 효과(Effect)와 감정(Feeling)을 이끌어 내는 것이 합리정서행동치료의 목표가 된다.

5) 불교의 수행에 바탕을 둔 명상 수련법. 'mindfulness'는 석가모니가 설파한 팔정도(八正道) 중 정념(正念)에 해당하는 팔리어 'sati'를 번역한 것이다. 존 카밧진(Jon Kabat-Zinn)에 의해 대중적으로 알려지게 된 후 심리치료 및

정신의학 분야, 그리고 각종 단체 프로그램에서 널리 적용되고 있다. 스트레스, 우울 및 불안, 금단 증상 등을 해소하고 완화하는 데 효과적인 것으로 알려져 있다.

5장

1) 명시적 기억의 한 가지 유형으로, 일반적·개념적 지식에 관한 기억이다. 사물의 특성과 명칭, 추상적인 개념, 유사한 대상 간의 분류 기준, 어떤 이론이나 원리 등에 관한 기억이라고 할 수 있다. 일반적으로 의미 기억은 일화 기억과 대비되는 개념으로 쓰이는데 저자는 조금 다른 기준으로 구분하는 것 같다.

2) 기억 체계 속에 잠재된 정보를 다시 떠올리는 과정.

3) 어떤 선택을 할 경우 긍정적인 효과와 부정적인 효과가 함께 나타날 것으로 예상되기 때문에 갈등을 겪게 되는 상황.

4) 수초(myelin)는 일부 뉴런의 축삭을 감싸는 유지질(類脂質)의 피막을 가리키며 일종의 절연체다. 신경계 전체의 기능 발현에 필수적인 요소로서 신경 전달 속도를 높이는 작용을 하며 특히 유아기에 급속하게 형성된다.

5) 경계선 성격장애는 불안정한 대인관계, 버림받음에 대한 극도의 두려움, 감정의 극적인 변화와 충동성 등으로 특징지을 수 있다. 남성에 비해 여성에게 훨씬 더 많이 나타나는 것으로 알려져 왔으나 최근에는 남녀 간 발병률의 차이는 없으며 다만 여성 환자가 의학적 진단을 더 많이 받을 뿐이라는 반론도 있다. 세부적인 진단기준을 알고 싶다면 DSM-5를 참조하기 바란다. DSM-5 한국어판에서는 '경계성 성격장애'로 표기하고 있다.

6) 마샤 리네한(Marsha Linehan) 박사가 경계선 성격장애 환자의 치료를 위해 고안한 기법. 표준적인 인지행동치료를 바탕으로 현실 검증, 마음챙김 등의 요소를 추가한 것이라고 볼 수 있다. 경계선 성격장애에 대한 일반적 치료 효과가 입증된 최초의 기법이며 최근에는 경계선 성격장애 외에도 자해 행동, 자살 사고, 약물 의존, 불안장애 등으로 적용 범위가 확대되고 있다.

7) 의도와 상관없이 어떤 기억이 반복적으로 떠오르는 현상. 특히 정신적 장애나 약물 남용 문제를 가진 사람의 경우에는 부정적인 기억이 떠오르는 경우가 많다. 과거의 사건이 현재의 경험처럼 생생하고 명료하게 느껴지는 경우도 있다.

8) 정신분석치료를 받는 과정에서 내담자의 아동기 기억 혹은 내면적 각본이 재현되는 현상을 의미한다. 이때 정신분석자는 내담자의 부모와 같은 모종

의 역할을 맡게 된다. 실연이 진행될 때 정신분석자와 내담자 사이에는 언어적·비언어적 상호작용과 그에 따른 정신적 역동이 일어난다. 특히 외상 후 스트레스장애 환자를 치료할 때 실연이 나타나는 빈도가 높다고 알려져 있다.

9) 멜라니 클라인의 대상관계 이론에 따르면 출생 직후부터 4개월까지의 유아는 편집증적-분열증적 자세(paranoid-schizoid position)를 가진다. 이때 유아는 자신이 파괴될지도 모른다는 편집증적 불안과 모든 사람을 좋은 대상과 나쁜 대상으로 나누는 분열증적 경향을 보인다. 생후 15개월부터는 우울증적 자세(depressive position)라는 보다 성숙한 심리적 구조를 갖게 된다. 이때부터는 사랑하는 대상과 자신이 서로 분리된 존재임을 명확히 인식하고 그 대상이 죽거나 사라져 버릴지도 모른다는 두려움 때문에 죄책감과 절망감을 느끼게 된다. 그러한 부정적 감정에 대항하기 위해 오히려 대상을 통제하고 무시하며 정복하려 하는 양가적인 방어 기제가 나타나는데 이것이 조증 방어(manic defense)다. 이러한 유아적 상태를 완전히 극복하지 못한 채 성장한 사람은 주변의 누군가를 '나쁜 대상'으로 간주하고 그들에게 증오심을 표출하게 될 수도 있다.

10) 원서에서는 body processes. 마음챙김이나 요가와 같은 명상 기반의 수련에서는 대부분 몸 전체를 이완하고, 각각의 부위에 주의를 기울이며, 그때그때 느껴지는 신체적 감각을 인식하는 과정이 포함된다.

11) 몸과 마음의 상호작용에 착안한 일종의 대체의학 요법으로, 훈련된 강사의 지도하에 어떤 상황이나 상태에 관한 시각적 이미지를 마음속에서 회상하거나 만들어 내는 것이다. 시각 외에 청각·후각·촉각 등의 감각이 동원될 수도 있고 강사의 안내를 비디오테이프, CD, 데이터 파일 등에 기록된 영상이나 음향으로 대체하는 경우도 있다.

6장

1) 체계 치료는 내담자의 개인적 측면에 집중하는 초창기의 다른 심리치료 양식과 달리, 가족이나 사회 같은 체계(혹은 집단) 속에서 나타나는 상호작용과 역동의 맥락 속에서 내담자를 이해하는 것을 목표로 한다. 서문에 언급된 체계 이론에 바탕을 두고 있으며 주로 가족치료 분야에서 활용되어 왔다. 구성원 간의 상호작용에서 나타나는 순환적 인과관계, 한 개인이 복수의 체계에 소속되어 있을 경우 각 체계 사이에서 일어나는 역동, 하나의 체계가 외부 환경과 영향을 주고받으면서 항상성을 유지하는 과정, 살아 있는

유기체로서의 체계 내에서 일어나는 자기조절 과정 등에 초점을 둔다.
2) 이탈리아의 예술가 미켈란젤로가 한 말로 알려진 "모든 돌은 저마다 어떤 형상을 품고 있다. 조각가가 할 일은 그 형상을 드러내는 것이다"를 차용한 문장인 듯하다.
3) 대체로 영양 공급, 유전적 특성, 사회적 요인 등으로 인한 신체적 성장의 지체를 의미하는 용어로 쓰인다. 하지만 이 책에서는 아동기에 적절한 애착관계를 형성하지 못했기 때문에 나타나는 심리적 미성숙을 가리킨다.
4) '시각화(visual imagery)'는 필요한 정보에 대한 시각적 이미지를 저장하는 일종의 기억술을 의미하기도 하지만 본문에서는 심리치료상의 목적으로 어떤 장면을 상상하는 과정을 뜻한다.
5) 체내에서 생성되는 엔도르핀, 엔케팔린 등의 물질. 마약성 진통제인 모르핀과 같이 통증을 경감하는 작용을 한다.

7장
1) 원서에서 양가형은 'anxious-ambivalent', 혼란형은 'insecure-disorganized'로 표기되어 있으므로 각각 '불안-양가형', '불안정-혼란형'으로 옮길 수도 있겠지만 직관적으로 이해하기 쉽고 간략한 표기를 선택했다. 안정 애착을 제외한 나머지 세 가지는 불안정 애착에 해당한다.
2) 'transmute'는 납이 금으로 바뀌는 연금술적 변화를 의미하기도 한다.
3) 대뇌피질에서 시작되어 피질하 영역으로 이어지는 신경섬유. 반대로 피질하 영역에서 출발하여 대뇌피질을 향하는 것이 상행 섬유(ascending fiber)다.

8장
1) 사회적 반응, 의사소통, 대인관계 등에서 심각한 문제를 나타내는 신경발달 장애. '자폐 스펙트럼 장애'로 불리기도 한다. 자폐증, 아스퍼거 증후군, 고기능성 자폐증 등의 하위 유형으로 구분된다.

9장
1) 심리학을 비롯한 정신보건 분야와 교육학, 사회학 등의 다양한 학문에서 다루어지는 개념으로, 외적·내적인 역경을 극복할 뿐 아니라 그것을 하나의 기회로 보고 더 큰 성장의 계기로 바꾸는 힘이다.

10장

1) 1920~1930년대에 밀주 유통, 강도, 납치 등의 범죄로 악명을 떨친 조지 프랜시스 반스 주니어(George Francis Barnes Jr.)를 가리킨다. 주로 경기관총을 사용했기 때문에 '머신 건 켈리'라는 별칭을 얻게 되었다. 미국의 래퍼이자 배우인 리처드 콜슨 베이커의 예명이기도 하다.

2) 원서에서는 Rage Against the Machine. 1990년대 초부터 2000년대까지 사회비판적인 메시지를 담은 실험적인 음악으로 커다란 반향을 일으켰던 미국의 록밴드다. 밴드의 명칭은 산업혁명 시기였던 19세기 초반에 영국 노동자들이 일으켰던 기계 파괴 운동에서 착안하여 만든 것으로 알려져 있다.

3) 2009년 2월 미국에서는 한 가정에서 기르던 침팬지가 주인의 친구였던 여성을 공격한 사건이 일어났다. 피해 여성은 얼굴이 알아볼 수조차 없을 정도로 손상되었고 시력과 양손을 잃었다.

11장

1) 신경망 회로 속에서 하나의 뉴런이 화학적 전달물질을 분비함으로써 또 다른 뉴런을 활성화하는 과정.

2) 착이온(complex ion)을 포함한 화합물을 가리키는 화학용어이며 '배위화합물(coordination complex)'이라고도 불린다. 본문에서는 단백질과 지질을 가리킨다.

3) '글루코코르티코이드(glucocorticoid)'는 glucose(포도당), cortex, steroid의 합성어다.

4) α-아미노산만으로 구성된 단백질로 알부민, 글로불린, 글루텔린, 프롤라민, 히스톤, 프로타민, 경단백질 등이 있다. 단순 단백질이 다른 물질과 결합한 것이 복합 단백질(conjugated protein)이다.

5) 모든 염증은 생체 조직의 방어적 반응이므로 염증의 발생이 완전히 억제되면 외상, 화상, 세균 감염 등으로부터 회복되기 어려워진다.

6) 바이러스에 감염된 세포나 암세포는 세포 표면에 이상이 생기는데, 자연살생세포는 이러한 이상을 감지하여 바이러스에 감염된 세포나 암세포를 식별하고 공격하여 파괴한다. 암세포를 파괴할 뿐만 아니라 암세포의 발생과 증식, 전이를 막는 작용을 하기 때문에 이 세포를 활용하기 위한 많은 연구가 진행되고 있다.

7) T-세포는 B-세포와 함께 항체를 형성하여 세포성 면역에 있어 중요한 기능을 수행하는 일종의 백혈구다.

8) 테니스나 야구 같은 스포츠에서 공을 치는 선수의 힘을 가장 효과적으로 전달할 수 있는 라켓 또는 배트의 지점. 예를 들어, 야구 경기에서 투수가 던진 공이 타자가 휘두른 배트의 스위트 스폿에 맞으면 홈런이 될 가능성이 높다고 알려져 있다.

9) 해마가 특정 자극을 반복적으로 받으면 뉴런 사이의 시냅스 연결이 장기적으로 강화되는 현상. 기억 및 학습과 밀접한 관련이 있는 것으로 추정된다.

10) 패턴화된 자극이 여러 시간 지속된 후 시냅스의 효율이 감소하는 현상. 중추신경계의 여러 영역에서 나타나며, 장기강화작용과 함께 신경가소성에 큰 영향을 미친다. 특히 해마에서 일어나는 장기시냅스저하는 오래된 기억을 망각하는 것과 밀접한 관련이 있는 것으로 추측된다.

11) 해마의 양쪽을 연결하는 섬유군인 해마 교련에 대한 단기간의 생리적 전기자극의 결과로 나타나는 CA1 영역의 전위 변화가 장기적으로 증가하는 현상. 기억 및 학습과 밀접한 관련이 있는 것으로 보인다.

12) 최근의 연구에서는 분계선조침대핵이 불안의 증가뿐만 아니라 감소와도 관련이 있는 것으로 밝혀졌다.

13) 의사결정, 정서적 조절, 편도체의 억제 등과 관련하여 일정한 역할을 수행하는 것으로 알려져 있다. 2장에서 소개한 'amygdala whisperer' 기법에서도 편도체를 길들이기 위해 안와내측전전두피질의 기능을 활용한다.

14) 소거 학습은 이반 파블로프(Ivan Pavlov)의 고전적 조건형성 실험에서 처음 발견된 현상으로, 강화인 없이 제시되는 중립자극에 대한 반응이 점차 감소하여 결국 사라지는 것을 의미한다. 주로 불안감을 완화하는 데 활용되는 노출치료의 바탕이 되었다.

12장

1) '외상'으로 옮기면 '신체적 외상'까지도 포함하는 것으로 이해될 수도 있다는 점, 일반적으로 많이 알려진 '트라우마'라는 표현이 직관적으로 이해하기 쉽다는 점 등을 고려했다.

2) 인간을 비롯한 동물들이 갑작스럽거나 위험한 자극을 접할 때 스스로를 보호하기 위해 나타내는 무의식적이고 본능적인 반응. 대체로 공포 반응과 함께 일어나는 경우가 많다.

3) 하나의 체계 내에서 어떤 자극에 대한 반응이 다시 그 자극을 강화함으로써 같은 반응이 반복되는 순환. 일상생활에서 쉽게 접할 수 있는 예가 두 사람의 대화다.

4) 자신의 신체, 정신, 행동에서 분리되어 마치 외부 관찰자가 된 것처럼 느끼는 증상. 외상후 스트레스장애, 경계선 성격장애, 공황장애 등 다양한 정신질환에서 나타난다.

5) 정신분석학의 개념인 방어 기제의 일종으로, 심리적 발달 단계상의 미성숙한 시기로 되돌아가는 현상을 말한다. 불안, 우울, 수치심 등의 심리적 요인이나 성장 과정에서 해결하지 못한 정서적 문제 등으로 인해 일어난다고 알려져 있다.

6) 미국의 심리학자인 아서 재너브(Arthur Janov)가 고안한 심리치료 기법. 내담자로 하여금 생애 초기에 겪은 과거의 고통스러운 경험을 떠올리고 자유롭게 비명을 지르며 흥분한 상태에서 분노를 표출하도록 안내한다. 재너브는 프라이멀 스크리밍이 근원적 고통을 치유하는 데 있어 기존의 대화치료에 비해 더욱 효과적이라고 주장했다. 프라이멀 스크리밍 요법은 1970년대에 큰 반향을 일으켰으나 재너브가 그 치료 효과를 실험적으로 입증하지는 못했기 때문에 많은 비판을 받기도 했다.

7) 미국의 심리학자 프랜신 샤피로(Francine Shapiro)가 외상후 스트레스장애를 치료하기 위해 고안한 기법이다. 그녀는 안구를 좌우로 움직이는 것만으로도 부정적인 생각이나 기억이 사라지는 효과가 있다는 것을 발견하고 이에 착안하여 EMDR을 체계적으로 발전시켰다. 이 기법은 주로 좌우 안구운동과 그 밖의 시각적·청각적·촉각적 자극을 활용하여 고통스러운 기억을 재처리함으로써 트라우마에서 벗어나도록 돕는다. EMDR의 이론적 전제는 이성을 압도하는 트라우마에 대한 기억은 부적절하게 처리되어 파편화되므로, 다양한 감각을 동원하여 파편화된 기억을 통합함으로써 현재와 과거를 분리할 수 있다는 것이다. 외상후 스트레스장애는 물론이고 그 밖에 경계선 성격장애, 신체화 장애 등 트라우마와 관련된 모든 심리적 증상에 효과적인 것으로 알려져 있다. 샤피로는 EMDR이 기억 및 정서의 처리와 밀접한 관련이 있는 렘수면 상태를 의식 상태에서 재현하는 것일 수도 있다고 언급한 바 있으나 그 작용 원리는 명확히 밝혀지지 않았다.

8) 불안감을 유발하는 자극을 약한 수준부터 시작해서 점차 강도를 높여 가면서 제시함으로써 내담자가 그 자극에 점차 익숙해지고 결국엔 실생활에서도 거부감을 느끼지 않게 하는 행동치료 기법. 이와 달리 처음부터 강한 자극을 제시하고 불안이 사라질 때까지 이를 반복하는 기법이 홍수법(洪水法, flooding)이다.

9) 혈액의 성분 중 불필요한 것들(병원체나 유해물질 등)이 뇌에 침투하지 못

하도록 선택적으로 투과하는 역할을 하는 막이다. 모세혈관의 내피세포로 구성되어 있다.

10) 포유류와 조류에게만 나타나는 얕은 수면 상태로서, 불규칙적이고 빠른 안구운동이 나타난다. 뇌파 활동은 깨어 있을 때와 비슷하지만 몸은 이완 상태이므로 역설적 수면(paradoxical sleep)이라고 불리기도 한다. 꿈이나 가위눌림 같은 현상과 관련이 있다고 추정되고 있다.

11) 생태계를 구성하는 복수의 종(種)들의 진화가 서로 영향을 미치면서 진행되는 것. 벌과 꽃처럼 공생 관계인 생물 사이에서도 나타나지만 포식자와 먹이, 기생동물과 숙주 같은 서로 적대적인 관계에서도 일어난다.

12) 이반 파블로프의 고전적 조건형성 원리에 바탕을 둔 행동치료 기법이며 주로 불안감을 완화하기 위해 사용된다. 대체로 위험을 최소화한 상태에서 내담자로 하여금 불안감을 유발하는 대상이나 상황에 직면하게 하는 과정을 반복하여 점차 그 두려움을 감소시키는 방식으로 진행된다. 내담자가 자극에 대한 반응으로 부정적 행동을 하지 못하도록 막거나 주변 환경을 변화시켜 그러한 행동을 방지하는 '반응 방지(response prevention)'와 함께 시행될 때가 많다. 체계적 둔감화와 홍수법, 내파법(implosive therapy) 등의 여러 가지 유형이 있다.

13) 본문에 소개된 EMDR의 기본적인 절차는 인터넷이나 유튜브에서도 쉽게 검색할 수 있는 내용이다. 그러나 EMDR은 관련 자격을 갖춘 전문가만 시행하도록 권고하고 있으므로 주의를 요한다.

14) 1장 주석 13번 참조. EMDR 치료에도 안구운동뿐만 아니라 내담자와 대화하는 과정이 포함된다. 하지만 그런 대화를 통해 인식과 감정의 변화를 적극적으로 이끌어 내기보다는, 내담자의 정신적인 자연치유력을 일깨우는 데 초점을 둔다.

13장

1) 비정상적인 정서 상태가 상당 기간 지속되는 장애. 대표적인 예로 우울증과 양극성장애(조울증)를 들 수 있다. 최근에는 기분장애(mood disorder)라는 용어가 더 많이 쓰인다.

2) 좌뇌와 우뇌를 연결하는 부위로서 신경섬유로 구성되어 있다. 간질 치료를 위해 뇌량절제술을 받으면 좌뇌와 우뇌가 조화를 이루지 못해 여러 가지 행동적·언어적 문제가 발생하는 것으로 알려져 있다. 선천적으로 뇌량이 없거나 불완전할 경우 지적장애, 뇌 구조 이상, 기형 등이 동반되는 경우가 많

다. 특히 여성은 남성에 비해 뇌량이 더 발달한 것으로 알려져 왔으며 이에 대해 최근 많은 연구가 진행되고 있다.

3) 후두엽과 측두엽 사이에 위치한 부위이며 그 기능과 역할이 완전히 밝혀지지는 않았으나 색상에 대한 정보의 처리, 안면 인식, 단어 식별과 밀접한 관련이 있는 것으로 추측된다.

4) 신체나 외모의 사소한 결점에 지나치게 집착하기 때문에 심각한 사회적 공포와 회피, 그 밖의 여러 가지 기능상의 문제를 나타내는 장애. 세부적인 진단기준을 알고 싶다면 DSM-5를 참조하기 바란다.

5) 전두엽 아래쪽에 위치한 영역으로, 신경전달물질인 아세틸콜린의 생성에 있어 중요한 역할을 수행한다. 최근의 연구에 따르면, 치매를 유발하는 신경학적 변화가 기저 전뇌에서 시작되는 것으로 추측되고 있다.

6) gamma-aminobutyric acid의 약어. 포유류의 중추신경계에서 가장 중요한 억제성 신경전달물질이다. 뉴런의 흥분을 조절할 뿐 아니라 생애 초기의 뇌 발달에 매우 중요한 역할을 수행한다. GABA 분비량의 감소는 다양한 정신질환의 원인이 되는 것으로 보인다.

7) 관자엽 앞쪽 말단부의 가장 두드러진 부분으로 사회적인 판단과 타인에 대한 공감에 관여한다. 특히 사이코패스는 이 부분이 두드러지게 수축되어 있다고 한다.

8) 피질하 영역과 전전두피질을 연결하는 부분. 경계선 성격장애의 발병과 밀접한 관련이 있는 것으로 추측되며 많은 연구가 진행되고 있다.

9) 자신 또는 타인의 외적인 행동의 기저에 숨어 있는 의도나 정신적 상태를 의식적·무의식적으로 이해하는 것.

10) 스트레스 상황에서 스스로를 보호하는 데 필요한 방어 기제를 상실하는 것. 다양한 성격장애와 심리적 불균형을 야기할 수 있다.

11) 입천장이나 혀와 목구멍의 안쪽 등을 자극할 때 자동적으로 구역질이 일어나는 반사. 불순물이 목구멍 속으로 들어가지 못하게 하고 질식을 예방해준다.

12) 구강 안쪽의 인두(咽頭), 위 점막, 전정기관 등에 가해진 자극으로 인해 구토가 일어나는 반사.

14장

1) 약 200만 년 전에 출현한 화석 인류이며, 오스트랄로피테쿠스의 다음 단계에 해당한다. 원시적인 석기를 사용하였으며, 빙하기에도 기후 조건이 상대

적으로 나은 지역으로 이주하여 멸종을 피한 것으로 추정된다.

2) 귀인 이론의 개념으로, 자신이 한 행동의 원인과 결과를 판단하는 것을 말한다(1장 주석 15번 참조). 자기귀인은 불완전하며 여러 가지 왜곡을 낳을 수 있다. 한 가지 예로 성공의 원인은 자신에게서, 실패의 원인은 외부에서 찾는 자기 위주 편향(self-serving bias)을 들 수 있다. 우울증 환자는 대체로 그와 정반대의 경향을 보인다.

3) 저자가 해변에 위치한 관광 명소에서 흔히 볼 수 있는 방갈로 호텔(bungalow hotel)에 머무른 것 같다.

4) 정신분석의 가장 중요한 기법 중 하나이며 프로이트가 고안한 것이다. 프로이트는 치료 효과를 극대화하기 위해서는 내담자가 고통스러운 기억을 의식 상태에서 온전하게 이해해야 하는데, 최면 상태에서 떠오른 기억에는 오류가 많으며 가장 중요한 기억은 내담자 자신의 무의식적 저항에 부딪혀 은폐된다고 보았다. 그리고 이러한 최면 요법의 한계를 극복하기 위해 자유연상을 고안했다. 자유연상을 실시할 때 정신분석자는 내담자로 하여금 어떤 구속도 받지 않고 마음속에 떠오르는 모든 생각, 기억, 감정, 소망, 장면 등을 자유롭게 표현하도록 유도한다. 그러기 위해서는 먼저 내담자가 마음속 깊은 곳에 자리 잡은 죄책감, 두려움, 수치심을 극복해야 한다. 정신분석자는 문제의 해답을 찾으려 하기보다는 내담자들이 떠올린 내용의 상징적 의미를 해석해 줌으로써 그들이 자신의 감정과 기억, 정체성을 통합적으로 이해할 수 있도록 돕는다.

5) 세계적인 신화학자이자 비교종교학자. 수많은 저술을 남겼으며 특히 전 세계의 신화에서 발견되는 서사 구조 및 주제의 공통점과 영웅의 원형을 다룬 『천의 얼굴을 가진 영웅(The Hero with a Thousand Faces)』으로 유명하다. 그의 이론은 아직까지도 문학, 심리학, 대중예술에 커다란 영향을 미치고 있다.

6) 스위스의 심리학자. 초기에는 스승이자 학문적 동반자였던 프로이트의 영향을 많이 받았으나 이론적인 견해 차이를 보이면서 결별하여 독자적으로 분석심리학의 기초를 세웠다. 그의 이론은 동서양의 종교, 신화, 신비주의의 영향을 많이 받은 것으로 알려져 있다. 오늘날의 심리학자나 심리치료자에게 잘 알려져 있는 집단무의식, 콤플렉스, 그림자, 페르소나, 아니마, 아니무스 등의 용어를 고안하기도 했다.

15장

1) 원문은 "pain is inevitable, suffering is a product of the mind". 국내 독자들에게 잘 알려진 무라카미 하루키의 수필집 『달리기를 말할 때 내가 하고 싶은 이야기』에서는 "아픔은 피할 수 없지만 고통은 선택하기에 달렸다"로 번역되었다. 그러나 이 번역은 지나치게 자의적이며 동어 반복에 불과하므로 부연 설명을 들어야 이해할 수 있다는 비판이 있다. 본문의 맥락과 불교 사상에 비추어 보면 pain은 불가피하고 필연적인 숙명에 해당하는 고(duhkha, 苦)를, suffering은 집착으로 일어나는 내적 갈등인 번뇌(Kleśa, 煩惱)를 의미하는 것으로 보인다. 고심 끝에 해당 부분에서 pain은 '고난'으로, suffering은 '고뇌'로 옮겼다.

2) 19세기 후반부터 20세기 초반에 미국과 캐나다에서 유행했던 무대 공연 형식. 한 회의 공연에서 음악 연주, 코미디, 서커스, 마술, 차력 등 다양한 볼거리를 제공하는 특성을 갖고 있다.

3) 매력적인 이성이나 흥미를 끄는 타인에게 다가가려 할 때 느껴지는 불안감.

찾아보기

[ㄱ]

가능한 자기들 23, 25

가짜 기억 79

가짜알파 146, 148, 149

GABA 229

거울뉴런 28, 29

격분 174

경계선 성격장애(BPD) 71, 95, 224, 226, 228

경험에 관한 의식적인 내러티브 241

경험학습 183

고난(pain) 59, 253, 257

고뇌(suffering) 59, 253, 257

공감 84, 101

공동으로 구성한 내러티브 243

공진화 209

공포 184

공포 회로 194

과잉각성 201

과정적 내러티브 155

교감신경계 10, 119

교감신경계의 탐험 10

구역반사 234

구토반사 234

귀인 편향 14

글루코코르티코이드 187, 205

긍정적 관심 101, 155

긍정적인 자기서사 238

기계에 대한 격분 174

기신증 204, 208

기억 206, 216

기억의 가소성 79

기저 전뇌 229

[ㄴ]

내담자 중심 치료 43

내러티브 23, 238

내인성 오피오이드 96, 204

내적 대화 57

내적 표상 19

노르에피네프린 229

노출치료 210, 257

뇌 50

뇌간 반사 114

눈을 마주치는 행위 131

뉴런 5, 189

느린 체계 5

[ㄷ]

단백질 합성 187, 189

대뇌피질 7, 25, 83, 113

대뇌피질 해체 징후 115

대뇌피질-해마 회로 71

대화치료 14

도파민 229

돌봄 101

[ㄹ]

렘수면(REMS) 209
로버트 새폴스키 188
로버트 여키스 190
르네 스피츠 89

[ㅁ]

마음 이론 28
마음챙김 24, 61
마음챙김에 기초한 자각 62, 166
만성 스트레스 186
머신 건 켈리 171
멈춤 반응 10, 119
메타인지 24, 244, 250
명시적 기억 68
무기력한 격분 174
무의식 52, 67
무의식적 기억 67
무의식적인 편집 243
문화 238

[ㅂ]

반동 형성 15
반사적 사회 언어 57
발달상의 민감기 31, 241
방어 198
방어 기제 14
베셀 반 데어 콜크 224
베타 137, 139, 142
베타의 성향 151, 158
변증법적 행동치료 71, 227
병리적 영성 44
보상기전상실 232
복합 외상후 스트레스장애(복합
  PTSD) 222

부교감신경계 10, 119, 159
부교감신경계의 위축 10
부정적인 자기서사 238
분계선조침대핵 193
분노의 심리치료 169
불안 184
불안 편향 11
불안정 애착 18, 110, 244
붓다 253
브로카 영역 13
B-세포 189
비현실감 204, 223
빠른 체계 5, 7

[ㅅ]

사회불안장애 132
사회적 기관 17
사회적 뇌 18, 20, 228
사회적 시냅스 19
사회적 지위 도식 7, 137, 140
사회적 파편화 201
상명하달식 정서 조절 242
상명하달식 통제력 195
생물심리사회적 기제 22
생존의 0.5초 4, 5
서사적 구조 237
섬엽피질 233, 234
성격장애 110
성장장애 89
세로토닌 229
세포자멸 88, 89
소거 학습 195
수상돌기 20, 189
스토리텔링 166, 237
스톡홀름 증후군 173

스트레스 197
시냅스 18
신경가소성 17, 18, 20, 157, 194
신경망 투사 186
신체 자각 75
신체이형장애 227
실버백 142
실연 72
실패 162
실행 기능 12
심상 유도 75

[ㅇ]
아동기의 트라우마 221
아미그달라 위스퍼러 20, 170
아주 어린 시절의 스트레스 220
안구운동 둔감화 및 기억 재처리
　요법(EMDR) 207
안와내측전전두피질(OMPFC) 195
안전한 장소의 부재 230
안정 애착 18, 101, 105, 242, 243
알파 137, 139, 142
알파 되어 보기 158
알파와 베타의 차이 160
알파의 성향 150
알파추구형 146, 147, 148, 157
암묵적 기억 67, 68
애착 102
애착 도식 6, 72, 104, 105, 139
애착 트라우마 225
애착 회로 19
애착의 가소성 107
앨버트 엘리스 60
양가형 애착 도식 106
양육 86

엔도르핀 95
역U 학습 곡선 190
역전이 40
연금술적 내면화 112
영웅 신화 248
영웅의 여정 26, 248
예기 불안 59
옥시토신 95
왜곡 198
외상후 스트레스장애(PTSD) 201
용기 159
우뇌 240, 241
우울증 51, 68
우울증을 가진 엄마 221
움켜잡기 반사 114
원시적 뇌 36
원초아 119
위로, 왼쪽으로, 밖으로 133, 135
유기 공포 71, 231, 233
유전자 전사 31
유전자 주형 31
유전학 31
음성 언어 25, 241
의식 26, 67, 206
의식적 기억 67, 68
의식적 자각 5, 67
의식적 자각의 왜곡 15
의식적 자각의 확장 206
의존성 우울증 89, 90
이야기 237, 238
이야기의 반복 243
이인증 204, 223
이타적 행동 87
익명의 알코올중독자들 39, 53
인지행동치료 6

인출 70
일관성 있는 내러티브 237

[ㅈ]
자극장벽 198, 199
자기(the self) 23, 230
자기귀인 238
자기기만 15
자기상 91
자기서사 23
자기성찰 24
자기성찰의 언어 58
자기인식 54, 56, 125, 238, 250
자기혐오 233
자물쇠와 열쇠 이론 22
자살 96, 99
자신감 160
자연살생세포 188, 189
자연선택 86, 102
자유연상 246
자율신경계 10, 119
자전적 기억 242
자존감 125
자폐 범주성 장애 130
자해 95, 96
작업 기억 206
장 마르탱 샤르코 4
장기강화작용(LTP) 192
재양육 54, 110
재조율 112
재조절 103
저항 33
적절한 수치심 122
전대상피질 233, 234
전이 6, 40, 72, 128

전전두피질 25
전환장애 132, 133
접근 공포 256
접근-회피 상황 70
정동장애 225
정서 조절 241
정서적 스트레스 50
정서적 조율 17, 19, 84, 86, 111,
    112, 136, 194, 232
정신질환의 진단 및 통계 편람(DSM)
    38
정신화 230
정체성 238
조너스 소크 30
조율 실패 112, 128
조절 103
조절장애 103
조증 방어 74
조지프 캠벨 248
조현병 40
존 도슨 190
존 볼비 104
존재할 능력 244
좌뇌 240, 241
지그문트 프로이트 4, 38, 67, 91,
    151, 198, 206
지향반사 209
집단사고 14
집단의 뇌 142
집단정신 23, 54, 152
집단행동 166

[ㅊ]
찰스 다윈 86
책임감 162

체계 치료 84
체계적 둔감화 207
초개체 3, 84
초기 경험 8, 241
초기 기억 69
초기 학습 7
초자아 64, 151
초자연적 신념 46
추상적 사고 25
치료적 동맹 21
침투 202

[ㅋ]
칼 로저스 43, 101
칼 융 249
코르티솔 67, 187, 188

[ㅌ]
타고난 베타 146, 147
타고난 알파 146, 147, 163
통합된 내러티브 242
퇴행 206
투사 6, 30
투쟁-도피 반응 20, 131, 222
투쟁-도피 회로 184
트라우마 170, 197, 198, 216, 219
T-세포 188, 189

[ㅍ]
파충류 뇌 4
편도체 7, 12, 19, 70, 102, 112, 186
포유류 뇌 4
표면적 내러티브 155
프라이멀 스크리밍 206
프랜신 샤피로 210

플래시백 71
피드백 루프 204

[ㅎ]
하두정피질 25
하인즈 코헛 112
하행 섬유 114
하행 억제 113
하행 억제 회로 113
학습 7, 18
학습된 연상 12
학습의 스위트 스폿 190
합리정서행동치료 60
항상성 103, 199
해리 37, 216, 223
해마 71, 186
핵심 수치심 9, 94, 121, 122, 125,
    126, 161
현실 검증 71
혈뇌장벽 208
호모 하빌리스 237
호소 문제 36
호소하지 않는 문제 33
혼란형 애착 도식 106
HALT 기법 53
회복탄력성 137
회피 202
회피형 애착 도식 105
후광 효과 14
후기 기억 69
후생유전학 31

지은이

루이스 코졸리노(Louis Cozolino, PhD)

로스앤젤레스에서 활동하는 저술가, 교수이자 심리치료자다. 하버드 대학교와 UCLA에서 철학, 신학, 임상심리학 전공으로 학위를 취득했으며 신경과학, 신경 정신의학, 교육학 분야에서 다양한 연구와 저술 작업을 해 왔다. 체계 이론과 정신역동치료 기법, 신경생리학적 지식을 결합하여 역기능적 가족, 아동기 트라우마, 두부 손상 등을 치료하는 작업에 중점을 두고 있다.

그는 전 세계를 여행하며 뇌의 발달과 진화, 애착관계의 중요성, 그리고 신경 과학과 심리학의 통합 등의 주제에 관해 활발하게 강연하고 있다. 이 책 외에도 다수의 저서를 집필하였으며 그중에서 『애착교실 : 관계 중심 학급 경영의 첫걸음』, 『정신치료의 신경과학 : 사회적인 뇌 치유하기』, 『교육에서의 사회신경과학 : 올바른 배움과 애착기반의 학급 만들기』 등은 국내에서도 번역 출간되었다. 그 밖에 아동 학대, 조현병, 언어, 인지 등에 관한 다수의 논문을 발표한 바 있으며, 최근에는 신경과학적 연구 결과의 다양한 적용, 교육과 리더십의 진화에 관심을 기울이고 있다.

옮긴이

하혜숙
서울대학교 교육학과 박사
한국방송통신대학교 청소년교육과 교수

황매향
서울대학교 교육학과 박사
경인교육대학교 교육학과 교수

강지현
연세대학교 심리학과 박사
동덕여자대학교 아동학과 교수